谨以此书庆祝中国共产党成立100周年

本专著受到福建省教育科学"十四五"规划2021年度课题立项"大学生乡村振兴创新创业人才领军人才培养机制研究"（项目号：FJJKBK21-123）资助。

庆祝中国共产党建党100周年主题活动实践育人初探

——基于安溪县岩前村、闽清县竹岭村、福安市岳秀村乡村振兴创新创业教育新文科探索

央校地社党建打造碳中和共同富裕乡村振兴课题组

苏世彬　何　阳　苏国彬　等　著

厦门大学出版社　国家一级出版社
XIAMEN UNIVERSITY PRESS　全国百佳图书出版单位

图书在版编目（CIP）数据

　　庆祝中国共产党建党 100 周年主题活动实践育人初探：基于安溪县岩前村、闽清县竹岭村、福安市岳秀村乡村振兴创新创业教育新文科探索 / 央校地社党建打造碳中和共同富裕乡村振兴课题组等著. -- 厦门：厦门大学出版社，2022.10（2022.10 重印）

　　ISBN 978-7-5615-8695-2

　　Ⅰ．①庆… Ⅱ．①央… Ⅲ．①农村－社会主义建设－案例－福建 Ⅳ．①F327.57

　　中国版本图书馆CIP数据核字(2022)第153143号

出 版 人	郑文礼
责任编辑	潘　瑛
出版发行	厦门大学出版社
社　　址	厦门市软件园二期望海路 39 号
邮政编码	361008
总　　机	0592-2181111　0592-2181406(传真)
营销中心	0592-2184458　0592-2181365
网　　址	http://www.xmupress.com
邮　　箱	xmup@xmupress.com
印　　刷	厦门市青友数字印刷科技有限公司

开本	720 mm×1 000 mm　1/16
印张	25.25
插页	2
字数	388 千字
版次	2022 年 10 月第 1 版
印次	2022 年 10 月第 2 次印刷
定价	88.00 元

本书如有印装质量问题请直接寄承印厂调换

厦门大学出版社
微信二维码

厦门大学出版社
微博二维码

　　本专著受到福建省教育科学"十四五"规划 2021 年度课题立项"大学生乡村振兴创新创业人才领军人才培养机制研究"（项目号：FJJKBK21-123）资助。

作者简介

苏世彬

福州大学副教授，毕业于西安交通大学管理学院，厦门大学管理学院工商管理博士后，香港大学访问学者，国家自然科学基金委员会管理科学部工商管理学科同行评议专家，教育部学位点评估专家，全国研究生教育评估监测专家库专家，福州大学创业研究院副院长，福州大学民建经济研究院创业管理研究所所长，福建省商务厅电子商务专家库成员，福建省农业农村厅市场信息处评审专家，福建省社会科学联合会评估专家，福建省文化改革发展项目专家库成员。主持国家自然科学基金2项，中国博士后科学基金一等资助项目、教育部人文社会科学研究项目、福建省自然科学基金青年科技人才创新项目、福建省科协决策咨询研究重点课题、福建省社会科学规划项目各1项，以第二完成人获得陕西高等学校科学技术奖二等奖1项，福建省第十一届社会科学优秀成果奖三等奖、福建省脱贫攻坚专项奖励嘉奖各1项，完成相关学术论文90多篇，专著1部。目前研究方向为：高价值专利、科技创新资助政策（如高新技术企业认定）、乡村振兴实践。

何阳

高级经济师，第六批省派驻闽清县东桥镇竹岭村第一书记（中核集团福清核电有限公司派），与校社党建提高低收入人群收入共同富裕乡村振兴课题组负责人苏世彬联合组建央校地社党建打造碳中和共同富裕乡村振兴课题组。

苏国彬

农业职业经理人，公共营养师，校社党建提高低收入人群收入共同富裕乡村振兴课题组核心成员，2015年回乡创业，积极搭建农村绿色食材的销售渠道，探索如何提高农民收入。

前　言

　　2021 年是"巩固拓展脱贫攻坚成果同乡村振兴有效衔接"的启动元年，也是中国共产党建党 100 周年，通过对《党建绿色创新创业产业帮扶助力乡村振兴实践初探——以革命老区岩前村为例》"再学习、再调研、再落实"，依托央校地社党建碳中和共同富裕乡村振兴课题组和乡村振兴"南泥湾计划"高校"揭榜挂帅"研习项目，积极探索基于安溪县岩前村、闽清县竹岭村、福安市岳秀村乡村振兴创新创业教育新文科探索的庆祝中国共产党建党 100 周年主题活动实践育人。

　　2021 年 10 月，校社党建提高低收入人群收入水平共同富裕乡村振兴课题组与中核集团福清核电有限公司省派第一书记何阳组建央校地社党建打造碳中和共同富裕乡村振兴课题组，又先后开展了若干场庆祝中国共产党建党 100 周年主题活动，在实现大学生乡村振兴人才培养的基础上又推动了闽清县竹岭村的城乡融合，为更好地开展闽清县竹岭村乡村振兴奠定了良好的前期基础，同时助力福安市岳秀村脐橙文化节顺利召开。目前，参与活动的学生正在对以上乡村振兴实践进行凝练，总结出《共同富裕乡村振兴实践：从安溪县岩前村启动到闽清县竹岭"中心村"党委碳中和乡村振兴示范带》参与青年红色筑梦之旅、创青春挑战杯创业计划竞赛等各种大学生创新创业训练和竞赛，并完成了《岩前村乡村振兴共同富裕探讨》《乡村振兴商业模式研究——以革命老区岩前村为例》《竹岭村乡村振兴社会创业 SWOT 分析》《竹岭村乡村振兴社会创业商业模式九要素研究》等多篇论文。

本专著主要分为以下几个部分：序言、前期准备、基于安溪县岩前村乡村振兴的庆祝中国共产党建党100周年主题活动实践育人、基于闽清县竹岭村乡村振兴的庆祝中国共产党建党100周年主题活动实践育人、"企校地社党建助力岳秀脐橙文化节，推进乡村振兴共同富裕"研讨会、教改项目及成果、总结等等。真正打造融合思政、党史、创业、乡村振兴、红色筑梦5门大课为一体的，有温度、有深度、有广度、有高度、有气度、叫得响的大学生主题活动育人实践，使之成为一门能够入耳、入眼、入脑、入心，触及灵魂的庆祝中国共产党成立100周年主题活动新文科实践课，真正做到学史明理、学史增信、学史崇德、学史力行，学党史、悟思想、办实事、开新局，弥补现有乡村振兴创新创业领军人才培养新文科研究和实践的不足。

由于笔者是第一次接触乡村振兴人才培养问题，而且是从实践角度切入，一定会存在诸多的不足，欢迎各界专家学者提出批评建议。本专著的出版受到福建省本科高校教育教学改革一般研究项目"新文科创新创业教育与实践"（项目号：FBJG20210126）、福州大学2021年党建研究课题立项"庆祝中国共产党建党100周年系列主题活动育人实践初探——基于岩前村乡村振兴创新创业教育新文科探索"、福州大学"三全育人"综合改革项目"打造'十大育人'新体系，构建新时代协同育人新格局"等的支持，在此一一表示感谢。

苏世彬

2022年6月18日于榕城

目　录

第1章 序 言

1.1 现实背景

"十四五"期间，我国经济发展的主旋律是高质量增长，与之对应的农村工作就是乡村振兴，人才振兴是其关键一环，人才振兴就意味着高等教育要大规模培养高质量的、具有"艰苦奋斗，自力更生"南泥湾精神的乡村振兴创新创业领军人才。然而，我国乡村振兴所急需的人才极其匮乏，据统计，截至 2017 年年底，我国农业技术人才仅占农村总人口的 0.1778%，农学硕士仅占 0.031455%，农学博士仅占 0.0004587%，以上还是一般的农业人才，而农业创新创业领军人才的比例更低，远远无法满足我国乡村振兴的实际需要。面对我国农村人力资源总量"富余"但质量"贫困"的尴尬境地，如何依托现有高等教育体系培养懂农业、懂技术、懂市场并能够进行有效城乡融合的大学生乡村振兴创新创业领军人才俨然成为现阶段乡村振兴的主要任务。

1.2 文献综述

关于乡村振兴人才问题，学术界成果并不多，相关成果主要集中在以下几个方面：

（1）本土乡村人才的培养问题。李成吾（2019）针对本土人才提出了"五位一体"培养模式；郭治鹏（2020）探讨了互联网背景下乡村振兴人才培养的方法与途径；罗加民（2020）提出基层开放大学社区教育对接乡村振兴人才培养；陈敬芝（2021）提出基于乡村振兴战略的农村实用人才培养对策；王曼曼、王妍（2021）探讨了乡村振兴背景下"一村一品"产业专著的人才培训体系建设；王胜（2020）探讨了乡村振兴背景下农村企业管理人才培养；段玉琴、郝利（2021）探讨了乡村振兴基层人才教育培训模式研究与实践；张静、于艳丽、郭洪水（2020）探讨了乡村振兴视角下新型农业创业人才培养路径；茅徐斌、张颖倩（2020）探讨了乡村振兴视阈下农村实用人才培养现状及模式创新；王昕玥（2020）探讨了乡村振兴战略背景下乡村人才培养的实践策略。

（2）大学乡村人才的培养问题。陈青春、张姿丽等（2020）探讨了"乡村振兴"战略下农学专业人才培养方案；王国峰、钱子玉、尤亮（2020）提出了服务乡村振兴的人才联合培养机制设计；罗兴录（2019）提出了基于乡村振兴的农业创新创业型人才培养思考；朱东国、张敦（2020）探讨了乡村振兴背景下高校乡村旅游"双创"人才培养模式；丁少平、陶伦、姚元伟（2020）探讨了专著制、导师制与工作室制三位一体的乡村振兴创意人才培养模式；袁小平、王仓（2020）探讨了乡村振兴战略与高校创新创业人才耦合培养问题；余亚亮、向针、刘笑冰（2020）研究了村振兴战略下高等农林院校本科教育人才培养质量的现状与优化；郭丽君、陈春平（2020）探讨了乡村振兴战略下高校农业人才培养改革；刘文俊（2020）探讨了乡村振兴战略下涉农专业"双创"型人才培养；李新仓、尹焕晴（2020）探讨了乡村振兴背景下农科教融合的农村人才培养制度；王璐、唐成（2019）探讨了乡村振兴战略背景下的文旅人才培养模式。

1.3 文献述评

可见，随着"巩固拓展脱贫攻坚成果并与乡村振兴有效衔接"成为"十四五"中国农村工作的一个主要抓手，乡村振兴人才的培养也日益成为学术界关注的热点问题：

第一，针对本土乡村人才的培养，主要有培养模式、培养方法与途径、实用人才培养对策、培训体系建设、基层党组织人才培养、农村企业管理人才培养等，通过本土乡村人才的培养，推动农村一二三产业的深度融合。

第二，高校乡村人才的培养，尤其是围绕相关学科的乡村振兴人才的培养方案、培养机制、培养模式、创新创业人才等方面的研究，以上成果对于高等学校更好地培养适合乡村振兴急需的人才提供了很多可供借鉴的理论成果，但不足也是非常明显的：培养的是一般的乡村振兴人才，对于乡村振兴领军人才基本不涉及；大多围绕涉农专业，而非农专业如何培养乡村振兴人才基本不涉及；人才培养目标基本上对应的都是农村的一二三产业融合，而对于乡村振兴的城乡融合人才培养基本没有涉及；培养方式都停留在理论层面，而运用某个或某几个具体的乡村振兴案例来开展人才培养的模式还没有提及；在人才培养过程中，如何把党史教育有效融入培养的全过程，立德树人，目前的相关成果也很少见。

可见，要推动"巩固拓展脱贫攻坚成果并与乡村振兴有效衔接"有序深入开展，就必须在现有人才培养成果基础上探索新的模式，尤其是在党史精神的指引下积极探索能够推动城乡融合，进而促进农村一二三产业融合的大学生创新创业领军人才。在高校专业设置和课程设置还无法大规模调整的情况下，更是需要探索如何依托大学生"三下乡"暑期社会实践活动、各类创新创业训练和竞赛活动平台大范围选拔与培养大学生乡村振兴创新创业领军人才，因此本专著提拟依托现有的高等教育体制对大学生乡村振兴创新创业领军人才的选拔与培养做实践，为全国性乡村振兴创新创业领军人才的选拔与培养做有益探索。

1.4 本专著相对于已有研究的独到学术价值和应用价值

为完成本专著研究，除了要进一步完善以革命老区岩前村为代表的党建绿色"创新创业"产业帮扶助力乡村振兴的理论模式外，还要根据需要在福建省乃至其他省份挑选若干个乡村振兴的范本加以有效帮扶，最终形成党建绿色"创新创业"产业帮扶助力乡村振兴的理论模式的系列范本，并以这些系列范本作为乡村振兴"南泥湾计划"高校"揭榜挂帅"实践专著的具体来源探索大学生乡村振兴创新创业领军人才培养，这是现有人才培养模式中所欠缺的，从而为我国更大规模地开展"揭榜挂帅"机制人才培养模式提供参考与借鉴；与此同时，本专著客观上形成了对我国乡村振兴模式的探索，一方面会惠及更多的村民和村庄，另外一方面也为其他村庄乡村振兴提供参考模板以及生力军队伍，从而有利于"巩固扩展脱贫攻坚成果同乡村振兴有效衔接"在我国的有效深入实施，助力我国共同富裕的目标的早日实现。

1.5 本专著的研究目标

学术目标：通过完善"实现巩固拓展脱贫攻坚成果同乡村振兴有效衔接"高校范本，为我国乡村振兴的有效实施提供参考借鉴，弥补现有乡村振兴范本研究的不足；通过乡村振兴"南泥湾计划"高校"揭榜挂帅"专著实践设计及总结，弥补我国高质量人才培养模式探索的不足，为我国大学生乡村振兴创新创业领军人才培养提供理论指导。

应用目标：贯彻落实党的十九大和十九届二中、三中、四中、五中全会精神；教育部实施《高等学校乡村振兴科技创新行动计划（2018—2022年）》《中共中央、国务院关于全面推进乡村振兴加快农业农村现代化的意见》；中共中央办公厅、国务院办公厅印发了《关于加快推进乡村人才振兴的意见》《中共中央、国务院关于实现巩固拓展脱贫攻坚成果同乡村振兴有效衔接的意见》等文件，为我国"十四五"期间农村高质量发展提供新鲜经验，为我国"实现巩固拓展脱贫攻坚成果同乡村振兴有效衔接"有效实施源源不断地提供高质量的后备力量，从而为世界乡村振兴提供中国方案。

1.6 本专著的内容

为有效完成本实践专著，笔者设计了五个方面的核心内容构成本专著的主题内容：

第一，前期准备。主要包括：闽台大学生乡村振兴"揭榜挂帅"研究预备会、乡村振兴之"揭榜挂帅"南泥湾精神进课堂、乡村振兴"南泥湾计划"之"揭榜挂帅"进展。

第二，基于安溪县岩前村乡村振兴的庆祝中国共产党建党100周年主题活动实践育人。主要包括：革命老区岩前村乡村振兴党史精神大学生研讨会、福州大学赴安溪县岩前村乡村振兴党史精神调研实践、"巩固扩展脱贫攻坚成果同乡村振兴有效衔接"经验交流会暨习近平同志"七一"重要讲话精神座谈会、活动总结及拓展活动。

第三，基于闽清县竹岭村乡村振兴的庆祝中国共产党建党100周年主题活动实践育人。主要包括：前期准备、"央校地社党建打造竹岭村碳中和共同富裕乡村振兴，助力幸福福核建设"课题竹岭村现场调研会、后期活动和效果证明。

第四，"企校地社党建助力岳秀脐橙文化节，推进乡村振兴共同富裕"研讨会。

第五，项目及成果。主要包括：教改项目、本科生科研训练计划项目申请书、福州大学2021年赴福建省安溪县岩前村乡村振兴党史精神调研实践、学术论文、各类创业竞赛商业计划书作品。

1.7 研究重点

大学生乡村振兴创新创业领军人才培养主体是高校从事"南泥湾计划"高校"揭榜挂帅"项目的师生，但客体却是乡村振兴。2020年我国进入决战脱贫攻坚、决胜全面建成小康社会关键时期，2021年进入"巩固拓展脱贫攻坚成果同乡村振兴有效衔接"的起始年份，如何选择可以作为"南泥湾计划"高校"揭榜挂帅"项目参考借鉴的乡村振兴样本便成为本项目需要解决的重点问题，本项目选取《党建绿色"创新创业"产业帮扶助力乡村振兴实践初探——以革命老区岩前村启航为例》作为样本，并把闽清竹岭村、福安岳秀村的相关实践也纳入进来，以上实践在乡村振兴的城乡融合、农村一二三产业融合等方面形成了一系列独特的做法，引起了社会的广泛关注，尤其是通过课堂教学，让超过1000人的大学生全程跟踪全程参与，目前还有学生成立专门的公司福州农帮科技有限公司专门推广该模式，因此本项目将以岩前村的乡村振兴启航为基础，不断完善，在完善过程中让参与乡村振兴"南泥湾计划"高校"揭榜挂帅"的师生直接或间接参与进来，一方面推动安溪县岩前村、闽清竹岭村和福安岳秀村乡村振兴的深入开展，另外一方面也为乡村振兴"南泥湾计划"高校"揭榜挂帅"的师生有了第一手资料来源和发挥对象，最终实现对大学生乡村振兴创新创业领军人才的培养。

1.8 主要观点与创新之处

1.8.1 主要观点

在"巩固扩展脱贫攻坚成果与乡村振兴有效衔接"的关键时期，中国高等教育到底要发挥何种作用，如何发挥作用，首先要解决高等教育如何围绕乡村振兴回答为谁培养人才，培养什么样的人才，如何培养人才。本专著认为，在新的历史时期，中国高等教育应该弘扬优良传统，扎根中国大地，以党史精神为指导思想，以高等教育现有的大学生"三下乡"社会实践活动、各种创新创业科研训练和竞赛等各种实践平台为依托，采用"揭榜挂帅"的机制，积极探索造就一支高素质的"懂农业、爱农村、爱农民"的大学生培养，该机制融合思政、党史、创业、乡村振兴、红色筑梦5门大课为一体，是一门有温度、有深度、有广度、有高度、有气度、叫得响，能够入耳、入眼、入脑、入心，触及灵魂的实践课。让我国的高等教育谱写在祖国的乡间田野里，为我国大学生乡村振兴创新创业领军人才的培养提供新视角，也为全国高校高质量人才培养引入"揭榜挂帅"机制探索新经验，从而为我国"实现巩固拓展脱贫攻坚成果同乡村振兴有效衔接"和经济高质量发展提供新动能。

1.8.2 创新之处

本专著关于学生培养方式的论述比较独特，可面向福州大学及其他高校的学生与老师。对参与的学生要求有乡村振兴相关论文发表或者校级一等奖以上的奖励，并且在此基础之上有操作可行的研究计划或者创业设想；参与老师要求有成熟的学生团队或者本身已经做过乡村振兴研究，都需要有前期成果并且有可操作性的研究计划。而专著执行者本身并不介入参与师生的具体科研和竞赛，只是协助学生深挖专著潜能，参与更多的训练和竞赛专著以获得更多的学分和现金奖励（针对学生）；协助其指导"揭榜挂帅"学生专著研究，协助推荐期刊或者申报各种教学成果奖（针对老师）；协助有成果的师生对接今日头条、新浪网、海峡都市导报等媒体（成果优异，可以考虑对接新华网、人民网、福建日报），对专著进行深挖等。这种做法由传统的要求师生做变成师生自己要做（闯、创），能最大限度激发参与专著师生的积极性与主动性，真正实现大学生乡村振兴创新创业领军人才的培养，这是本专著在培养模式上最大的创新点。

第 2 章 前期准备

2.1 闽台大学生乡村振兴"揭榜挂帅"研究预备会

2.1.1 活动内容

2021 年是"十四五"规划开局之年，同时是脱贫攻坚与乡村振兴有效衔接的关键之年，"十四五"规划中蕴含的两岸融合发展所带来的机遇，为乡村振兴实践提供了更为广阔的平台。通过对《党建绿色"创新创业"产业帮扶助力乡村振兴实践初探——以革命老区岩前村为例》的"再学习、再调研、再实践"，为了更好贯彻落实党的十九届五中全会精神，积极探索海峡两岸融合发展新路径，实现巩固拓展脱贫攻坚成果与乡村振兴有效衔接，2021 年 3 月 25 日下午，福州大学工商管理教工党支部党员苏世彬组织开展了"闽台大学生创新创业乡村振兴'三下乡'暑期社会研学实践活动筹备会预备会暨青春特派员助力乡村振兴动员会"，促进闽台大学生交流与合作，助力乡村振兴。

会议分为三个议程。会议伊始，福州大学 2018 级会计专业学生郑秋婷讲解本次活动背景封面图的设计修改过程及思路，从而进一步加深与会成员对活动主题内涵的理解。

郑秋婷同学讲解封面设计与修改思路

第一议程：由苏世彬介绍其党建绿色"创新创业"产业帮扶助力乡村振兴模式与实践研究成果以及创业项目的征集与发展方向。苏世彬本着"就地取材、顺势而为"的原则，为安溪县岩前村设计了包含景点研究在内的乡村振兴规划及其实施策略，借助城镇党建力量进行资源对接，打造农村绿色创新创业，其1年多来的乡村振兴实践得到了社会上各界人士的认可与支持。在会议中，苏世彬展示了农产品商标、岩前村蕌头精准扶贫包装袋（由县扶贫办免费提供设计）与闽南家庭原生态食材特色大礼包袋子（苏世彬设计），并阐述其设计理念。小包装袋设计精准，大包装袋涵盖内容丰富且有针对性与目标性，为乡村振兴农产品外包装设计提供了新思路。紧接着苏世彬播放了3个视频，分别展现竹林七贤园等乡村特色景点、生态循环种养殖基地与双创助力乡村振兴展示馆，进一步加深与会成员对岩前村乡村振兴发展的体会。随后，苏世彬正式启动"揭榜挂帅"项目招募与征集，表明乡村振兴创新创业发展与研究方向，鼓励更多学子从各自专业视角为切入点参与乡村振兴活动。

苏世彬正式启动乡村振兴"揭榜挂帅"项目研究招募

第二议程：学生代表介绍目前正在实施与研究的创新创业项目。首先，郑秋婷同学以革命老区安溪县参内镇岩前村乡村振兴社会创业为例，对其党建绿色"创新创业"产业帮扶助力乡村振兴商业模式进行九要素分析，讲述了其论文的撰写与修改思路，从理论研究层面较好地展示了岩前村乡村振兴商业模式的借鉴意义。其次，2020级远志创业实验班的王云涛同学以连江县横厝村为例，结合"挑战杯"参赛过程，对其党建绿色"创新创业"产业助力乡村振兴实践初调研进行介绍与成果展示，从政策背景、成果借鉴等方面进行总结，较好地展现理论与实践的结合。最后，2020级志远创业实验班的赖馨同学作为"智慧助农——闽台融合发展的新型乡村振兴模式"创新创业项目负责人展示了拟参加福州大学"校长杯"创新创业大赛等各种赛事的项目成果进展与团队构成等，其中提到的通过APP小程序平台推动农产品的认养等模式内容，创意想法初具雏形，负责人也表示今后会不断探索成果落地的具体模式。

郑秋婷同学介绍乡村振兴启航商业模式九要素研究

王云涛同学介绍第十七届"挑战杯"全国大学生课外学术科技作品竞赛红色专项活动前期调研实践经验

赖馨同学介绍智慧助农闽台融合发展项目进展与发展规划

第三议程：点评总结与合影纪念。由台湾世界新闻协会福建代表处负责人吴剑海对本次会议做点评，他表示，本次预备会的召开，意义重大。党的十九届五中全会明确提出"支持福建积极探索海峡两岸融合发展新路"，本次会议是福州大学教工党员苏世彬老师在一年的党建绿色"创新创业"产业帮扶助力乡村振兴模式实践的基础上，在福建省委组织的"再学习，再调研，再实践"活动精神指导下召开的，对于引导和团结更多的闽台大学生关注、参与闽台乡村振兴起到了良好示范作用，尤其是"揭榜挂帅"研究机制的提出和实践，更是为闽台大学生主动投入闽台乡村振兴的研究提供了机制保障，不但为闽台大学生"青春特派员"提供了更加广阔的实践天地，也为探索海峡两岸乡村振兴融合发展提供了一个新视角、新思路。可见，党建绿色"创新创业"产业帮扶助力乡村振兴模式和"揭榜挂帅"研究机制都是贯彻落实党的十九届五中全会的"巩固拓展脱贫攻坚成果并与乡村振兴有效衔接"、"积极探索海峡两岸乡村振兴融合发展新路"具体体现，应该坚持实施，并在适当的时候引起学校、社会和政府的关注与支持，当然，本次预备会也存在着一些需要完善的地方，如由于疫情原因，台湾大学生没能参加，在未来的工作中，应该团结更多的福州大学台湾籍、其他高校的台湾籍大学生乃至台湾本地大学生积极参与进来。

台湾世界新闻协会福建代表处负责人吴剑海做点评与总结

台湾世界新闻协会福建代表处负责人吴剑海与"智慧助农——闽台融合发展的新型乡村振兴模式"创新创业项目团队合影

闽台大学生乡村振兴"揭榜挂帅"研究预备会合影

本次会议圆满成功，与会成员均表示收获颇丰，纷纷表示对于大学生三下乡助力创新创业乡村振兴有了深层次的体悟，同时坚定了闽台大学生参与乡村振兴的信念。本次会议组织人苏世彬提出的"你给我一个基点，我给你一片森林"，极大激发了当代大学生各扬所长助力乡村振兴的信心，迸发出中华民族伟大复兴进程中的青春力量。

2.1.2 参与活动同学感受分享

闽台乡村振兴融合发展新思路之"揭榜挂帅"研究

福州大学 2018 级会计学专业　郑秋婷（中共预备党员）　指导老师：苏世彬

本次预备会的召开具有十分重要的意义，不仅是贯彻落实党的十九届五中全会"巩固拓展脱贫攻坚成果与乡村振兴有效衔接"、"积极探索海峡两岸发展新路径"的具体做法，更是对福建省委提出的"再学习，再调研，再实践"精神的现实回应。现有成果显示，福州大学教工党员苏世彬老师一年的党建绿色"创新创业"产业帮扶助力乡村振兴模式成效显著，得到了众多人的关注与支持，可见该模式确有一定的推广和借鉴意义。同时，积极探索扩大该模式下主体范围的举措，让更多的闽台大学生介入乡村振兴事业中，这无疑是对该模式的再补充、再完善。在预备会中，各学生代表展现了目前的项目研究成果，其优缺点较好诠释了大学生助力乡村振兴发展过程中有效理论的支撑指导、创新思维的具体落地措施、市场调研及乡村实地考察、目标性地组建团队等各方面环环相扣之重要作用。

此外，本次预备会乡村振兴"揭榜挂帅"研究机制的提出，可谓是闽台乡村振兴发展中的"三有"首创及典范，有温度、有力度、有高度。研究项目的招募与征集展现了"英雄不问出处"、"不拘一格降人才"的广阔情怀和用人导向，激励了在校大学生积极结合专业知识、加入闽台乡村振兴建设的劲头，更是闽台融合发展、党建绿色"创新创业"产业帮扶助力乡村振兴模式的前瞻性发展举措。目前，苏世彬老师也正不断与社会上各大企业集团达成党建乡村振兴方面的交流与合作，如阳光控股有限公司、中海创科技集团、福清核电、宁德时代等，同时，通过对乡村振兴政策叠加的思考与未来方向规划，高价值专利培育联盟和闽台乡村振兴"揭榜挂帅"研究与实践联盟具有很大的发展潜力。

如何让"揭榜挂帅"机制有效运转，在激发广大师生助力闽台乡村振兴创新活力的同时，对研究成果进行有效管理，也是一个值得不断探索思考的问题。现本人提出几点不成熟的建议如下：（1）有效设榜。揭榜挂帅就是要把当下最需要的关键核心项目张出榜来，可以成立"重要核心教学课题转换乡村振兴研究课题组"，由各高校、各专业教师组建构成，结合教学经验、理论发展基础与现实研究指导意义等方面内容，将教学课题转换为具有前瞻性研究意义的乡村振兴研学主题，延伸教学内涵助力乡村振兴研究发展，同时在教学过程中有意识地引导学生的理论向现实的转换思维。（2）盘活"帅位"资源。在揭榜挂帅机制下，"帅"的选择不同于一般意义上的人才选择，其具有门槛低、精准、有针对性且本着以结果为导向的原则。谁能完成该项任务，谁就可以通过自荐等方式成为项目负责人，根据榜单内容，结合自身专业特长，形成具有可操作性的实施方案。同时充分为其提供有利的研究环境，提供人力、资源以及平台，为其项目正常运行提供最大化支撑，在一定程度上赋予其自主权和支配权。（3）设立合理的考核与激励机制。"揭榜挂帅"项目可实行优胜劣汰制，对于研究成果显著的团队或个人可进一步为其提供更高层次的平台，这不仅有助于成果的深度发展，同时也能促使更多的揭榜挂帅者脱颖而出，最大限度解决乡村振兴发展中遇到的各类难题，交出满意的"揭榜"答卷。

浅谈闽台融合与乡村振兴新路径——"揭榜挂帅"

福州大学 2019 级汉语言文学　袁佳敏　　指导老师：苏世彬

2021 年 3 月 25 日下午，福州大学教工党支部党员苏世彬组织开展了"闽台大学生创新创业乡村振兴三下乡暑期社会研学实践活动筹备会预备会暨青春特派员助力乡村振兴动员会"。本次预备会的召开具有十分重大的意义，即深刻贯彻落实了党的十九届五中全会精神。十九大报告指出农业农村农民问题是关系到国计民生的根本性问题，必须始终把"三农"问题作为全党工作的重中之重，实施乡村振兴战略。苏世彬老师提出的"揭榜挂帅"制就是把"三农"问题和创新创业问题作为研究发展的方向，鼓励更多的大学生加入其中，扩大辐射范围。本次预备会不仅仅局限于某一个项目的研究，而是像苏世彬老师所说的："我给你一个基点，你给我一片森林"。通过此次预备会不仅给予乡村振兴和发展提供了更加明确的新思路和新方法，还为乡村振兴培育新一批人才起到了奠基的作用。其中有很多同学表示从中汲取到许多前所未闻的新内涵和新知识。

在这次预备会中苏世彬老师本着"就地取材，顺势而为"的原则，设计了众多符合安溪县参内镇岩前村的规划和策略，这对于促进安溪县岩前村的发展起着至关重要的作用。苏世彬老师对于安溪县岩前村的各类资源加以整合分析，展现出能够促进当地发展的重要资源。安溪县岩前村具有充满古韵的竹林七贤园，只需进行专业性改造即可成为具有乡村特色的旅游景点，吸引周边经济圈内的游客观赏。不仅如此，苏世彬老师还展示了当地的生态循环种养殖基地和双创助力乡村振兴展示馆，进一步加深了与会成员对于安溪县岩前村乡村振兴的理解与体会，其中苏世彬老师设计的闽南家庭原生态食材特色大礼包袋子也颇有特色。除此以外，让我记忆最深刻的要数苏世彬老师提出的"揭榜挂帅"的新思路。

苏世彬老师提出的"揭榜挂帅"思路和习近平总书记提出的"探索揭榜挂帅"思路不谋而合，这个词体现了两个十分重要的字眼，一个是"榜"，第二个是"帅"。"榜"就是以苏世彬老师提出来的"一个基点"，这"一个基点"并不是单纯的一件事情，而是一种新思路，一种研究和处理乡村振兴和闽台融合的新方法。这个"榜"就是以不断完善的理论研究为榜，把处理乡村振兴，创新创业的思路打开。这个"榜"正如这场预备动员会一般，不仅仅是动员会，更像是中国人民解放军展开白刃战之前吹奏的号角声。如果单单认为这场预备动员会只是为了完成创新创业这几个项目，不免将这场会议狭隘化。这场会议正是铺平新思路新方法的奠基石，为招募来更多的"帅"做更加充分的准备。"帅"是主力部队和主力军，更多有知识有技能的人就是需要争取的"帅"。而这些项目就像是试验田，让更多的人在这个试验田中大展拳脚，为更多的人提供大有作为的空间。越多有知识有技能的人加入其中，这块蛋糕才能越做越大，才能让更多需要进行乡村振兴的地域更加富裕。不仅仅是福州大学，以后这项"揭榜挂帅"的事业更会走出福州大学，吸引更多的人投身其中，如通过多校联合，跨省联办，使更多的人加入其中，"帅"也就更多，"揭榜挂帅"也将越走越远。

新事物的发展过程总是曲折的。这是哲学上对于新事物的看法，也符合新事物发展规律的观点，但是新事物更是在螺旋式上升过程中一步步走向成熟。路漫漫其修远今，吾将上下而求索。对于"揭榜挂帅"思路我也想提出自己的观点和看法。第一，希望"揭榜挂帅"思路能更加注重苏世彬老师所提出的台湾育成中心"三加一"创业模式中所提到的培养更多的跨学科人才，也能吸收更多的跨学科人才。虽然他们术业有专攻，精于某一方面，但是也要虚心学习商科方面知识。这是基于我自身我所提出的观点，对于这次预备会上同学发言提出的商业模式画布分析等问题，由于我自身知识的匮乏，无法跟随大家的节奏。所以希望在术业专攻的同时也要学习跨学科知识，不至于不同项目交流沟通出现一定的障碍，影响整个大局的发展进程速度。第二，希望能增强相互交流学习，不仅仅跟随老师进行学习，并且各个项目和人员多加讨论。三人行必有我师，大家在相互交流中能够不断改进优化自己的项目。大家来自不同的学科领域，看待事物问题的思维方式也会不同，而不同往往就会带来更多的思维碰撞。不能闭门造车，应该走到田间地头，走到书海之中，走到人群中进行交流。以上就是我自己的一些简单的看法和观点，希望"揭榜挂帅"项目与思路能从新方法新思路逐渐成为促进中国乡村振兴和实现共同富裕的一把利器和大国重器。

2.2 乡村振兴之"揭榜挂帅"南泥湾精神进课堂

经过对《党建绿色"创新创业"产业帮扶助力乡村振兴实践初探——以革命老区岩前村启航为例》的"再学习、再调研、再落实"，2021年3月31日和4月1日，由《党建绿色"创新创业"产业帮扶助力乡村振兴实践初探》孵化的大学生创业公司福州农帮科技有限公司主办的《乡村振兴之"揭榜挂帅"南泥湾精神进课堂》活动分别走进福州大学校选课《创业管理》和《我国企业科技创新资助政策体系》的课堂。

在活动中，郑秋婷同学、王云涛同学、吕漫俐同学、赖馨同学、袁佳敏同学、胡熙文同学先后做了创新创业训练的进展汇报和经验分享，体现了当代大学生在创新创业过程中艰苦奋斗、自力更生的南泥湾精神。

郑秋婷同学分享
活动封面设计

赖馨同学分享乡村
振兴中的党史精神

郑秋婷同学分享岩
前村乡村振兴九要素研
究成果

王云涛同学分享寒
假暑期社会实践成果

胡熙文同学分享福州农帮科技有限公司商业计划书

吕漫俐同学分享乡村振兴对比研究成果

袁佳敏同学分享加入"南泥湾计划"体会

分享团队集体合影

四海营销协会代表做知识竞赛宣讲

活动结束之后，苏世彬当场启动乡村振兴"南泥湾计划"高校"揭榜挂帅"项目招募与征集（常年），据悉，该活动以"延安精神、抗大精神、红旗渠精神和南泥湾精神＋长征精神"的党史精神作为指导，以"星星之火，可燎乡村之原；豆大之光，可照振兴之路"为使命，以"点亮一盏明灯，照亮一片乡村"为口号，面向福州大学及其他高校的学生与老师。

该项目的参与条件：学生要求有乡村振兴论文发表或者校级一等奖以上的奖励，并且有在此基础之上操作可行的研究计划或者创业设想；老师要求有成熟的学生团队或者本身已经做过乡村振兴研究，都需要有前期成果并且有可操作性的研究计划。助力举措：协助学生深挖项目潜能，参与更多的训练和竞赛项目以获得更多的学分和现金奖励（针对学生）；协助其指导"揭榜挂帅"学生项目研究，协助推荐期刊或者报各种教学成果奖（针对老师）；协助有成果的师生对接今日头条、新浪网、海峡都市导报等等（成果优异，可以考虑对接新华网、人民网、福建日报）媒体，对项目进行深挖等。

目前该项目已经完成了《乡村振兴中的景点设计研究——以安溪县参内镇岩前村为例》《乡村振兴规划及其实施策略研究——以安溪县参内镇岩前村为例》《党建绿色"创新创业"产业帮扶助力乡村振兴实践初探——以革命老区岩前村启航为例》《乡村振兴实施策略研究——以革命老区岩前村为例》。

正在实施的创新创业项目包括党建绿色"创新创业"产业助力乡村振兴实践初探调研——以连江县横村为例（第十七届"挑战杯"全国大学生课外学术科技作品竞赛红色专项活动）、乡村振兴商业模式九要素研究——以革命老区岩前村社会创业为例（第十七届"挑战杯"全国大学生课外学术科技作品竞赛红色专项活动、准备投稿）、《智慧助农——闽台融合发展的新型乡村振兴模式》（拟申请福州大学校长杯创新创业大赛、筑梦红色之旅等各种创新创业大赛，2021年3月27日准备在群英众创空间注册公司）、关于举办"学党史 守初心 担使命"微党课大赛的通知（南泥湾精神＋乡村振兴）(http://info.fzu.edu.cn/zh/show.do?id=29372，2021年4月—5月)、福州大学"学科专业中的廉洁思想"课程思政主题微视频竞赛活动（乡村振兴中需要南泥湾精神的廉政思想）2021年3月23日—5月31日(http://info.fzu.edu.cn/zh/show.do?id=29320)。

正在招募的项目研究包括：（1）我国乡村振兴4P组合研究——以革命老区岩前村为例；（2）我国乡村振兴的政策应用研究——以革命老区岩前村为例；（3）我国乡村振兴的规划设计研究——以革命老区岩前村为例；（4）岩前村五大振兴现状调查与分析；（5）岩前村乡村振兴实绩考评状况调查与分析；（6）岩前村精准扶贫精准脱贫攻坚现状调查与分析；（7）岩前村乡村振兴工作绩效调查与分析；（8）岩前村乡村振兴党建研究；（9）闽台乡村振兴对比研究（自选视角撰写）；（10）其他村庄的乡村振兴相关问题研究（自选视角撰写）等（主要是根据政府相应的考核指标体系，针对某个乡村展开调查与分析）；（11）岩前村乡村振兴启航南泥湾精神研究；（12）岩前村乡村振兴启航中国精神研究——基于长征精神、延安精神、抗大精神和南泥湾精神的学习体会；（13）岩前村乡村振兴启航红旗渠精神研究；（14）乡村振兴需要南泥湾精神；（15）党史教育助力乡村振兴（延安精神、抗大精神和南泥湾精神）；（16）其他（自选主题，把党史教育与乡村振兴有效融合）等。

参与者也可以围绕管理学理论、各自的专业视角来设计研究主题。

乡村振兴之"揭榜挂帅"南泥湾精神进课堂取得圆满成功。

2.3 乡村振兴"南泥湾计划"之"揭榜挂帅"进展

2.3.1 活动策划

乡村振兴"南泥湾计划"之"揭榜挂帅"进展
——党建绿色创新创业产业帮扶助力乡村振兴党史精神及推广研讨会（策划方案）

福州大学乡村振兴"南泥湾计划"高校"揭榜挂帅"研习会筹备组

政策依据：

（1）党的十九届五中全会精神

（2）教育部实施《高等学校乡村振兴科技创新行动计划（2018—2022年）》

（3）225条在闽台胞台企同等待遇清单

（4）党的十九届五中全会审议通过的《中共中央关于制定国民经济和社会发展第十四个五年规划和二〇三五年远景目标的建议》

（5）中共中央办公厅、国务院办公厅印发了《关于加快推进乡村人才振兴的意见》

（6）《中共中央、国务院关于实现巩固拓展脱贫攻坚成果同乡村振兴有效衔接的意见》

（7）福建省委"再学习，再调研，再落实"活动精神

（8）中共中央印发《关于在全党开展党史学习教育的通知》

背景：

2020年新冠疫情期间，福州大学教工党员苏世彬响应习近平同志"全党全社会关注参与乡村振兴"的伟大号召，结合自身的学术优势，提出了"党建绿色'创新创业'产业帮扶助力乡村振兴"理论模式，并且以志愿者的身份，以安溪县参内镇岩前村为对象，实施了一系列的城乡融合、农村一二三产业融合的帮扶举措，经过1年的实践，取得了初步成效：注册"叶惠治"农产品商标一个，孵化和帮扶6家当地农民经营实体，助力岩

前村获得入选山旅岩田幸福兜岭省级乡村振兴示范线、岩前村被评为 2020 年度安溪县县级乡村振兴实绩突出村名单第一名，获得 100 万奖励，引起中国网、今日头条、新浪网等 10 多家媒体的报道，获得福建省脱贫攻坚专项奖励嘉奖，引起省农业农村厅、福建省港澳台办公室、台湾世界新闻传播协会福建代表处、阳光慈善基金乡村振兴项目组等高度关系，认种福州公司 5 棵桃树，对周边乡村形成强烈的辐射效应，助力 30 多人乡村坚守者（贫、老、病、妇）在疫情期间的增收，教育了超过 1000 个人的大学生党员团员等。

进入 2021 年我国"巩固拓展脱贫攻坚成果及乡村振兴有效衔接"之年，在省委"再学习，再调研，再落实"活动精神感召下，"党建绿色'创新创业'产业帮扶助力乡村振兴"模式也在不断发力，如设计出了闽南家庭原生态食材大礼包等。为了推动该模式的持续有效开展，在党史教育学习过程中，团队又总结出了"党建绿色'创新创业'产业帮扶助力乡村振兴"模式需要多种党史精神的融合：延安精神（统一思想）、抗大精神（人才培养）、红旗渠精神和南泥湾精神（具体落实）+ 长征精神（持久准备，万里长征第一步，困难重重）。

乡村振兴除了需要党史精神引领之外，更是要在党史精神指导下加强高质量、具有"艰苦奋斗，自力更生"南泥湾精神的乡村振兴创新创业人才的培养，这就意味着乡村振兴"高校样本"的《党建绿色"创新创业"产业帮扶助力乡村振兴实践初探——以革命老区岩前村启航为例》必须探索大规模培养适合我国乡村振兴创新创业实际需要的高质量实用人才融合思政、党史、创业、乡村振兴、红色筑梦 5 门大课为一体的，有温度、有深度、有广度、有高度、有气度、叫得响的中国实践金课，使之成为一门能够入耳、入眼、入脑、入心，触及灵魂的实践课，最终为乡村振兴"高校样本"的《党建绿色"创新创业"产业帮扶助力乡村振兴实践初探——以革命老区岩前村启航为例》高质量乡村振兴人才的培养提供新视角，同时为福州大学创新创业人才培养提供新亮点，并为福建省积极探索海峡两岸融合发展提供新思路，还为全国高校高质量人才培养引入"揭榜挂帅"机制探索新经验，从而为我国"实现巩固拓展脱贫攻坚成果同乡村振兴有效衔接"和经济高质量发展提供新动能。

为此，2021年3月26日，《党建绿色"创新创业"产业帮扶助力乡村振兴实践初探——以革命老区岩前村启航为例》提出者和践行者在福州大学启动了闽台大学生乡村振兴"揭榜挂帅"研究预备会，并于2021年3月31日和4月1日分别在福州大学校选课《创业管理》和《我国企业科技创新资助政策体系》的课堂上举办了乡村振兴之"揭榜挂帅"南泥湾精神进课堂。通过以上两场活动，一方面不断总结和凝练乡村振兴"高校样本"的《党建绿色"创新创业"产业帮扶助力乡村振兴实践初探——以革命老区岩前村启航为例》高质量乡村振兴创新创业人才培养的思路，提出了乡村振兴"南泥湾计划"高校"揭榜挂帅"项目的规划，并且成立了福州大学乡村振兴"南泥湾计划"高校"揭榜挂帅"研习会筹备组；另外一方面也通过自愿报名的方式选拔了4个学生团队进入福州大学乡村振兴"南泥湾计划"高校"揭榜挂帅"研习会筹备组，他们分别是福州农帮科技有限公司、《乡村振兴中的党史精神研究——以革命老区岩前村启航为例》SRTP创新训练项目、《乡村振兴中的大别山精神研究——以革命老区岩前村为例》SRTP创新训练项目、《岩前村乡村振兴启航南泥湾精神研究》SRTP创新训练项目，如何帮助以上团队更好地完成相应的科研内容，并且通过他们吸引更多的同学关注和参与福州大学乡村振兴"南泥湾计划"高校"揭榜挂帅"研习会筹备组的选拔，为早日成立福州大学乡村振兴"南泥湾计划"高校"揭榜挂帅"研习会积蓄更多的新生力量，就是在这个背景下举办本次研讨会。

研讨目的：

（1）通过分享各项目小组所制定的PPT封面制作、策划方案和新闻稿撰写，让项目小组成员及参会同学学会如何进行系统的创新创业思考，如何理论联系实践，真正做到大学生对乡村振兴入耳、入眼、入脑、入心。

（2）通过各个项目小组如何选题，如何撰写和修改SRTP项目申请书，从而体会到如何思政、党史、创业、乡村振兴、红色筑梦这五大元素有效融入大学生日常的科研训练和竞赛，也为其他同学将来申请SRTP提供新思路和新视角，并有助于现有团队弥补申请书的不足。

（3）通过三篇乡村振兴中党史精神论文的撰写过程分享，一方面为撰写的同学提供相互交流、相互借鉴的机会，另外一方面也为同学更好地修改已完成的论文初稿提供思路，以便未来更好地参加各种竞赛、征文，同时通过这一环节，激发更多同学投入乡村振兴与党史精神的学习和实践之中，真正做到"学党史、悟思想、干实事、开新局"，并为我国的乡村振兴埋下一颗颗种子，争取做到"星星之火，可燎乡村之原；豆大之光，可照振兴之路"。

（4）在开设研讨会的同时拍摄福州大学举办的"学党史 守初心 担使命、办实事"微党课大赛、福州大学"学科专业中的廉洁思想"课程思政主题微视频竞赛活动的参赛作品，将乡村振兴与党史教育有效融合。

（5）通过本次《绿色党建"创新创业"产业帮扶助力乡村振兴实践初探——以革命老区岩前村启航为例》的"再学习、再落实、再调研"，吸引和团结更多的大学生关注并参与乡村振兴，同时为福州大学乡村振兴"南泥湾计划"高校"揭榜挂帅"暑假社会实践活动造势，并争取通过本次活动，吸收更多的将才帅才加入到福州大学乡村振兴"南泥湾计划"高校"揭榜挂帅"暑假社会实践活动和福州大学乡村振兴"南泥湾计划"高校"揭榜挂帅"研习会筹备组。

参加人员：

（1）《乡村振兴中的党史精神研究——以革命老区岩前村启航为例》SRTP 创新训练项目团队成员（2019 级物流管理吴佳颖、2019 级社会学林茜雨、2019 级金融学黄敏璇、2019 级物流管理郑景元）

（2）《乡村振兴中的大别山精神研究——以革命老区岩前村为例》SRTP 创新训练项目团队成员（2019 级汉语言文学袁佳敏，2020 级汉语言文学廖佳磊）

（3）《岩前村乡村振兴启航南泥湾精神研究》SRTP 创新训练项目团队成员（2019 级经济统计学许梦婕、2019 级财政学黄舒涵、2020 级金融学陈婧）

研讨内容：

（1）许梦婕、吴佳颖、袁佳敏团队展示其 PPT 封面、策划方案、新闻稿件修改过程之中的稿件变化，苏世彬老师针对以上所展示的内容进行分析和点评。

（2）吴佳颖、许梦婕、袁佳敏团队分享 SRTP 计划书的书写和该项目未来完成的方向，苏世彬老师针对以上所展示的内容进行分析和点评，给予同学更多的思考路径和启示。

（3）许梦婕、吴佳颖、袁佳敏团队分享本团队撰写的关于岩前村乡村振兴启航之党史精神之类的研究的论文。苏世彬老师针对以上所展示的内容进行分析和点评，给予同学更多的思考路径和启示。

（4）吴佳颖团队关于乡村振兴"南泥湾计划"之"揭榜挂帅"进展——党建绿色创新创业产业帮扶助力乡村振兴党史精神在《关于在全党开展党史学习教育的通知》乡村振兴之中的廉政建设机制之中的学科廉政建设访问苏世彬老师。将苏世彬老师针对学生团队对于乡村振兴方面的廉政问题进行答疑解惑的内容拍摄成视频，参加福州大学"学科专业中的廉洁思想"课程思政主题微视频竞赛活动。

注：各个 SRTP 团队全程拍摄参加福州大学举办的"学党史 守初心 担使命"微党课大赛拍摄微党课视频。

流程：

研讨会活动启动

上午 10：00—10：20 苏世彬老师简要介绍乡村振兴"南泥湾计划"之"揭榜挂帅"进展并宣布研讨会正式开始。

策划方案分享

10：20—10：40 徐梦婕团队分享新闻稿以及策划方案的撰写思路。苏世彬老师针对以上团队进行点评并且给予建设性意见。

10：40—11：00 袁佳敏团队介绍 PPT 设计封面思路、研讨会的策划过程、新闻稿的撰写心得。苏世彬老师针对以上团队进行点评并且给予建设性意见。

11:00—11:20 吴佳颖团队分享 PPT 封面设计思路、研讨会的策划过程、新闻稿的撰写心得苏世彬老师针对以上团队进行点评并且给予建设性意见。

SRTP 项目分享

11：20—11：30 许梦婕团队展示其 SRTP 申请书并分享申请心得

11：30—11：40 吴佳颖团队展示其 SRTP 申请书并分享申请心得

11：40—11：50 袁敏佳团队展示其 SRTP 申请书并分享申请心得

11：50—12：00 苏世彬老师对三个团队进行点评

乡村振兴党史精神论文研究分享

12：30—12：45 许梦婕团队分享论文修改过程及修改心得

12：45—13：00 袁佳敏团队分享论文修改过程及修改心得

13：00—13：15 吴佳颖团队分享论文修改过程及修改心得

13：15—13：25 苏世彬老师对三个团队进行点评

廉政思想访谈

13：25—13：55 吴佳颖团队围绕"党建绿色创新创业助力乡村振兴"以岩前村为样本进行廉政思想访谈。苏世彬老师根据吴佳颖团队的问题答疑解惑。

活动结束

2.3.2 活动新闻通稿

2021年5月5日，在"学党史、悟思想、办实事、开新局"与"再学习、再调研、再落实"活动指导下，由《党建绿色创新创业产业帮扶助力乡村振兴实践初探——以革命老区岩前村启航为例》支持的乡村振兴"南泥湾计划"高校"揭榜挂帅"研习会筹备组举办《乡村振兴"南泥湾计划"之高校"揭榜挂帅"进展——党建绿色创新创业产业帮扶助力乡村振

乡村振兴研讨会演示文稿首页

兴党史精神及推广研讨会》在福州大学经济与管理学院中楼400会议室举办，本次研讨会的政策依据主要有教育部实施的《高等学校乡村振兴科技创新行动计划（2018—2022年）》，党的十九届五中全会审议通过的《中共中央关于制定国民经济和社会发展第十四个五年规划和二〇三五年远景目标的建议》、中共中央办公厅、国务院办公厅印发了《关于加快推进乡村人才振兴的意见》，《中共中央、国务院关于实现巩固拓展脱贫攻坚成果同乡村振兴有效衔接的意见》，福建省委"再学习，再调研，再落实"活动精神、中共中央印发《关于在全党开展党史学习教育的通知》。

会议由四部分组成。

第一部分是研讨会活动的启动，在该部分中，福州大学教工党员苏世彬老师介绍了乡村振兴"南泥湾计划"的来源，南泥湾大生产是抗日战争时期，中国共产党在面临着国民党的重重封锁的背景下，八路军第120师第359旅在南泥湾开展的大规模生产活动。这一活动的目的在于克服经济困难，实现生产自给，坚持持久抗战，并因此锤炼出了著名的南泥湾精神。而目前，我国也面临着国际社会（尤其是西方发达国家）的重重封杀，在这一背景下，我们启动了"巩固扩展脱贫攻坚成果并同乡村振兴有效衔接"，背景与南泥湾大生产非常相似，而且都是面对农村。参加南泥湾大生产运动的都是当时的精兵强将，他们在一无所有的背景下，依靠自力更生、艰苦奋斗的精神，经过几年的艰苦奋斗，不仅完成了生产自给任务，而且在农业、工业、运输业和商业等方面取得很大成绩，打下了完全能够自给自足的经济基础。目前我国的乡村振兴尽管不是一无所有，但是同样面临着农村人口空心化、产业空心化等诸多现实困境，如何在这种背景下全面实现乡村振兴，也需要南泥湾式的艰苦奋斗、自力更生精神，并且需要高校培养一大批能够在乡村振兴中披荆斩棘的将才帅才。然而，目前我国农业院校数量有限，学科也无法完全满足乡村振兴的人才需求，因此如何依托我国高校（尤其是非农院校）大规模培养乡村振兴所急需的创新创业人才，是目前高等教育界必须思考和实践的一个重大问题。在这一背景下，我们依托《党建绿色创新创业产业帮扶助力乡村振兴实践初探——以革命老区岩前村启航为例》提出了乡村振兴"南泥湾计划"之高校"揭榜挂帅"，今天就是对这个机制的一次进展汇报。

第二部分主要由《乡村振兴中的党史精神研究——以革命老区岩前村启航为例》SRTP创新训练项目团队、《乡村振兴中的大别山精神研究——以革命老区岩前村为例》SRTP创新训练项目团队、《岩前村乡村振兴启航南泥湾精神研究》SRTP创新训练项目团队分别介绍了本次活动PPT封面、策划方案、新闻稿件修改过程之中的稿件变化，苏世彬老师针对以上所展示的内容进行分析和点评。

通过分享各项目小组所制定的PPT封面制作、策划方案和新闻稿撰写，让项目小组成员及参会同学学会如何进行系统的创新创业思考、如何理论联系实践，真正做到大学生对乡村振兴入耳、入眼、入脑、入心。

第三部分由吴佳颖、许梦婕、袁佳敏团队分享SRTP计划书的书写和该项目未来完成的方向，苏世彬老师针对以上展示的内容进行分析和点评，给予同学更多的思考路径和启示。

第四部分由许梦婕、吴佳颖、袁佳敏团队分享本团队撰写的关于岩前村乡村振兴启航之党史精神之类的研究的论文。苏世彬老师针对以上所展示的内容进行分析和点评，给予同学更多的思考路径和启示。

通过三篇乡村振兴中党史精神论文的撰写过程分享，一方面为撰写的同学提供相互交流、相互借鉴的机会，另外一方面也为同学更好地修改已完成的论文初稿提供思路，以便未来更好地参加各种竞赛、征文，同时通过这个环节，激发更多同学投入乡村振兴与党史精神的学习和实践中，真正做到"学党史、悟思想、干实事、开新局"，并为我国的乡村振兴埋下一颗颗种子，争取做到"星星之火，可燎乡村之原；豆大之光，可照振兴之路"。

在开设研讨会的同时拍摄福州大学举办的"学党史 守初心 担使命、办实事"微党课大赛、福州大学"学科专业中的廉洁思想"课程思政主题微视频竞赛活动的参赛作品，将乡村振兴与党史教育有效融合。

通过本次《绿色党建"创新创业"产业帮扶助力乡村振兴实践初探——以革命老区岩前村启航为例》的"再学习、再落实、再调研"，吸引和团结更多的大学生关注并参与乡村振兴，同时为福州大学乡村振兴"南泥湾计划"高校"揭榜挂帅"暑假社会实践活动造势，并争取通过本次活动，吸收更多的将才帅才加入福州大学乡村振兴"南泥湾计划"高校

"揭榜挂帅"暑假社会实践活动和福州大学乡村振兴"南泥湾计划"高校"揭榜挂帅"研习会筹备组。

2.3.3 活动感受分享

千里之行，始于足下

——"南泥湾计划"高校"揭榜挂帅"进展研讨会之心得体会

2019 级物流管理　吴佳颖　　　指导老师：苏世彬

目前，距我参与"南泥湾计划"高校"揭榜挂帅"项目已经过去了将近一个月的时间。回首过去，希望通过总结之前工作中的一些利弊、得失，从教训中得取经验，为今后项目的更好进行做好充分准备，也为"揭榜挂帅"机制的进一步实施提供实例支撑。

在SRTP的申请方面，本次的SRTP申请对我而言是一次巨大的挑战，在此之前我没有写过正式的申请书，同时当时的我也不熟悉整个项目的具体情况，所以在撰写申请书的时候遇到了很多问题：

首先，是时间的冲突。SRTP申请书的截止周也是我的考试周，两项重要事项的冲突，让我无法找到平衡，也曾情绪失控。为更好地应对考试，同时也顺利地完成SRTP项目申请书的修改，我每天早起1个小时背诵考试的内容，同时抓紧空闲的每1分钟复习，力求在保证考试正常发挥的情况下，尽最大的可能完善SRTP项目申请书。在此之前我一直都对自己的时间安排能力感到自信，但是通过本次事件，我真正认识到自己的不足。每个人的精力都是有限的，如何在有限的精力实现最大的价值是我需要去努力探索的。再者，面对突发问题和冲突，需要具备个人的压力调节能力和任务、时间分配能力，而不是从主观判断上直接否决顺利完成的可能性。

其次是态度问题。在刚开始撰写申请书的过程中，我对申请书的重视程度严重不足，后来我渐渐意识到，写申请书不是为了应付老师的任务，而是对自己负责，事实证明，它对后面整个项目的顺利进行起到了至关重要的作用。同时它更是决定了我们整个项目的评级。做事情不能浮躁，需要沉下心，踏踏实实、认认真真地做。千里之堤，溃于蚁穴。踏踏实实走好每一步是对未来最好的交代。

经过了这一系列的心路历程，我的SRTP申请书也展现出了全新的面貌：在第一稿研究内容的撰写中，我所撰写的项目申请书存在内容浅显、没有贴合我们项目实际，基本照抄导师模板，没有将项目内容融会贯通等问题。并且，在研究内容和研究目方面，许多内容主次不分，不相关的部分反而大于需要的部分。经过修改，整体内容更加精炼，格式整齐划一，对导师范例的学习也更加深刻；在国内外现状及发展动态部分，论证的语言欠缺逻辑性。修改之后，首先，论文的数量明显上升，而且比起之前简单的列举，更加侧重于概括梳理文章然后对整体做出总结。在评述部分也更具逻辑性；在项目特色与创新点部分，我们的第一稿的内容主要停留在将党史精神与乡村振兴融合这个层面，内容比较单一，而且许多内容和本项目的关联度不大，与本项目缺乏关联性。在改进后的版本中，内容从特色和创新两个角度进行分别解析，同时删减了很多与本项目关联性不大的内容，并增添了许多新的内容；在技术路线部分，第一稿写的书写过于简单，甚至没有把参与比赛的名称写完整，内容的完整度与项目的可实施性是直接挂钩的，这直接决定了我们未来项目的走向。所以，在后期的修改中，我们细化了每一个项目的有关内容，包括我们实现目标的具体路线以及后期将会展现的相关成果，并将这些内容按主题分类。在进度安排部分，在撰写第一版制定进度安排时，我对需要去完成的事以及各项事物的完成时间不清楚。但是在经过了一遍又一遍的修改后，所有的进度逐渐明确，也更加合理。

人的成长是需要逼迫与督促的，在参与项目的前期，我同时还面临这一些重要的比赛和责任，也曾无数次因为压力过大，预感自己无法承受，而起过放弃的念头。但是，我都咬牙撑了下来。虽然，我曾在SRTP申请书的撰写过程中因为压力的突增而感到十分痛苦。但是，不可否认的是，这件事成功改变了我的固化思维，并且让我跳出了我的舒适圈。正所谓"合抱之木，生于毫末；九层之台，起于累土"，成长与提升的背后必然是血与汗的支撑，没有坚持和韧性是无法走得太远的。

论文修改方面，我在前两次的修改中存在着两个严重的问题：

一是完全照搬导师的修改意见，缺少个人深度的认识和体会；二是存在个人认识的局限性，忽略了合作的重要性。导师的意见需要被认真对待，但是仅仅停留于导师的想法，没有自己对个人问题的审视与发散是远远不够的。前两次论文的修改，我都是单打独斗，而一个人的思维具有很大的局限性，我在一些问题的认识方面存在很多问题，像是论文整体的逻辑性、论文论证的辩证性，以及文章前后的关联性等。而在第三次修改中，我指导本项目组的郑景元同学加入论文修改。我们利用共享文档的方式，一边修改一边讨论，互相发现双方非常多的问题，通过这些问题再相互学习，相互借鉴，最终修改出了一篇相对而言较为满意的论文。

所以在第三次修改时，我摒弃了以前的固化思维，对本篇论文的方方面面进行了革新：首先将研究背景简化，放入摘要部分做总体引导，再通过引言部分重点阐述一下本课题的党史精神对于乡村振兴和学术研究的意义。同样在样本分析中，更多地体现了岩前村的基本情况，特别是体现了今昔对比。在下一部分，我们一改之前分析党史精神开始，先阐述乡村振兴，讲述乡村振兴和党史精神的关系，与前文讲述岩前村的情况更加有逻辑联系，而不是孤立地开始讨论党史相关的内容。这一部分的表达，我们先从党史精神与乡村的角度入手，进而递进到党史精神对于乡村振兴的意义，之后再用延安精神等具体化的党史精神阐述其对于乡村振兴的意义，从浅入深、由表及里，整体上更具逻辑。而此处选择党史精神方面，我们也根据后文实例提取了最为重要的三种精神重点阐述。在进行阐述的过程中，我们统一使用"渊源＋内涵＋意义"的方式，简明扼要、清晰明了地介绍党史精神，阐明其在乡村振兴当中的意义所在。在此处，我们也有机联系了上下文。比如，在进行南泥湾精神的相关论述时，我们针对了乡村就业难、空心化问题提出了促进人才培养的观点，而这也和岩前村的基本状况相符合，一方面证明了岩前村的典型性，另一方面也通过后文岩前村的相关举措的成功论证了这个观点的有效性和真理性，也为进一步推广的观点提供理论支撑。在下一部分的岩前村实例分析中，我们紧密与前文提及的观点相照应，舍去了一些相关性低的事例，将一些能够佐证观点的例子具体化。以生态种植为例，之前我们做了基本介绍，修订之后我们把生态种植细节展开，详细分析了其效益，最后再归结回本文段论述的

"促进人才培养"，有理有据，使得整体行文更为流畅，整体逻辑、想法跃然纸上。同时，在分段阐述时也和上一部分的党史精神一一对应，使读者更能发现其中的内在逻辑，大大方便了读者理解。总结部分，明确点出了什么党史精神产生的什么影响，把岩前村的成功范例浓缩了。号召方面，我们也更注重科学严谨的语言表达，指出了未来努力的方向。此外，格式方面我们也按照期刊论文的标准进行了修改。在第三次改进中，整体行文上几乎没有大变动，变化主要体现在引言部分，即对于相关研究有了更加详细的文献综述，点明了具体的研究内容。为了更好地衔接引言部分党史精神的文段，我们把下一部分的样本选择放到党史精神与乡村振兴后面，把党史精神与乡村振兴作为主要内容，逻辑性更强。还有一处变化则是此处加上了长征精神的内容，丰富了文章。样本部分我们更加重点突出了本次老师带领的课题，加大与整体课题内容融合度。结语部分，我们提到了长征精神在乡村振兴中的作用，维度更加丰富了。

通过本次修改，让我深切地认识到，论文的修改不仅是在导师的意见上进行局部修改，更是在理解了导师的意见后，正确认识到论文的不足而进行的大方面"革命"。创新思维是科研的基础，而创新思维培养则需要不断地发现自身的问题，并从自身的问题出发不断找到解决当前问题的较优解。习总书记就曾在全国科技创新大会上明确表示："我们要增强使命感，把创新作为最大的政策，奋起直追，迎头直上。"创新思维是做科研的基础，所以在科研训练中，我们必须深刻把握创新思维的重要性，将创新能力的训练映射到每一个脚步中。

研讨会的前期准备方面，本次研讨会的策划稍显匆忙，我在工作与指导项目成员工作上遇到了很多的问题：首先，我不能很好地平衡自己工作的时间与指导成员的时间，这就导致了我经常在工作时遇到成员需要我指导的情况。每当这个时候，我只能停下手中的工作，转而去指导其他成员的工作，最后，却是两边都没有做好。而且，部分成员缺乏积极性和反馈意识，我无法实时了解他们的工作动态。同时，也出现了任务安排不当的情况：一开始，我将廉政思想采访稿的制作交给本项目组的两位同学，可由于两位同学的校区不同，没有交流的机会。所以，她们最终写出的采访稿在思路上大相径庭，没有办法形成连贯的思路。

　　面对这三个问题我想出了以下解决方案：首先，我需要加强培养成员的反馈意识，通过时长提醒他们每隔一段时间给予我适当的反馈来培养他们的反馈意识。其次，我需要为成员的每项任务设定适当的 deadline，超过 deadline 的成员给予适当的批评教育。再者，我需要为自己设定合理的工作时间，在工作安排内的时间尽量不打散，完整、高效地完成工作再去解答其他成员的问题。最后，我需要在了解各个成员的具体情况的条件下，多多听取他们的意见，并根据任务的进展适度调整任务的分配。

　　研讨会的进展方面。在研讨会进行的过程终存在三个非常严重的问题：一为时间安排缺少机动性，在举办任何活动都需要至少提前 15 分钟到达现场。本次活动，因为我个人的疏忽导致延迟，耽误了导师与其他同学的时间。在参加活动时，预定到的时间一定要比活动开始时间多半个小时，以保证活动的顺利进行。二是前期准备问题。本次活动在开展的过程中遇到了许多本可避免的问题。首先是关于活动的一些准备，没有提前将文件拷在 U 盘上，其次是面对突发情况的应对措施，研讨会进行的过程中，出现了 PPT 打不开、文档打不开等情况，在面对这些问题时，没有做好多手准备，以应对突发情况是十分不可取的。再者，任务安排不合理。在项目组同学上台介绍情况的时候存在个别同学无法将讲稿与论文内容相对应的问题。这是我在工作安排上的失误。在布置任务时，要考虑各个成员的实际情况，而不是一拍脑袋胡乱安排。

　　研讨会策划方案撰写方面。在以往的策划案书写中，我一直都没有遵循明确的规范，向来是随心所欲。但在本次策划案的撰写中，我学到了很多相关的技巧。

　　首先，在策划案标题下方需要附上主要负责人的联系方式。策划案的书写不仅是为了活动的顺利进行，还要能让方案审阅者在看到策划方案后，准确定位到具体的负责人。其次，政策依据部分。不能将所有相关的政策都罗列出来，需要适当筛选出最为重要的几个。再次，关于背景的论述。对比导师的方案，我在以下的几个方案中都存在各种各样的不足：一是背景与党史精神的过渡部分。导师的策划方案仅通过两句话就实现了过渡，而我的策划方案用一长段的篇幅也没有将关系梳理清楚。二是"南泥湾计划"高校"揭榜挂帅"的前期基础以及本项目的前期基础介绍部分。

写策划方案和写文章一样应该做到详略有当。对于本次活动而言，前面的前期基础和过渡部分并不是重点；真正的重点是关于本项目目前的前期进展。而我在写这部分的时候出现了本末倒置的情况，即用大量篇幅讲述党史精神与乡村振兴的关系，而并未将真正该写的部分逐步展开。三是研讨目的层面。在一开始写研讨目的时，我时常出现杂糅的情况。研讨目的需要清晰有调理，不能随意混合杂糅，要尽量将一件一件事情分开来。目的部分是之后内容的支撑，所以在内容部分也要注意研讨会的安排顺序。同时，研讨会目的需要将研讨会背景的内容融合进来，整个策划方案应是一个整体，就像在写一篇完整的文章一样，每个部分都不是割裂的，它应该具有相互关联、互相促进的作用。

关于参加人员的书写，也需要有一定的讲究：首先，需要细化到个人、年纪，甚至是专业。并且需要将参会人员按照一定的类型分类，并标上序号。分类的内容要写具体写完整，不能用概括的方式代替。策划方案的每一部分都不是固定的，如在研讨会内容方面，研讨会内容需要与目的相对应，需要用简练概括的语言将每一项内容梳理清楚，同时需要避免时间的杂糅；而在研讨会流程层面，在前期的撰写中，我的流程安排模糊，甚至没有明确的时间，在导师的讲解下，我将流程细化到具体时间。但这其实还是远远不够的——流程不仅要细化，还需要分类。通常情况下，一场活动的流程是非常烦琐的，如果不对活动流程进行适当分类，就会导致整体流程复杂，策划方案审阅者没有办法在最短的时间内了解本次活动的概况。

新闻稿撰写层面。通过对比导师的新闻稿，我发现了自己许多问题：首先，第一部分（研讨会活动的启动）我在新闻稿中直接忽视了，这是一个非常大的疏漏。这部分内容不仅介绍了标题的内容，并且起到承上启下、关联全文的作用。其次，在新闻稿中不需要详细地介绍每一个参会人员。同时，在写新闻稿时，我需要将策划方案的内容加以融合。新闻稿、策划方案、封面设计这三样工作看似相互分离但其实都是一体的，需要不断关联、相互贯通。新闻稿里也许适当体现策划方案中的精神内涵。同时，导师在撰写新闻稿时，有明确将内容和影响分开来写，这样既能够清晰明了地展现新闻的主要内容，也能将影响和作用深刻地呈现在读者面前。再次，不容忽视的是背景部分的重要性：同样的背景，放在不同的位置将会产生完全不同的效果。像我的写法，将背景放在前面，就比较趋向于突出背景内容，但其实本次新闻稿的重点内容是研讨会，所以这样的行文排布非常不合理。

封面设计层面。在以往的封面设计中，我注重的一点只有美观以及贴合主题，其他的内容就全都抛之脑后。经历了本次封面修改过程，我认识到了自己很多的问题：首先是封面设计缺少内涵。在前两版的设计中，我过于执着于"解放军""农民"元素，而缺少了与现代挂钩的意识，且对于乡村振兴和党史精神的理解过于片面、浅显。在苏老师的点拨下，我认识到了党建绿色创新创业产业帮扶助力乡村振兴的深刻内涵。封面的制作需要很多内容的细化，甚至到整体的颜色。（春是一年的开始，用绿意盎然的春景表现乡村振兴的刚刚起步。）这些内容的细化部分是我完全没有想到的。在往常的海报制作中，我仅仅只要做出贴合主题、美观、大气的海报就能得到众人的嘉奖。如今看来，曾经的我只是陷于个人的舒适圈内。本次海报制作，对我而言更像一次大规模的革命，通过本次革命，改变了我以往的固化思维，让我的认识得到了大幅度的提升。

其次是我在封面设计层面缺少重视。一开始，相较于策划方案封面的设计我是不太重视的，一是因为自己往常的经验，二是自己浅显的认知。在我的主观意识中，海报仅是一个展示的封面，只要美观、大气、好看即可，它的重要程度远不及策划方案，所以最初我在海报方面是缺少重视的。后来，在导师的认真解读下，我才真正认识到了封面的重要性，一个有内涵的封面可以成为科普的媒介，利用封面就能向他人介绍乡村振兴的相关知识，起到非常好的辅助作用。

最后，是我目前设计的封面还未达到的，那就是将内涵与美观相结合。目前的封面内涵是有了，但是在内涵与美观的融合上还远远不足。如何在保证内涵的基础上制作出美观的封面也是未来我需要去深入探索的。

在经历了SRTP申报、论文撰写、研讨会策划、封面设计等一系列工作后，我深刻认识到了一个问题：努力与回报之间的跨越是量变到质变的过程；它需要时间的积累、历练的打磨。千里之行，始于足下，成功路上必然不会是一帆风顺的，困难挫折在所难免，坎坷困难时而发生。这与红军的长征一路有着很大的相似性。所以，我们必须认识到：不积小流，无以成江海。不积跬步，无以至千里。广阔的未来需要用现在每一个踏实的脚步来开辟。滚滚巨流，来源于涓涓小溪；浩瀚沙海，成于颗颗沙砾。在不断地努力与奋斗中，我一次又一次地领会这个问题的真谛。接下来，我作为项目组组长还需要带领我的组员去迎接一系列新的挑战。不仅有更加重要的比赛在等着我们，同时，我也需指导本项目组的另外两位同学撰写属于他们自己的论文。成就别人，也是在成就自己。

　　未来的路上，我已收好行装，整装待发。

知微见著，砥砺前行

—— "南泥湾计划"高校"揭榜挂帅"之心得体会

2019 级汉语言文学　袁佳敏　　指导老师：苏世彬

一、背景

　　2021 年是"十四五"规划开局之年，同时也是脱贫攻坚与乡村振兴有效衔接的关键之年，"十四五"规划中蕴含的两岸融合发展所带来的机遇，为乡村振兴实践提供了更为广阔的平台。在习近平新时代中国特色社会主义思想和党的十九届五中全会精神的指引之下，通过对《党建绿色创新创业产业帮扶助力乡村振兴实践初探——以革命老区岩前村启航为例》再学习，再调研，再实践，福州大学教工支部党员苏世彬通过安溪县岩前村的发展案例积极引导学生了解和探索乡村振兴的有关知识，为培养有理想、有本领、有担当的乡村振兴人才提供可供借鉴的范例。

二、高校培养乡村振兴人才的原因

　　乡村，在中国悠久的历史长河之中一直都是落后的代名词。新中国成立前，乡村一直是重要的革命根据地，中国共产党人在领导中国革命实践之中提出的具有中国特色的发展道路和总战略也是"农村包围城市"。新中国成立之后，我国为了在外国重重包围之下站稳脚跟，建立起比较完整的工业体系、城市体系和国民经济体系，从而提出了"以农补工"。农业、农村、农民为经济建设提供了大量的支持，做出了巨大贡献。但是仅发展起国家工业体系，建立起城市体系是远远不够的。乡村作为我国的广大领域，拥有 57661 万人口，在经济始终保持中高速增长的如今，振兴乡村对于我国经济社会良好持续的发展有着举足轻重的重要意义。

乡村振兴包括五大目标内容，分别是产业振兴、人才振兴、文化振兴、生态振兴、组织振兴，其中人才振兴是全面推进乡村振兴的基础。长期以来，乡村中的青壮年，优秀人才都因为乡村发展过缓，无法提供人才发展平台等原因持续外流。乡村失去优秀人才，导致乡村发展缓慢甚至是停滞，无法带动产业发展，导致乡村大多以传统农业为主，产业空心化严重。大多数乡村青壮年人口因为失去就业机会等原因不得不远离乡村，前往城市或城郊务工，造成农村青壮年大量流失，仅剩乡村老弱妇幼，导致人口空心化。乡村缺乏优秀人才因而无法发展，而乡村发展缺乏动力就无法吸引优秀人才回乡发展，长此以往，乡村发展形成恶性循环，导致乡村无法持续发展，城乡差距进一步拉大。

因而如今最为重要的是改善乡村产业空心化和人口空心化的问题，可以利用乡村逐渐发展起来的产业促进人才回流，而人才的回流又能为乡村振兴提供更多的思考和机遇。人才回流乡村促进乡村的建设，但是人才必须充分了解乡村如今的现况，所以社会应该给予乡村振兴人才以充分的培养。高校大学生作为一个有热情、有魄力的青年群体，拥有专业的知识技能，仅需要增加对于乡村振兴知识的了解和增加各学课人才之间的协作能力，即可投入乡村的建设之中。因而需要将乡村振兴和高校大学生教育结合在一起，培养有魄力有热情的一代"新农人"。

三、福州大学教师对于乡村振兴人才培养的启蒙

乡村振兴和高校大学生教育结合在一起的培养计划几乎很少，绝大部分的乡村振兴人才培养只是开展在农学院，受众很少，因而培养的农学人才无法满足乡村振兴的需求。再者，农学院学生的培养仅是注重乡村发展的某一方面，例如农业技术改良等，但是乡村振兴不仅是乡村的某一产业的振兴，而是乡村各个方面的振兴，因而需要对乡村振兴人才进行多方面、多角度的培养。并且只有农学院的学生参与的乡村振兴过程是有缺陷的，乡村振兴需要的是各个专业的人才通过自己不同的专业知识，对乡村振兴过程之中的各自问题进行思考和解决。

为了解决乡村振兴人才培养方面的种种缺陷，贯彻落实党的十九届五

中全会精神，促进农业农村的发展，全面推进乡村振兴，福州大学教师苏世彬带领学生分别在 2021 年 3 月 25 日、2021 年 3 月 31 和 4 月 1 日、2021 年 5 月 5 日开展以《党建绿色创新创业产业帮扶助力乡村振兴实践初探——以革命老区岩前村启航为例》为支持的"闽台大学生创新创业乡村振兴'三下乡'暑期社会研学实践活动筹备会预备会暨青春特派员助力乡村振兴动员会"、乡村振兴之"揭榜挂帅"南泥湾精神进课堂活动和乡村振兴"南泥湾计划"之高校"揭榜挂帅"进展——党建绿色创新创业产业帮扶助力乡村振兴党史精神及推广研讨会。通过三次会议启发学生投入乡村振兴的伟大事业之中。

四、会议进程情况及思索

1. 2021 年 3 月 31 日"闽台大学生创新创业乡村振兴'三下乡'暑期社会研学实践活动筹备会预备会暨青春特派员助力乡村振兴动员会"

（1）苏世彬老师介绍安溪县岩前村的包含景点研究在内的乡村振兴规划及其实施策略

苏世彬老师本着"就地取材、顺势而为"的原则，为安溪县岩前村打造了包含景点在内的乡村振兴规划及实施策略，这些实施策略本着不破坏安溪县岩前村的自然生态坏境为目标，进行景点建设。设计的景点将安溪县岩前村本身所具有的原生态景色包含其中，并且在原生态景色之中加入新的内涵。比如七棵百年古树围绕一片竹林，一棵相思树和一棵百年重阳木相互拥抱，三棵鼎足而立的百年古树等，为这些原生态的景色加入文化内涵和赋予时代内涵。不仅如此，会议上苏世彬老师介绍了闽南家庭原生态食材特色大礼包袋子，这个袋子的设计别出心裁，具有一般市面上的包装袋所不具有的特质。市面上的包装袋大多是以产品展示图画等居多，但是闽南家庭原生态食材包装袋却是以文字为主。精简的设计配合文字宣传，不仅能够在众多包装袋中脱颖而出，而且对岩前村进行了宣传，可谓一举两得。随后苏世彬老师播放了三个视频，三个视频分别展示了岩前村的不同乡村特色景点、生态循环养殖基地、双创助力乡村振兴展示馆等。其中，双创助力乡村振兴展示馆弥补了我国乡村振兴和"大众创业、万众创新"相结合的展馆的不足，成为未来更多乡村振兴过程之中将"大众创业、万众创新"相结合的乡村的先锋。苏世彬老师提出的"揭榜挂帅"研究机制，是为了引导和团结更多的闽台大学生关注和参与乡村振兴，如今国家都在加快建设平潭综合实验区、福州新区、厦门一区三中心、福建自贸试验区等，促进经济交流和沟通，促进台胞在福建投资。闽台融合是历史的必然趋势，进行闽台融合发展是顺应历史趋势的、有益于促进两岸地区经济发展的路径。

（2）苏世彬老师正式启动"揭榜挂帅"项目招募与征集

苏世彬老师提出的"揭榜挂帅"项目目的是解决乡村振兴过程之中人才质量较差和人才培养不足的问题。乡村振兴之高校"揭榜挂帅"项目就是以高校大学生为主要培养对象，以"我给你一个基点，你给我一片森林"为培养目标，以"榜"求"帅"，以"榜"育"帅"。将"榜"作为目标和培养方向，培养更多的乡村振兴的"将才"和"帅才"。"揭榜挂帅"表明了人才的培养计划，并且鼓励更多的学子从各自专业的不同视角为切入点参与到乡村振兴活动中来。

（3）学生代表介绍会议封面设计心得及目前正在实施和研究的有关乡村振兴的创新创业项目

学生代表郑秋婷通过苏世彬老师的指导和多次修改，最终完成了本次会议封面的设计。郑秋婷学姐制作的PPT封面，充分展示了本次会议的主题，将乡村振兴、商业模式研究、闽台融合、暑期三下乡、创新创业等众多的元素充分融入PPT的设计之中。

从制作如此内涵丰富PPT的过程中，我产生了一些思考：第一，PPT封面的制作不能随心而为，需要用心、用脑、充分构思，而不是选择复制粘贴模板。第二，PPT的制作需要具有一定的意义。郑秋婷学姐的PPT封面，融合了乡村振兴、商业模式研究、闽台融合、暑期三下乡、创新创业等众多元素，并且将其内部逻辑关系进行了充分的说明，是有灵魂的封面。乡村振兴之"揭榜挂帅"南泥湾精神进课堂活动中苏世彬老师设计的PPT封面也特别有特色，简洁却有深刻内涵的PPT封面的目的在于提高效率，因为有更多比PPT封面设计更加重要的工作要做。

2. 2021年3月31日和4月1日乡村振兴之"揭榜挂帅"南泥湾精神进课堂活动

本次活动分别进入了福州大学校选课《创业管理》和《我国企业科技

创新资助政策体系》的课堂。苏世彬老师将讲课内容与乡村振兴的人才培养相结合，对于校选课上的同学进行乡村振兴方面思想的培育。由于校选课上的同学来自不同的专业和年级，因为热爱创新创业而齐聚一堂，因此只需要进行乡村振兴方面的思想培养，让他们感到乡村大有可为，乡村振兴需要不同专业、不同领域不同年级的同学，从不同的角度，运用自身的学课素养将自身掌握的知识和乡村振兴相结合，给予乡村振兴更多的思考方向，为乡村振兴提供更多的专业素质人才。本场活动结束之后，苏世彬老师当场启动乡村振兴"南泥湾计划"高校"揭榜挂帅"项目招募与征集（常年）希望在延安精神、抗大精神、红旗渠精神和南泥湾精神＋长征精神等党史精神的指引之下，促进更多对乡村振兴充满热情的大学生加入其中，以"星星之火，可以燎乡村之原；豆大之光，可照振兴之路"为使命，促进乡村振兴更好更快发展。

本次活动之中，众多的同学分享了关于乡村振兴方向的项目进展，他们大多参加了创新创业训练等一系列的活动。可以看出，人才培养不仅是要将乡村振兴纳入教育课堂之中，更要有更多检验学生乡村振兴学习情况的训练和大赛。学习加上思考，实践加上理论，这样培养出来的乡村振兴人才才是全方位发展的优秀人才。不仅如此，还可以在此基础上探索出更多乡村振兴人才的培养计划。

3. 2020年5月5日乡村振兴"南泥湾计划"之高校"揭榜挂帅"进展——党建绿色创新创业产业帮扶助力乡村振兴党史精神及推广研讨会

（1）苏世彬老师介绍"南泥湾计划"的来源及现实推广意义

本次会议在"学党史、悟思想、办实事、开新局"与"再学习、再调研、再落实"活动指导下进行，旨在对于前一段时间的工作进行总结。苏世彬老师介绍了乡村振兴的"南泥湾计划"的来源。"南泥湾精神"的本质和核心是艰苦奋斗、自力更生。1941年3月八路军三五九旅进驻了作为陕甘宁边区南大门的南泥湾，一边练兵，一边屯田垦荒。三五九旅刚进南泥湾的时候，南泥湾是一个缺少开发，人烟稀少的地方，开垦南泥湾是一件极其艰苦困难的事情，广大战士在一边开荒一边练兵的过程之中，培育形成了以艰苦奋斗、自力更生的南泥湾精神。南泥湾精神不应该只是陈列于党史之中的一块宝藏，一段供人们怀念这段艰辛的历史，而应是指导当今国家建设，尤其是乡村振兴的一个宝贵经验。这也是赋予历史以新的使命，使得历史具有更加现代化的内涵。目前我国的乡村发展面临着重重困难，可是越多的困难越是不能阻挡一个乡村的发展。宝剑锋从磨砺出，梅花香自苦寒来。越是能够经历更多大风大浪的人，越是能够成就伟业的人。乡村的发展也就正如一个人的发展，如果只是依靠国家拨款，国家邀请知名学者专家进行专业帮扶，这样的乡村是无法一直繁荣的。长期依靠别人就会在思想上产生依赖性，只会不断地索求别人的帮助，而忘记运用自己的能力，去探索，去实践。希望将来有更多乡村能够学习岩前村，在独立自主、自力更生、艰苦奋斗的精神的指引下探索适合的自身发展路径。目前国家对于乡村振兴方向的人才需求缺口很大，乡村振兴人才的培养是一个特别艰巨的任务，希望广大有志投身于乡村振兴的人才，能够克服现如今教育体系方面的缺陷，积极从各个方面广泛吸取乡村振兴方面的知识，在自身专业学科的基础上结合乡村振兴思考拓展乡村振兴的路径。

（2）学生团队介绍有关"乡村振兴"的SRTP项目及策划方案、PPT封面及新闻稿件，苏世彬老师点评并且提出有关"乡村振兴"的新的思考路径。

①策划方案的思考

策划方案的撰写需要结合会议的主题进行，首先，策划方案需要高度概括会议进程的各个方面。其次，要充分考虑会议的细枝末节，需知一场会议的成功进行，不仅是对策划者整体把控能力的考验，同时也考验着策划者的细心、耐心程度和协调协作统领全局的能力。

②新闻报道撰写的思考

新闻报道的特点是要具有思想性和时效性。撰写新闻报道首先需要真实描述过程结果，不能像写流水账似的，没有目的没有内容乱写一通，要注重行文排布、逻辑安排等。其次，新闻报道些要特别注重时效性，不能拖延。

③SRTP项目申请思考

一个项目申请书的撰写必须进行充分的思考，不能抓住模板然后生搬硬套。初学者需要在参考模板的基础上结合自身项目的内容进行撰写，且撰写时需要认真细心，不能丢三落四。尤其是，一个大项目中往往还包括许多小项目，每一个小项目都是对团队协调的一次挑战，因而不能半途而废，需要不断克服挑战，完成每一个小项目，最终完成整个项目。

④论文撰写的思考

论文撰写不能随意为之，不能想到哪里写到哪里。论文需要查询知网等多种论文网站，将前人的文章作为引发自己思考的基础，针对自己所寻找的论文方向进行补充和完善。最为重要的是样本分析需要具有深度，论文阐明的道理需要简洁深刻，如果只是人云亦云，那么论文就失去了意义。

⑤苏世彬老师总结各团队的论文并且提供了其他不同的思考方向和思考方法。

苏世彬老师建议一些团队可以将不同的乡村进行对比，撰写相关论文。不同的乡村的发展模式和发展机制是不同的，但是唯一相同的是需要正确的思想和指导路线，许多乡村赶上国家资助和国家好政策依靠私企发展起来，有些依靠历史古迹发展起来，但是没有正确指导路线和鲜明发展规划的乡村是无法长久保持其本身的繁荣的。所以将岩前村的理论建设和其他村庄的实践进行对比，为其他村庄探索出符合当地实际的发展路径。并且在这个过程之中互相学习，相互补充，将岩前村的优秀思想拓展到全国的各个乡村，并且取百家之长，为岩前村的发展探索更多的可能性。苏老师对其他团队提出可以拓展现如今的研究方向，可以将研究的眼光扩大，不只是局限于党史方面的精神研究，也可以研究商业模式等，这就需要各个团队在现如今的基础上学习更多的知识，拓展自己团队的思路，从不同角度，结合不同团队不同专业的人员进行探索。

五、感想

乡村发展不是一蹴而就的，也不可能短短几年就成功。历史上的乡村长期以来都是贫困的代名词，需要一代人甚至是几代人的努力才有可能逐渐改变，因而乡村振兴人才培养机制需要宣传和拓展，从而让更多人重视乡村振兴人才的培养，使乡村振兴人才培养成为一项长效性的工作。此外，对于乡村振兴人才的培养不能仅禁锢在书本之上，需要真正认真研究优秀的乡村振兴成果。每一个乡村振兴成果都是一本活的乡村振兴百科全书，在理论知识的基础上再去了解前辈对于乡村改造的观点看法，才是乡村振兴人才培养的捷径。

故里草木，城乡互促

——参加"南泥湾计划"之"揭榜挂帅"项目基于社会学视角的感受

2019级社会学　林茜雨　　指导老师：苏世彬

2020年是我国决战脱贫攻坚、决胜全面建成小康社会的关键之年，2021年是第二个百年奋斗目标进军、全面建设社会主义现代化的重要年份。在党建绿色创新创业产业帮扶助力乡村振兴的背景下，我参加了"南泥湾计划"之"揭榜挂帅"的项目，在参与项目的过程中收获了不少经验，对于所学专业也有显而易见的帮助。下面我将从参与项目所取得的收获、发现的自身不足之处以及未来的改进方向这三个方面结合所学专业来阐述。

一、心路历程与所学所感

在研讨会之前我们的工作主要有封面设计、策划方案、新闻稿件以及项目申请书和论文的修改与完善。苏世彬老师在研讨会之前在线上就对我们的工作做了相关指导。

研讨会伊始，苏世彬老师首先对乡村振兴项目的背景作出了相关概念的解释，目前学术界已对乡村振兴也已经有了一定的研究，但是在现有成果能够体现城乡融合的的想法却很少。众所周知，乡村振兴是建设农村进而发展农村使农村能够越来越美好的重要措施，但乡村振兴不等于建设美丽乡村，苏世彬老师为我们清晰地指出了两个方向：一、乡村振兴的主战场在农村，主体为农民，那么乡村振兴的主体必然是广大的农民群体。所以，要想以城促乡促农，必然需要调动广大农民群的主动性与积极性，城乡融合是化不可少的途径之一，即一二三产业的融合与发展。但是同时也应该明白，乡村振兴不是造房运动，更不是少数人民的运动，应该对该地的实际情况有大体的了解，要做乡村的雕刻师，而不是乡村的创造者，但是现实案例的缺乏又使得我们没有太多前人的经验可借鉴，所以我们也可以算是"摸着石头过河"了。二、既然前面说到了乡村振兴的主体是广大的农民群体，那么目前的一个现状就是，随着我国城镇化快速发展，农村出现了空心化、老龄化，创造力活力严重不足。那么，如何激活乡村的创业创新的活力呢？这对于现今的中国无疑是一个必答的难题，暂且留给我们日后思考。

第一，封面设计。一份好的封面设计，不仅要美观大方，更要蕴含思想内涵，即每一个元素都能够直观明了地表达背后的含义。要求看似简单，可是实际操作起来才知道并不简单，我们常常忽视一些细节。比如我们的小组出现了几个问题：第一，是元素摆放不够。在我们看来有几个元素真的是怎么放都放不进去。第二，文字和图片匹配不合理。我们将不符合图形的文字和图形放在了一起。第三，不够美观。最后一版非常拥挤，其实我们实在想不到，为什么老师还要求我们添加元素呢？后面我们才知道，相比吴同学的封面设计，我们的版面拥挤，且元素缺失；而吴同学的封面设计不仅详略得当，重点突出，元素齐全，整体的布局也很美观。如果我们在老师提出意见之后和前辈一起讨论针对我们的不足尽力去修改而不是暗自摸索，也许效果会事半功倍。

第二，策划方案。其实对于这份策划案来说主要是我的一个同伴负责，可是在我看来近乎称得上不错的策划方案其实存在着诸多不足，有三个方面尤为突出。首先是政策依据，这属于文献查阅的方面，看似毫无问题，可是如果认真的检查就会发现这些政策依据其实距离现在已经较为久远，不能作为一个强有力的政策依据来使用。其次是在撰写逻辑方面，经过老师专业的指点我们的策划方案更加具有逻辑性，人员分配安排也更加清晰明了。对于一份好的策划案来说，何时何地何人做何事都需要安排得一目了然，并且尽可能地考虑到所有可能发生的意外突发情况，方能称之为一份合格的策划方案。在这次研讨会议过程中，我们便出现了一些没有预料到的情况。一是资料准备不足。一位同学的资料无法上传，但是也没有别的备用方案。二是同学到达时间预估有误，使得会议无奈延迟。而我的想法是，最好提前20分钟到达会议室内，检查各种软件硬件，尽可能的减少可能地发生的意外情况，尽量使一切因素可控。

第三，新闻稿件撰写。新闻稿件的撰写时间比较特殊，在一份策划方案出来之后，一份新闻报道就已经大体上出结构了。其实一份新闻稿件最重要的就是蕴含在内的逻辑，事情的起因经过，图文穿插以及文字的润色，过渡得是否合理，这些都是需要考虑到的。

以这次的新闻稿件撰写为例，显然我们的同学文笔较为生涩，过渡不自然就罢了，文风也是非常多变，要么太过官方，要么语言文字使用不当，详略不当，赘余太多，细节处理的不到位。说到底是要多加练习，增加实战的经验。

第四，分享各小组的SRTP修改过程。在展示各个小组学习成果的同时，苏老师对于我们的项目申请书做了一些指点。可以看出苏老师是真的很认真地对我们的申请书进行了分析并且指出了不足，足以点亮在场的所有同学心中一盏有关乡村振兴的明灯。通过经验分享，思政、党史、创业、乡村振兴、红色筑梦这五大元素更好地融入我们的SRTP申请书中，让申请书更好地体现研究精髓，更好地辅助于之后的研究。

第五，论文指导。苏世彬老师提出通过《绿色党建"创新创业"产业帮扶助力乡村振兴实践初探——以革命老区岩前村启航为例》的再学习、再落实、再调研"，通过党建绿色创新创业产业帮扶助力乡村振兴研讨会的开展，团结和引导更多大学生的党员参与乡村振兴的伟大实践，想要吸引更多的适合我国乡村振兴创新创业实际需要的人才加入"南泥湾计划"的队伍中，达到为南泥湾计划的的持续推进提供新思路、为我国乡村振兴提供新载体、为我国党史精神的积极落实提供新依托的目的，同时也为暑期三下乡活动做好前期准备。在老师对我们论文的修改意见中，有一点让我印象深刻，就是"与精神的结合不够"。什么是与精神的结合？在会议结束后我回去想了想，所谓精神就是作者蕴含的思想感情，当这个作者深思熟虑到某种程度时，文字是自然而然的。

二、发现的自身不足之处

经验需要积累，正所谓师傅领进门，修行靠个人。在这次的项目参与过程中我发现了自己的许多不足。

其一，经验缺乏。平时对国家大事关注的不够多，只是简单了解，并没有形成自己的思考，在很多关键性问题的看法上，思想不够独立，且对老师的文章严重依赖，却忘记了其实老师钻研学术的方法才是我们应该真正去学的，老师对待学术认真严谨的态度才是我们需要磨练自己的地方。

其二，重视程度不够。乡村振兴是目前一个很热的话题，恰似粗粝石块下包裹着的美玉，具有极大的开发价值，但是身为社会学专业的我在参与这个项目之前并没有过多的去关注乡村振兴，也就没有意识到其中的价值。

三、未来的改进方向

这次项目让我深深体会到实践的可贵，也认识到了自己的不足：

1. 关心国家大事，重视实践

作为新时代的大学生，我们应常怀热忱，不仅仅是将其挂在口头上，更应该落实到实践当中，关心国家大事，时刻牵心国家安危，明确自身未来发展方向，更勇于承担自己的责任，作为社会学专业的学生，对于如何实地考察获取相关资料的知识其实已经有所涉猎，也掌握了数据统计软件的相关应用如田野调查法、实地观察法、访问调查法等，如何将这些专业知识结合到乡村振兴实践中是我们需要探索的方向。

2. 明确乡村振兴的必要性与可能性

乡村振兴不仅具有巨大的潜力，更有振兴的必要性。利用城市带动乡村，挖掘农村潜在的内涵，不仅有利于农村发展，更有利于城市的发展。如今农村人口大量流失到城市，城市病大量产生，交通拥挤拥堵暂且不说，基本的社会保障也得不到实施，不少孩子的教育受到影响……反观农村，大量土地闲置，留守儿童、空巢老人放眼皆是……如果能以城促乡；故里草木，城乡互促。既可解农村燃煤之急又可缓城市发展之困境，可见乡村振兴的重要性了。

四、总结

通过参加这次 SRTP 项目，我不仅在专业上有了进步，也有更加广阔的研究心态与学习视角，其中最重要的是以专业的学术知识去助力国家的振兴的心火的燃烧！以自己的微薄之光，与其他的星星之火相交汇，燎原之势，必将势不可挡。

积跬步以至千里
——"南泥湾计划"高校"揭榜挂帅"之心得体会
2020 级金融学　陈　婧　　指导老师：苏世彬

在苏老师的帮助下，在各 SRTP 小组成员的积极配合和大力支持下，

"学党史、悟思想、开新局"与"再学习、再落实、再调研"活动、乡村振兴"南泥湾计划"之高校"揭榜挂帅"进展——党建绿色创新创业产业帮扶助力乡村振兴研讨会顺利召开。经过努力，我较好地完成了 SRTP 小组内的各项任务，但我深知自己还存在很多不足和改进之处。

一、廉政思想的撰写

撰写廉政思想采访稿时，为了提出有思想有价值的问题，我搜索了有关廉政思想的报道和论文，并结合南泥湾精神、抗大精神、红旗渠精神的内涵以及岩前村创新创业的发展历程总结提炼出了采访稿。在这一过程中我更进一步认识了党的廉政思想，明白了干净和担当、勤政和廉政统一的关系，懂得了要勇于挑重担子、啃硬骨头、接烫手山芋，知道了"微腐败"的危害和健全奖惩激励机制的重要性。通过撰写廉政思想采访稿，我在资料的查找和搜集整理方面的能力得到了很大的提高，对于廉政思想的理解也更加深刻了。但廉政思想采访稿的问题设置还不够深刻，没有直击要点，应该继续深挖南泥湾精神、抗大精神、红旗渠精神的内涵并结合岩前村创新创业的发展重新理清逻辑，进行进一步完善。

二、研讨会

在研讨会之前我们的工作主要有封面设计、策划方案、新闻稿件以及项目申请书和论文的修改与完善。这次研讨的主要内容是分享成果并发现不足。

1. PPT 封面制作

在制作封面时，要注重内涵，如整体的色调应该是绿色，因为春是一年的开始，用绿意盎然的春景表现乡村振兴的刚刚起步，贴合主题。画面上也应该出现星创天地、大礼包、党旗、揭榜挂帅等与项目相关的元素，不能只是一些无意义的、与主题无关的元素堆砌起来的看似"好看"的封面。这启发我，今后在做任何事时，都要注意细节中的内涵，不能仅仅追求表面上的"好看"，而应将内涵融入其中。同时，还应追求内涵与美观的有机融合，不能因为内涵而放弃美观，两者尽量都要兼顾到。

2. 论文、策划案对比感悟

通过对比《乡村振兴中的党史精神研究——以革命老区岩前村启航为例》和《福州大学本科生科研训练计划项目（SRTP）申请表》修改前后

的变化，我初步了解了如何修改完善论文和申请表。论文中的党史精神应该与乡村振兴紧密联系，在初稿中党史精神与乡村振兴中的创新是分开的，这导致论文中心思想不够集中紧密，而修改后的每个党史精神后面都加上了党史精神对乡村振兴创新部分的作用，使得论文的主题——乡村振兴中的党史精神得到很好地体现。论文初稿中对岩前村分析方面只是单一列举了岩前村取得的成绩，而忽视了前后变化的对比，无法很好的体现党史精神对岩前村乡村振兴的影响，修改后体现出了这一对比，深化了论文思想内涵。同时，论文行文还要注意逻辑严谨、结构完整。在对比 SRTP申请书修改前后时我也学会了很多，如对于模板，不能照抄，要有自己的理解；项目书是为了更好地统筹规划项目，而不是应付项目的申请，所以在写项目书时候态度尤为重要。在写项目规划时要落实到具体人员具体时间，考虑周全，才能使项目整体进行得井井有条，不至于出太大的差错。虽然我没有直接参与项目申请书的撰写，但通过对比项目申请书的修改，我懂得了项目申请书撰写的基本要点，这对我之后申请项目，以及自己作为队长带领团队有很大的帮助。

三、研讨会开展

这次的研讨会出现了很多突发状况，对研讨会的顺利开展造成了影响。一是前期准备不够充分。研讨会上出现了PPT无法打开，但是也没有别的备用方案来解决的情况，使成果展示的效果大大降低。之后应该提前调试好设备，将材料准备好；二是同学到达时间预估有误，使得会议无奈延迟。虽然这一失误对这个轻松、不怎么正式的研讨会影响不大，但是如果这是一个重要的会议，就会让人质疑主办方的能力，造成不好的影响，甚至错失很多机会。这提醒我们应该提前到达会议室内，充分做好统筹安排工作，确保会议开展万无一失；三是时间安排上我没有考虑周全，导致提前离开造成了不好的影响，以后考虑事情要充分周全，要做好充分的请假工作。

四、未来工作计划

接下来我将在苏老师的指导下撰写论文《岩前村的4P分析》。

"不积跬步，无以至千里；不积小流，无以成江海。"无论是千里之行还是汪洋大海，又或是近在咫尺的目标，都需要从脚下的每一小步开始，靠踏踏实实的努力来完成。作为金融专业的学生，只学习课本上的知识是不够的，这样最后只能是纸上谈兵。要将自己的所学运用到实际上，才能学会更多。而项目中对岩前村的商业分析、实地调查正是将知识运用到实践中的好机会。作为项目组的新人，我还有很多不足要改正，也有很多需要向老师和学长学姐学习的地方。我将尽我自己最大的努力，不断学习积累知识和经验，相信在项目进行的过程中我能不断化量变为质变，不断提升自己。

第3章 基于安溪县岩前村乡村振兴的庆祝中国共产党建党100周年主题活动实践育人

3.1 革命老区岩前村乡村振兴党史精神大学生研讨会

3.1.1 活动策划方案

奋斗百年路 启航新征程

革命老区岩前村乡村振兴党史精神大学生研讨会

——庆祝中国共产党建党 100 周年主题活动（一）

（策划人：苏世彬，15280102310）

背景： 响应党的十九届五中全会"巩固扩展脱贫攻坚成果同乡村振兴有效衔接"、国务院关于新时代支持革命老区振兴发展的意见以及中共中央印发《关于在全党开展党史学习教育的通知》文件精神，通过对《党建绿色创新创业产业帮扶助力乡村振兴实践初探——以革命老区岩前村启航为例》"再学习，再调研，再实践"，为了更加有效践行我国大学生三下乡活动文件精神，团结和引导更多大学生党员、团员关注并参与乡村振兴，贯彻落实习近平总书记提出的"全党和全社会必须关注乡村振兴"的伟大号召，努力打造融合思政、党史、创业、乡村振兴、红色筑梦五门大课为一体的，有温度、有深度、有广度、有高度、有气度、叫得响的大学生三下乡活动暑期社会实践金课，使之成为一门能够入耳、入眼、入脑、入心，触及灵魂的庆祝中国共产党成立 100 周年实践课，真正做到学史明理、学史增信、学史崇德、学史力行，学党史、悟思想、办实事、开新局，以昂扬姿态奋力开启乡村振兴学习与工作的新征程，以优异成绩迎接建党100周年，特举办本次研讨会。

活动内容（2～3小时）：

一、活动启动

1. 活动简介（开新局——乡村振兴"南泥湾计划"高校"揭榜挂帅"项目实践初探）及嘉宾介绍（5分钟）（14：00开始）

2. 主办方代表做欢迎致辞（胡慧芳、顾训明）

3. 福州大学2021年赴安溪县岩前村党史精神调研暑期"三下乡"重点实践队授旗（领导与吴佳颖）

二、岩前村乡村振兴党史精神研讨

1. 岩前村乡村振兴青年红色筑梦之旅

（1）福建省筑梦红色之旅签字视频（赖馨团队提供）（10分钟）

（2）福州大学工商管理教工支部与参内修缘农场联建党支部授牌（领导给胡慧芳与苏水生授牌）

（3）青年红色筑梦之旅中国科技小分队授旗（领导与智慧助农团队）

（4）"智慧助农"项目简介及调研大纲设计（2020级志远实验班赖馨），嘉宾点评（10分钟）

2. 岩前村乡村振兴党史精神研究设计介绍及点评

（1）观看福州大学学科中的廉政建设视频（以革命老区岩前村乡村振兴启航为例）比赛作品（2个视频，15分钟，袁团队5分钟＋吴团队10分钟）、领导点评（20分钟）

（2）福州大学赴安溪县岩前村乡村振兴党史精神研究暑期社会三下乡活动申请书介绍（海洋学院2019级物流管理吴佳颖）、领导点评（15分钟）

（3）认种桃树巩固精准扶贫并助力乡村振兴公益活动认种桃树代表发言范良杰、钟文平、赖添贵、池虹瑶

3. 成果简介及调研大纲介绍

（1）《乡村振兴中的大别山精神研究——以革命老区岩前村为例》介绍及调研大纲设计（人文学院2019级汉语言文学袁佳敏），嘉宾点评（10分钟）

（2）《岩前村乡村振兴启航廉政思想研究》介绍及调研大纲设计（人文学院2019级社会学林茜雨），嘉宾点评（10分钟）

（3）《岩前村乡村振兴启航中的党史精神研究》介绍及调研大纲设计（海洋学院2019级物流管理吴佳颖），嘉宾点评（10分钟）

（4）《我国乡村振兴廉政思想探析——以革命老区岩前村启航为例》介绍及调研大纲设计（经管学院2020级金融学陈靖），嘉宾点评（10分钟）

4.《悟思想》栏目成果分享——省教育工委《党史学习教育专栏征稿》（1～2人）（15分钟）

三、嘉宾感受分享与领导总结

1. 参与嘉宾

（1）苏宇霖：安溪县原政协主席

（2）苏水良：《财富海西》杂志社社长（《财富海西》为岩前村乡村振兴提供全程免费媒体报道）

（3）林晓毅：福建省农汇冠通助农公益基金会创始人、执行会长，福建省农汇冠通科学学研究所理事长

（4）胡慧芳：福州大学工商管理教工支部书记

（5）顾训明：福州大学海洋学院团委书记

（6）潘瑛：厦门大学出版社编辑

（7）雷耿凤：福建省农汇冠通助农公益基金会副秘书长，福建省农汇冠通科学学研究所副秘书长兼办公室主任

（8）苏水生：参内修缘农场主

（9）苏雅慧：《财富海西》员工

2. 认种桃树巩固精准扶贫并助力乡村振兴公益活动认种桃树代表发言

（1）范良杰（2020年团省委表彰十大青年创业贡献奖获得者以及2020年福建省优秀民建会员）：群英众创空间创始人

（2）钟文平：2019年中国（上海）国际发明创新展览会金奖获得者，聚能簧科技有限公司负责人

（3）赖添贵：南方慧（福建）信息技术有限公司总经理（为岩前村注册了4个商标，还有6个处于注册中）

（4）池大红：虹明德康中医馆负责人

3.1.2 活动新闻通稿

奋斗百年路，启航新征程。2021 年 7 月 14 日下午，由福州大学工商管理教工支部与参内修缘农场联建党支部、福州大学海洋学院团委主办，福州大学乡村振兴"南泥湾计划"高校"揭榜挂帅"研习队与福州农帮科技有限公司承办的庆祝中国共产党建党 100 周年主题活动（一）——革命老区岩前村乡村振兴党史精神大学生研讨会在福州大学经济与管理学院中楼会议室 307 正式召开，参加会议的人员分为三组：第一组是嘉宾，主要有安溪县原政协主席苏宇霖、《财富海西》杂志社社长苏水良、福建省农汇冠通助农公益基金会创始人与执行会长林晓毅、福州大学工商管理教工支部书记胡慧芳、福州大学海洋学院团委书记顾训明、厦门大学出版社编辑潘瑛、福建省农汇冠通助农公益基金会副秘书长雷耿凤、参内修缘农场主苏水生、《财富海西》员工苏雅慧。第二组是岩前村认种桃树巩固精准扶贫并助力乡村振兴公益活动认种代表，主要有 2020 年团省委表彰十大青年创业贡献奖获得者以及 2020 年福建省优秀民建会员群英众创空间创始人范良杰、2019 年中国（上海）国际发明创新展览会金奖获得者聚能簧科技有限公司负责人钟文平、南方慧（福建）信息技术有限公司总经理赖添贵、虹明德康中医馆负责人池大红。第三组是福州大学赴安溪县岩前村乡村振兴党史精神调研实践队全体同学。会议由福州大学工商管理教工党员苏世彬主持。

在活动启动部分，主持人苏世彬以投稿省教育工委《党史学习教育专栏征稿》——开新局的《乡村振兴"南泥湾计划"高校"揭榜挂帅"研习实践初探》为核心内容进行了简介，他指出，乡村振兴除了需要党史精神引领之外，更是要在党史精神指导下加强高质量、具有"艰苦奋斗，自力更生"南泥湾精神的乡村振兴创新创业将才与帅才的培养，为此提出了乡村振兴"南泥湾计划"高校"揭榜挂帅"研习实践，该实践以"星星之火，可燎乡村之原；豆大之光，可照振兴之路"为使命，以"点亮一盏明灯，照亮一片乡村"为口号，以"福州大学本科生创新创业实践与素质拓展学分认定管理实施办法"为依据，采取"乡村振兴的科研训练与竞赛，并对接各种媒体报道，实现竞争淘汰制度"具体做法，最终是为了"立德树人，依托非弄院校培养大规模高质量厚植家国情怀的乡村振兴创新创业将才与帅才支撑乡村振兴事业的发展，同时也为我国"十四五"期间高质量人才培养以适应经济高质量发展提供新鲜经验"，本次大学生研讨会是乡村振兴"南泥湾计划"高校"揭榜挂帅"研习实践的一个具体事件，试图通过研讨会实现对乡村振兴"南泥湾计划"高校"揭榜挂帅"研习项目的专家咨询与论证，也实现对福州大学赴福建省安溪县岩前村乡村振兴党史精神调研实践队实践内容的一次全面把关和论证。紧接着，主办方代表福州大学工商管理教工支部书记胡慧芳和福州大学海洋学院团委书记顾训明分别做欢迎致辞，两位老师首先对参与研讨会的嘉宾表示感谢，也对同学们积极主动参加本次研讨会表示欢迎，希望同学们通过本次研讨会以及后期的岩前村实践调研、返乡调研等活动接触社会，了解社会，并在社会实践过程中增长本事与才干，从而在"巩固拓展脱贫攻坚成果同乡村振兴有效衔接"的关键时期，做出自己应有的贡献，也预祝同学们在实践过程中取得优异的成绩；最后，主办方代表胡老师和顾老师联合为调研实践队授旗，宣布2021年福州大学赴福建省安溪县岩前村乡村振兴党史精神调

学史明理、学史增信、学史崇德、学史力行，
学党史、悟思想、办实事、开新局

奋斗百年路　启航新征程

革命老区岩前村乡村振兴党史精神大学生研讨会

——庆祝中国共产党建党100周年主题活动（一）

活动简介

资料来源：
乡村振兴"南泥湾计划"高校"揭榜挂帅"研习实践初探
（省教育工委《党史学习教育专栏征稿》——开新局）

2021.7.14　福州大学

主题活动演示文稿

研暑期"三下乡"实践正式启动。

胡慧芳老师致辞

顾训明老师致辞

福州大学赴福建省安溪县岩前村乡村振兴党史精神调研实践队授旗

　　岩前村乡村振兴党史精神研讨环节分为三部分：岩前村乡村振兴青年红色筑梦之旅、岩前村乡村振兴党史精神研究设计介绍及点评和认种桃树巩固精准扶贫并助力乡村振兴公益活动认种桃树代表发言。

联建党支部授牌

"青年红色筑梦之旅"科技中国小分队授旗

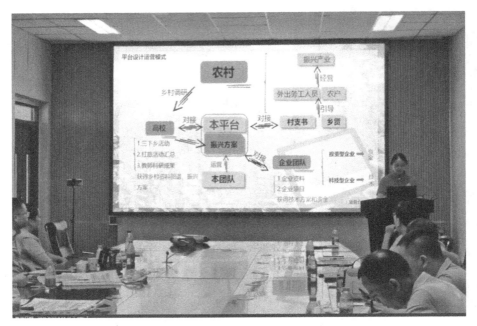

"智慧助农"项目路演与调研大纲设计

    在岩前村乡村振兴"青年红色筑梦之旅"环节，首先，"智慧助农"项目负责人 2020 届远志实验班赖馨同学播放了 2021 年 6 月 17 日代表福州大学参加第七届福建省"互联网＋"大学生创新创业大赛"青年红色筑梦之旅"活动启动仪式暨赛事项目公益培训的活动视频，通过该视频，让参会嘉宾和同学们初步了解了福建省在"青年红色筑梦之旅"的具体举措；紧接着，安溪县原政协主席给福州大学工商管理教工支部与参内修缘农场联建党支部授牌，主办方代表胡老师和顾老师联合为"智慧助农"项目授科技中国小分队旗帜，通过以上环节，让参会嘉宾和同学再一次体验福建省"互联网＋"大学生创新创业大赛"青年红色筑梦之旅"活动启动仪式，直观了解"引导大学生聚焦革命老区、走进原中央苏区、偏远山区和城乡社区，重点围绕科技、农业、环保等方面需求，结合高校大学生项目团队的优势展现'百镇千村万户，百校千系万队'双百三级三创（创新创业创造）联动成果，助力乡村振兴，支持大学生开展创业就业"的 2021 年我省"青年红色筑梦之旅"主题内容，增强同学们参与"青年红色筑梦之旅"的信心与决心。最后，赖馨同学又详细介绍了该项目的路演内容及调研大纲设计，与会的嘉宾范良杰、胡慧芳、顾训明和林晓毅都对该项目做了仔细的点评。

范良杰点评

胡慧芳点评

顾训明点评

林晓毅点评

在岩前村乡村振兴党史精神研究设计介绍及点评环节，首先播放袁佳敏同学和吴佳颖同学制作的两个福州大学学科中的廉政建设视频（以革命老区岩前村乡村振兴启航为例）比赛作品，两个视频对廉政思想的重新界定，把廉政与能力、作为等有效衔接起来的观点引起了与会嘉宾的高度关注，参会嘉宾也纷纷就两个视频的内容提出了自己的观点与见解。

廉政建设视频（一）

廉政建设视频（二）

苏宇霖主席针对廉政视频内容进行点评

厦门大学出版社编辑潘瑛针对廉政视频内容进行点评

紧接着，吴佳颖同学从队伍组成、活动特色、日程安排、拟开展活动四个方面对2021年福州大学赴福建省安溪县岩前村乡村振兴党史精神调研暑期"三下乡"实践申请书做了介绍。本次队伍依托乡村振兴"南泥湾计划"，采用"揭榜挂帅"的方式选拔，主要由省级创新创业项目（项目号：S202110386101X）"智慧助农"创业项目、校级SRTP项目组（项目号：27322）"乡村振兴中的党史精神研究——以革命老区岩前村启航为例"、校级SRTP项目组（项目号：27318）"乡村振兴中的大别山精神研究——以革命老区岩前村为例"核心成员构成，学生素质比较高。本次活动具有坚实的前期基础、各级媒体的加持、强有力的政策支撑、充分的实践准备，参内修缘农场被第七届福建省创新创业大赛"青年红色筑梦之旅"授予与福州大学工商管理教工支部联建党支部荣誉称号、详细的调研计划、良好的未来研究和参赛规划、大学生乡村振兴研讨会与暑期三下乡活动有效结合、庆祝中国共产党建党100周年实践金课等九个方面的特色。调研对象主要有岩前村乡村振兴十大景点、岩前村生态食材体验、《党建绿色创新创业产业帮扶助力乡村振兴实践初探——以革命老区岩前村启航为例》的参与者主要参与者（安溪县原政协主席苏宇霖、村支部书记苏银海等等）、岩前村乡村坚守者（贫、老、病、妇）、岩前村返乡入乡创业者）、南安市小眉村和九宛村乡村坚守者（贫、老、病、妇）与返乡入乡创业者。活动主要由本次的研讨会、7月18日的实地田野调查以及之后的返乡调查三个核心部分组成。通过以上活动，拟组织学生参加福州大学团委主办的"回顾革命历史，阅读红色经典，传承红色基因，勤奋努力成才"征文、省教育工委《党史学习教育专栏征稿》征文、《西部》杂志举办的"不忘初心·庆祝中国共产党成立100周年"征文活动、《贵州档案方志》举办的"庆祝中国共产党成立100周年"征文活动，以及由中国作家协会主管、中国作家出版集团主办的《作家文摘》报联合上海东方证券资产管理有限公司共同举办的"恰是百年风华——庆祝中国共产党成立100周年"主题征文活动等各类庆祝中国共产党主题活动。

吴佳颖同学正在介绍实践申请书

　　紧接着袁佳敏同学、林茜雨同学、吴佳颖同学、陈靖同学分别就《乡村振兴中的大别山精神研究——以革命老区岩前村为例》《岩前村乡村振兴启航廉政思想研究》《岩前村乡村振兴启航中的党史精神研究》《我国乡村振兴廉政思想探析——以革命老区岩前村启航为例》的内容及调研大纲进行了介绍，嘉宾也结合自己的见解谈了各自的看法，最后廖佳磊同学就其参加《悟思想》栏目成果进行分享。（省教育工委《党史学习教育专栏征稿》）

袁佳敏同学介绍论文及调研大纲

　　紧接着，认种桃树巩固精准扶贫并助力乡村振兴公益活动代表范良杰、钟文平、赖添贵纷纷就认种桃树事件发表了自己的看法和感言。大家一致认为，2020 年在我国决战脱贫攻坚、决胜全面建成小康社会之际，

"党建绿色创新创业产业帮扶助力乡村振兴——以革命老区岩前村启航为例"项目正式启动，该模式打造高校教师党员、热心公益事业的企事业单位或个人、精准扶贫资助的生态循环种养殖基地和低保户村民横向联动、纵向贯通、多方协同的乡村振兴绿色创新创业服务新模式，书写了绿色创新创业脱贫攻坚"高校样本"，为了更加有效推动岩前村的"巩固拓展脱贫攻坚成果同乡村振兴有效衔接"，特设计2021年认种桃树巩固精准扶贫并助力乡村振兴的公益活动，试图在城乡融合方面做一次有益的探索，因有幸参与桃树认种，真正体现和践行了习近平同志提出的"全党全社会必须关注和参与乡村振兴"的伟大号召而深感非常荣幸。同时表示，在今后的工作学习中，还会继续关注我国"巩固拓展脱贫攻坚成果同乡村振兴有效衔接"最新进展，积极为我国的乡村振兴事业做出自己力所能及的贡献。

范良杰发言　　　　　　　钟文平发言　　　　　　　赖添贵发言

最后，参加本次研讨会的嘉宾和同学们纷纷分享了参加本次研讨会的具体感受，参会人员一致认为，本次大学生研讨会响应党的十九届五中全会"巩固扩展脱贫攻坚成果同乡村振兴有效衔接"、国务院关于新时代支持革命老区振兴发展的意见以及中共中央印发《关于在全党开展党史学习教育的通知》文件精神，通过对《党建绿色创新创业产业帮扶助力乡村振兴实践初探——以革命老区岩前村启航为例》"再学习，再调研，再实践"，更加有效践行我国大学生三下乡活动文件精神，团结和引导更多的大学生党员团员关注并参与乡村振兴，贯彻落实习近平总书记提出的"全党和全社会必须关注乡村振兴"的伟大号召，努力打造融合思政、党史、创业、乡村振兴、红色筑梦5门大课为一体的，有温度、有深度、有广度、有高度、有气度、叫得响的大学生三下乡活动暑期社会实践金课，使之成为一门能够入耳、入眼、入脑、入心，触及灵魂的庆祝中国共产党成立100周年实践课，真正做到学史明理、学史增信、学史崇德、学史力行，学党史、悟思想、办实事、开新局，以昂扬姿态奋力开启乡村振兴学习与工作的新征程，以优异成绩迎接建党的100周年。

嘉宾苏雅慧分享感受

嘉宾苏水良分享感受

嘉宾林晓毅分享感受

嘉宾雷耿凤分享感受

嘉宾苏宇霖分享感受

嘉宾苏水生分享感受

嘉宾赖添贵分享感受

嘉宾顾训明分享感受

嘉宾范良杰分享感受

吴佳颖同学代表分享感受

赖馨同学代表分享感受

袁佳敏同学代表分享感受

陈婧同学分享感受

张佳卉同学分享感受

吕俐漫同学分享感受

陈锐同学分享感受

任心力同学分享感受

王婧雯同学分享感受

黄柳婷同学分享感受

罗楠同学分享感受

林茜雨同学分享感受

廖佳磊同学分享感受

会后，与会嘉宾与同学们集体合影，研讨会取得圆满成功。

与会嘉宾和同学们集体合影

3.1.3 活动视频

活动视频

3.1.4 参与活动感受

践行初心，担当使命

——参加"革命老区岩前村乡村振兴党史精神大学生研讨会"有感

福州职业技术学院 2021 级机器人学院　周丙丁　　指导老师：苏世彬

中国共产党始终坚持以为人民谋幸福、为中华民族谋复兴的初心和使命。2021 年是中国共产党成立 100 周年，中国站在"两个一百年"的历史交汇点，全面建设社会主义现代化强国新征程即将开启。乡村振兴是中国在社会主义发展道路上十分重要的路程，要想改变城乡发展不平衡问题，缩小城乡差距，建设社会主义，必须进行乡村振兴。为此苏世彬教授举办了革命老区岩前村乡村振兴党史精神大学生研讨会，通过参与此次研讨会我有以下感想：

站在这关键的历史交汇点，我们广大青年学子应"践行初心，担当使命"，促进第二个百年目标的实现，响应党的十九届五中全会提出的"巩固拓展脱贫攻坚成果，加快推进乡村全面振兴"，我们应该将南泥湾精神与乡村振兴结合起来，为乡村振兴提供精神指引，使优秀精神成为乡村振兴当中强大的力量。

一、党史精神是引领

党史精神引领着乡村振兴的发展，精神的源泉滋养着最初的使命。通过对《党建绿色"创新创业"产业帮扶助力乡村振兴——以革命老区岩前村启航为例》"再学习，再调研，再落实"，并结合党史教育学习，课题组总结出了《党建绿色"创新创业"产业帮扶助力乡村振兴——以革命老区岩前村启航为例》模式需要多种党史精神的融合：延安精神、抗大精神、红旗渠精神、南泥湾精神、长征精神和大别山精神。

习近平在"七一"重要讲话中提出"坚持真理，坚守理想，践行初心，担当使命，不怕牺牲、英勇斗争，对党忠诚、不负人民"的伟大党建精神，习近平一直强调乡村振兴是实现中华民族伟大复兴的一项重大任务，习近平在福建考察时也强调了要加快推进乡村振兴，建设宜居宜业美丽乡村。为了响应习近平总书记的引领、贯彻落实"七一"精神，苏世彬教授举办了革命老区岩前村乡村振兴党史精神大学生研讨会，在党的引领下，带领福州大学及其他高校学子投身乡村，深入实践，不断探索适合岩前村乡村振兴的道路。

二、人才振兴是支撑

乡村振兴除了需要党史精神引领之外，更是要在党史精神指导下加强高质量、具有"艰苦奋斗，自立更生"南泥湾精神的乡村振兴创新创业将才与帅才的培养。如果能够在乡村振兴的过程中加强对青年人才的培养和服务，在政策引导、制度环境、就业保障和设施条件等方面进行改革创新，培育本土青年人才，而且留住引进来的青年人才，那么乡村振兴便会如虎添翼。

近年来，国家对乡村振兴大力支持，在资金和政策上都给予很大的帮助，我国许多贫困乡村都实现了乡村振兴，从此走上了致富之路。但是也有部分乡村由于急于求成，追求利益最大化，对乡村各方面实际情况不了解，就照搬城市模式或其他地区成功的乡村振兴模板套在自己乡村上实施，脱离乡村实际，以浪费资源、破坏环境为代价盲目地开发乡村，因此也出现了一些乡村振兴失败的案例。为了避免此类事件的发生，苏世彬教授召开了革命老区岩前村乡村振兴党史精神大学生研讨会。目的一：巩固拓展脱贫攻坚成果同乡村振兴有效衔接；目的二：让高校学子进一步学习南泥湾精神，进一步了解乡村振兴"南泥湾计划"高校"揭榜挂帅"项目，吸引更多的高校学子、专家和社会各界人士参与乡村振兴，共同研讨符合革命老区岩前村的乡村振兴战略。

为进一步探索出符合革命老区岩前村的乡村振兴战略，苏世彬教授开展了福州大学赴安溪县参内镇岩前村乡村振兴党史精神调研暑假"三下乡"社会实践。此次活动主要由福州大学及其他高校的大学生、知名专家和社会各界人士共同参加，主要是对革命老区岩前村原生态食材调研、原生态景点设计调研以及岩前村返乡入乡创业者与乡村坚守者调研，通过此次调研，发现许多当地的特产，如腌制藠头、冬菜、油柑、原生态猪肉、生态珍珠兔、各种凉草……这些特产在当地不足为奇，但在城市中却能点石成金。因此苏世彬教授便想到了将农产品打造成生态礼包，这一方式不仅可以增加村民的收入，而且创新了销售渠道、降低了销售成本，而且将生态食材包装成高端礼品，还吸引了城市人的眼球。

三、政策支持是保证

近年来，国家出台了各种乡村振兴政策，为乡村振兴提供了政策支持，为党建绿色"创新创业"产业帮扶模式在乡村的启动及持续开展提供了充足的政策依据。同时，苏世彬教授举办了革命老区岩前村乡村振兴党史精神大学生研讨会，该讨论的具体实践——乡村振兴"南泥湾计划"高校"揭榜挂帅"研习，主要以"星星之火，可燎乡村之原；豆大之光，可照振兴之路"为使命、以"点亮一盏明灯，照亮一片乡村"为口号的乡村振兴项目，主要依据《福州大学本科生创新创业实践与素质拓展学分认定管理办法》，依托该研讨会团结更多社会团体、专业人士与高校学子参与岩前村大讨论，为岩前村乡村振兴提供更好的外部环境。

落实国务院关于新时代支持革命老区振兴发展的意见以及中共中央印发《关于在全党开展党史学习教育的通知》文件精神，通过对《党建绿色创新创业产业帮扶助力乡村振兴实践初探——以革命老区岩前村启航为例》"再学习，再调研，再实践"，更加有效践行我国大学生三下乡活动文件精神，团结和引导更多的大学生党员团员关注并参与乡村振兴。

在党史精神的引领下，在人才振兴的支撑下，在政策支持的保证下，在企业家、知名专家、返乡创业者、农村坚守者和高校大学生等的共同努力下，革命老区岩前村乡村振兴战略正在快速发展，乡村振兴的队伍也在不断壮大。作为新时代的青年，我们应响应习近平总书记的号召，践行初心，担当使命，助力乡村振兴，促进第二个百年目标的实现。

投之以桃，报之以李

——参加"革命老区岩前村乡村振兴党史精神大学生研讨会"有感

2021 级经济与管理学院政治经济学　林佳　　指导老师：苏世彬

奋斗百年路，启航新征程。正值建党 100 周年之际，在参加了由苏世彬老师主持的革命老区岩前村乡村振兴党史精神大学生研讨会后，我更加深刻地体会到党对于我们美好生活建设的强大力量。

一、投之以桃

坚定理想信念，弘扬建党精神。乡村振兴的道路上需要精神引领，而这一领航人必定是我们伟大的党史精神。苏世彬老师作为福州大学工商管理教工党员，一直以党员的身份严格要求自己。苏世彬老师撰写并投稿文章——开新局的《乡村振兴"南泥湾计划"高校"揭榜挂帅"研习实践初探》，并将这一核心思想内容灌输给实践支队的同学们。中国共产党自成立至今，一直将为中国人民谋幸福确立为自己的使命，而苏世彬老师与他的实践支队的同学们，也将助力乡村振兴、服务农民作为他们的信念，在建党百年之际，我也希望未来自己能够参与到团队实践中，将服务农民作为自己实践的信念。

践行党的初心，勇于担当使命。每个党员都在承担着各自的使命，若没有党的奉献，也就没有我们现在的美好生活。为了推动乡村振兴，苏世彬老师在假期带领同学们来到岩前村，进行实地走访调研，在这个百年之际开展革命老区岩前村乡村振兴党史精神大学生研讨会，发挥党员的示范作用，致力于培养一批具有"艰苦奋斗，自力更生"南泥湾精神的乡村振兴创新创业将才与帅才。

二、报之以李

为了践行"艰苦奋斗，自力更生"的南泥湾精神，实践支队的同学们以"星星之火，可燎乡村之原；豆大之光，可照振兴之路"为使命，以"点亮一盏明灯，照亮一片乡村"为口号，来到岩前村进行实践调研。人民群众是历史的创造者，苏世彬老师身体力行，将人才引入岩前村，为岩前村的乡村振兴做出许多的规划与努力；岩前村的返乡创业青年选择回归家乡，利用自己的力量，为家乡做出贡献，带动村民增收致富；作为高校学子的我们，是乡村振兴的人才储备军，也许现在水平还不足，但是我们依旧可以作为一串星火，用自己的光亮来奉献乡村。

这些的会议也邀请了许多的专家与嘉宾们来为乡村振兴"南泥湾计划"高校"揭榜挂帅"研习实践项目做一个全面的把关与论证；同时在许多高层次人才与机构的帮扶合作下，项目拥有了强大的背书，这让实践成员与实践成果有了更大的保障。

在会议的过程中，实践成员也播放展示了此次代表福州大学参与的福建省"互联网＋"大学生创新创业大赛"青年红色筑梦之旅"的比赛项目，现场的专家也为他们的创业项目提出了许多的完善意见。此次的大学生研讨会认真践行了我国大学生三下乡活动文件精神，以"再学习，再调研，再实践"的方式，引导大学生关注乡村振兴，在实践的过程中参与乡村振兴，在比赛的过程中探讨乡村振兴。

会议的最后，苏世彬老师开展了2021年认种桃树巩固精准扶贫并助力乡村振兴的公益活动，目的在于推动岩前村的"巩固拓展脱贫攻坚成果同乡村振兴有效衔接"。认种桃树不止是让这些桃树的主人在乡村留下记号，扩大乡村流量，也是对这片土地的守护者的一种助力形式。助力乡村振兴绝不能将村内的农民置之不顾，他们是社会变革的决定力量。由于农民的知识水平大多比较弱，因此他们需要人来引导、指导他们，老师同学们在这里认种桃树，也是给他们打了一剂强心针，代表着我们愿意扎根这里、留在这里，帮扶他们去实现乡村振兴，激发当地农民的积极性。

三、案例分析

在"千校千项"网络评选活动中，我对"崴在力行"党史宣讲团留下了较深的印象。"岚在力行"党史宣讲团成员利用暑假时间走进山东、湖北、广东、四川、新疆等五省（自治区）八个城市，三所学校，十余个社区，紧扣当下社会热点，通过动画配音、故事分享、诗歌朗诵、海报设计、党史课堂、网络宣传等方式对中小学生进行党史宣讲授课。实践队员表示希望通过讲述熔铸于鲜血与烈火中的党史故事，弘扬生发于讲述与共鸣中的党史精神，为中小学生浇筑"了解历史，尊重历史，铭记历史"的坚实底座，写下"学史明理、学史增信、学史崇德、学史力行"的生动注脚。党史宣讲已成为许多学生实践的一大方向，但是如何将宣讲成果有效地转化成实践，是我们需要思考的一个问题。苏世彬老师通过为实践支队的同学们开展"革命老区岩前村乡村振兴党史精神大学生研讨会"，让同学们不仅能够更加深入地了解党史精神，同时也能够在实践中体会党史精神，这是值得其他支队去借鉴学习的，不仅要学习党史精神，也要将精神的指导贯彻落实到实际中去。

在乡村振兴发展的九大模式中，"党建＋"特色模式是目前许多红色乡村不断探索的模式，安徽省"岳西模式"作为此模式的一个典范，主要以党建为引领，加强农村信用体系建设，充分发挥红色教育基地资源，将扶贫与乡村振兴有机结合，因地制宜，走出了一条"党建＋"一体化的老区振兴特色模式。对比岩前村，之所以能从全国贫困县到县域百强县，就是因为因地制宜，整合资源，充分激发了内生动力，从而推动了岩前村的乡村振兴。

通过此次革命老区岩前村乡村振兴党史精神大学生研讨会的开展，让我们更加深刻地明白了"学史明理、学史增信、学史崇德、学史力行，学党史、悟思想、办实事、开新局"的内涵，实践支队正努力朝着"巩固扩展脱贫攻坚成果同乡村振兴有效衔接"这一方向前进。

不忘初心跟党走　凝心共筑中国梦

——参加"革命老区岩前村乡村振兴党史精神研讨会"有感

2020 级政治经济学院研究生　梁先旭　　指导老师：苏世彬

"星星之火，可燎乡村之原；豆大之光，可照振兴之路"，今年是建党

100周年，我党从嘉兴南湖起步，一步一步带领中国人民走过黑暗，打倒帝国主义、封建主义和官僚资本主义，实现了中国人民站起来到富起来的伟大胜利。今天，我们已经全面打赢脱贫攻坚战，上亿贫困人口脱贫，贫困县和贫困村全部摘帽，即将朝着乡村全面振兴、中华民族伟大复兴出发。习近平总书记庄严宣告"经过全党全国各族人民共同努力，在迎来中国共产党成立一百周年的重要时刻，我国脱贫攻坚战取得了全面胜利，这是中国人民的伟大光荣，是中国共产党的伟大光荣，是中华民族的伟大光荣"。在这全面赢得脱贫攻坚战和继续进军乡村振兴的关键衔接之年，福州大学工商管理教工党员苏世彬以岩前村为例，主持召开了乡村振兴党史精神大学生研讨会，并邀请社会嘉宾参与研讨并分享看法，真正将伟大建党精神融入到乡村振兴中来。

（一）不忘初心

出生于革命军人家庭，成长在陕北黄土高坡，习近平有着深厚的"老区情怀"，党的十八大以来，总书记的脚步遍及各个革命老区，每到一地，总要详细了解老区人民的生活状况，看看乡亲们的生活有没有改善，还有哪些困难，各级党委和政府还有哪些工作要进一步加强。"对这个问题，我一直挂在心上，而且一直不放心，所以经常讲这个问题，目的就是推动各方面加紧工作。"革命老区大多属于贫困地区，始终把老区人民挂在心上，情系红色基因是我党的历史责任和庄严承诺，是我党不忘初心心念人民的具体表现。我党之所以能够发展壮大，中国特色社会主义之所以能够不断前进，正是因为依靠人民，而中国共产党之所以能得到人民拥护，特色社会主义事业能得到人民支持，正是因为时刻挂念人民，造福人民，将人民当成执政之基、治国之本。党的百年奋斗史就是人民的奋斗史，是我们全面打赢脱贫攻坚战和实现乡村振兴的不竭精神动力。

（二）勇当使命

大学生尤其是农村大学生时乡村振兴的未来，任重而道远！

乡村振兴是农村的未来，是实现中华民族伟大复兴的前提，"全党全国全社会要大力弘扬脱贫攻坚精神，团结一心，英勇奋斗，坚决战胜前进道路上的一切困难和风险，不断夺取坚持和发展中国特色社会主义新的更大的胜利"，在全国脱贫攻坚总结表彰大会上总书记的重要讲话强调以更有力的举措、汇聚更强大的力量全面推进乡村振兴。目前，农村仍然是社会主义现代化建设的短板，农业基础设施落后，医疗教育卫生事业发展滞后，农民缺乏市场意识，是典型的弱势群体，因此作为受过高等教育的大学生就显得尤为重要。"青年兴则国家兴，青年则国家强"，大学生经受过党的理想信念教育，掌握现代知识和技能，能够把乡村振兴战略理论转化为推进现代化建设的实际行动。福州大学苏世彬带领的暑期大学生"三下乡"活动充分将高校智力资源同乡村振兴结合到一起，在助力乡村振兴的同时夯实了理论知识。提高了综合能力素质，培养了大学生乡村情。作为农村大学生，我们最高的使命就是重回乡村，将所学能力运用到农村生产中去，提高农民的销售和利润，创造农村就业机会，点燃中国大地的乡村燎原之火！

（三）创新发展

我国推进的乡村振兴战略按照"产业兴旺、生态宜居、乡风文明、治理有效、生活富裕"的总要求，要实现乡村的产业振兴、文化振兴、人才振兴、生态振兴和组织振兴，必须综合其他地区发展模式，以产业振兴为核心，通过发展产业带动农村的经济发展，吸引人才聚集和资源聚集，解决农民就业实现共同富裕，最终实现"三产融合"。

1. 村集体带动模式

袁家村坚持以支部为核心，村民为主体，打造自身的袁家村品牌并不断升值，同时发展以传统民俗和创意文化为核心的葛新华、高端化和系列化文化产品产业和以特色农副和健康餐饮为核心的农副产品的种养殖、加工包装和销售产业，坚持以三产带动二产发展，最终促进一产发展的良性循环体系。所获的收益均衡分配，发展共享，这种模式极大促进了乡村振兴步伐和农民积极性。

2. 外部资金撬动模式

我国农村发展中普遍存在空心化、缺乏资源和地处偏僻等问题，因此引入外部资本就成为地区发展首选。山东竹泉村依托自身优美的环境和文化特色，秉持"先保护后开发"原则，引入社会资本大力发展生态旅游业，最大限度保留古村原有风貌系统和建设新村安置村民。同时，培育特色文化村打造自身品牌，依托竹林、泉水、古村落的资源优势发展集体验、度假、休闲和观光功能与一体的综合性旅游地。最终实现了居住环境的改善、地区经济的发展、劳动就业的改善和村民文化的提高。

3. 传统文化复兴模式

对于我国落后的革命老区苏区，其拥有深厚的文化底蕴和历史建筑，如何对其进行文化传承的保护性开发实现老区的发展需要我们思考。日本合掌村以自身为主体，以不破坏村民生活为前提，改造其中一些文化房屋以及开建特产商店，满足青年人的文化追求；同时定期举办节庆活动，深度挖掘当地文化并自主打造"浊酒节""亮灯节"等节庆活动吸引游客；此外，建立民俗博物馆和营造生态景观弘扬民俗文化，实现生态旅游、传统农业和民俗产业协同发展，在具有历史意义的农具和乡土玩具中让游客感受农村生活的朴实和温馨，开发出包含民居保护、民俗观光和民俗生态体验等完整的观光产业链。

（四）实事求是

在建设"望得见山，看得见水，记得住乡愁"的美丽乡村中，仍然存在急功冒进、大拆大建的行为，"大亭子、大牌子、大公园、大广场"等形象工程屡禁不止，这严重偏离村庄整治重点，脱离乡村实际，甚至个别地方还还存在破坏乡村风貌和自然生态等突出问题。这些做法与乡村振兴实质背道而弛，破坏了乡村风貌，浪费了大量人力财力。

拥有浓厚乡村气息的村口池塘，被改成了草皮大公园；历史文化村里，兴建了现代化大广场；农村耕田被填平，修建了大广场；古色古香的村落上竟然修建了高空玻璃景观栈道……这一幕幕情景让人触目惊心，不仅浪费了巨额资金，同时还破坏了乡村得天独厚的自然资源，对后期乡村振兴的特色发展十分不利。政府和乡村发展者大力提倡种菜和绿化多使用乡土原料，多搞地方特色建筑，让村庄的乡土气息和乡村风貌切实打动城市居民。但是部分村装使用草皮、灌木修建等城市收益，水泥过度硬化、透水不足等问题极大增加了后期维护成本，也失去了原有的味道。路旁摆放花盆、混凝土假山、水泥台阶等令人啼笑皆非的举措暴露出乡村振兴中存在许多问题。

习近平强调要"加强农村人居环境整治，培育文明乡风，建设美丽宜人、业兴人和的社会主义新乡村"，就要加强地方领导干部的思想教育，弘扬优良传统，净化乡风民俗。以村落生态环境和民俗系统为资源优势和文化特色，摒弃大拆大建的错误做法，打造地方文娱特色，发展乡村生态农业和旅游业，实现乡村环境保护和经济发展，推动生态文明和新农村建设。

乡村振兴为农村的发展打开了新局面，为乡村资源的经济价值实现开拓了广阔的空间。随着我国农村的深入发展，城乡生活水平逐步融合，这为乡村文化资源的迸发奠定了市场基础，广博深厚的农村地区正彰显出无限巨大的发展优势。在本次研讨会中，我也认识到党史精神对高质量实现乡村振兴的重要性，我们每个年轻人都是火种，都能燎原照亮乡村振兴之路，要以更高标准要求自己，练就过硬本领，锤炼品德修为，将乡村振兴的使命升华为自觉精神追求，在祖国大地上奉献自己的青春实现中华民族的伟大复兴！

3.2 福州大学赴安溪县岩前村乡村振兴党史精神调研实践

3.2.1 活动流程

（1）早上 7：00 从福州出发，约 10：00 左右到岩前村

（2）参观"地老天荒"景点［三生三世树、老有所养老有所乐（以下简称老人会）、金婚钻石婚树、有情人终成眷属树］，同时慰问老人会老人，帮助打扫老人会卫生

（3）午餐（生态食材体验 1）

（4）调研仪式（主持人：苏世彬）

①安溪县政协原主席苏宇霖致辞

②岩前村返乡入乡创业者与乡村坚守者（贫、老、病、妇）发言

③调研队 2 个廉政视频展示

④调研队两篇论文讲解说明

⑤各自调研

（5）参观竹林七贤园，考察即将种桃树的现场，参观生态循环种养殖基地、"百草园到三味书屋"景点、双创助力乡村振兴展示馆、乡村坚守

者（贫、老、病、妇）农场

（6）晚餐（生态食材体验2）

（7）到隔壁南安市小眉村观看散养黄牛基地以及九宛村生态山鸡养殖基地、生态循环养猪基地

（8）活动结束，返回福州

3.2.2 新闻通稿

从群众中来，到群众中去

——记福州大学赴安溪县岩前村乡村振兴党史精神调研实践

2021年福州大学赴安溪县岩前村乡村振兴党史精神调研暑期"三下乡"社会实践活动于2021年7月18日举行，是庆祝中国共产党建党100周年主题活动（二），分为岩前村原生态食材调研、原生态景点设计调研以及岩前村返乡入乡创业者与乡村坚守者（贫、老、病、妇）调研、南安市小眉村外寨乡村坚守者（贫、老、病、妇）调研、南安市九畹村返乡入乡创业者调研。为有效开展本次"三下乡"暑期调研实践，2021年7月14日在福州大学经济与管理学院召开了"奋斗百年路 启航新征程，庆祝中国共产党建党100周年"主题活动（一）——革命老区岩前村乡村振兴党史精神大学生研讨会，通过研讨会对本次调研活动进行全面把关与论证。

2021年7月18日，团队按照预定计划开展赴安溪县岩前村乡村振兴党史精神调研实践，由福州大学海洋学院团委书记顾训明带队，福州大学工商管理教工支部党员苏世彬作为学术指导，本次活动也得到福建省农汇冠通助农公益基金会及台湾同胞胡文丽女士的全程陪同。

会议合影

岩前村篇

岩前村村口合影

联建党支部牌匾

　　本次调研活动依托福州大学工商管理教工支部与参内修缘农场联建党支部开展，一进入联建党支部，团队成员首先实地考察了 2021 年 10 月底或 11 月份准备举行的庆祝中国共产党建党 100 周年主题活动（三）——认种桃树巩固精准扶贫并助力乡村振兴公益活动的栽种场地，该场地主要在岩前村竹林七贤园的核心地带，已经由福州公司认种了三生三世桃花、百里挑一或一生一世桃花、赠主人桃花共 5 棵，拟于 2021 年 10 月份或 11 月份正式栽种。

考察认种桃树巩固精准扶贫并助力乡村振兴公益活动栽种场地

参观完栽种场地，就到了"有情人终成眷属树"景点，这部分景点由两部分组成，一部分是根部紧紧绕在一起的一棵40多岁的相思树和一棵百年重阳木，它们就如同一对恋人，紧紧相拥。另一部分是9棵棵棵向西的相思树，既像正在欢迎来自远方的客人，也像对宾客恋恋不舍、希望能够经常来做客，又像望眼欲穿地等待着心爱的恋人。

"恋人树"景点

"有情人终成眷属树" 景点

参观完该景点后，就到了修缘农场的核心地带，实践队受到岩前村村民的热烈欢迎，村民苏建能为实践队备好了农村夏天常饮用的五根草凉茶。

村民苏建能为实践队准备五根草凉茶

队员们品尝凉茶

　　喝完凉茶已经11时了，接着修缘农场为实践队准备了第一次生态食材体验1，主要是稀饭配闽南米格、地瓜叶、腌制萝卜、薤头、竹笋。

生态食材体验1

生态食材体验 1 结束后，实践队与福建省农汇冠通助农公益基金会及台湾同胞胡文丽女士、村民一起在修缘农场拍了合影。

修缘农场合影一

修缘农场合影二

合影结束后，实践队开始参观修缘农场的百草园和生态循环种养殖基地，这次参观既加深了对"因地制宜，就地取材，顺势而为"景点设计理念的了解，同时也对原生态食材的生产过程有了比较直观的认识。

"百草园到三味书屋"景点

参观生态循环种养殖基地一　　　　　参观生态循环种养殖基地二

摘酸枣

沼气池

桑葚及百香果采摘体验点

桑葚树

　　参观结束后，实践队开始了本次基于农民的田野调研，调研仪式由福州大学工商管理教工支部党员苏世彬主持。

苏世彬主持田野调研

　　首先，由岩前村返乡入乡创业代表苏国彬致欢迎辞，在致辞中，苏国彬首先对福州大学赴安溪县岩前村乡村振兴党史精神调研实践队全体师生的到来表示热烈的欢迎，并预祝大家在本次暑期社会实践中眼观六路，耳听八方，用心了解农民这个"巩固拓展脱贫攻坚成果同乡村振兴有效衔接"的历史创造者，也真正了解在中国共产党领导 100 年以来中国农村所取得的巨大成就，思考在乡村振兴的过程中如何坚持与依靠党的领导，把这种田野调查和党史学习有效结合作为自己学习工作的思想来源和精神动力，并在不久的将来能够积极投入"巩固拓展脱贫攻坚同乡村振兴有效衔接"的伟大实践，为我国意气风发向着全面建成社会主义现代化强国的第二个百年奋斗目标迈进贡献自己的力量。

岩前村返乡入乡创业代表苏国彬致欢迎辞

紧接着，本次实践队队长吴佳颖同学对本次调研目的做了详细说明，每个队员和福州大学海洋学院团委书记顾训明也分别做了补充说明。总体而言，本次调研目标有以下几个：第一，体会岩前村乡村振兴景点设计的"因地制宜，就地取材，顺势而为"；第二，体验原生态食材；第三，深入农户家庭了解乡村坚守者和返乡入乡创业者的生活状况以及其他状况。

吴佳颖同学对本次调研目的做说明

陈婧同学做说明

任心力同学做说明

黄柳婷同学做说明

陈锐同学做说明

赖馨同学做说明

王婧雯同学做说明

张佳卉同学做说明

吕漫俐同学做说明

吴欣蔚同学做说明

袁佳敏同学做说明

廖佳磊同学做说明

罗楠同学做说明

林茜雨同学做说明

　　之后，岩前村返乡入乡创业者苏国彬、福建省农汇冠通助农公益基金会创始人林晓毅会长、福建省农汇冠通助农公益基金会副秘书长雷耿凤、台湾同胞胡文丽女士分别就同学们关注的问题进行了经历分享。

生态食材大礼包袋

岩前村返乡入乡创业者苏国彬经历分享

福建省农汇冠通助农公益基金会创始
人林晓毅会长经历分享

福建省农汇冠通助农公益基金会副秘
书长雷耿凤经历分享

台湾同胞胡文丽女士经历分享

实践队队员聚精会神听分享

在经历分享环节，岩前村返乡入乡创业者苏国彬介绍说，岩前村（仙人村）的支柱产业是农业和林业，于是他1998年初中毕业后，便毅然放弃上高中，选择福建林业学校（林业专业），希望通过专业的学习能够真正帮助家乡改变面貌走上美丽乡村、乡村振兴的道路。然而，现实与理想的差距还是非常遥远。中专毕业后，苏国彬在安溪绿如蓝园艺花圃工作过一段日子，专业技术有了进一步提升，但是自己创业之路在何方，依然非常迷茫。2004年，苏国彬怀揣着1200元去上海打工，在上海坤孚辆配件有限公司一干就是4年，从一线车间工人干到质量控制员，白天上班，晚上看书，休息日往上海书城跑，而且还参加了上海交通大学成人学历教育学习。打工之路毕竟不同于创业之路，尤其是帮助家乡人一起走向成功的创业之路，于是在4年打工期间，苏国彬除了自己不断反思，还拜访了很多成功创业老乡、企业高管以及上海交通大学知名专家学者，这些经历进一步开阔了苏国彬的眼界，也让苏国彬意识到要一步到位回老家创业的可能性不大，但是可以走曲线救国的道路，先选择一个家乡人聚集的行业，并以此为突破口，逐步返乡入乡创业。由于岩前村（仙人村）很多安溪、南安老乡都是从事水暖阀门生意，于是他萌发了把水暖阀门创业作为试验田的想法。2008年至2015年4月，苏国彬先后在上海开维喜阀门制造有限公司、上海富地阀门有限公司、双恒阀门有限公司工作。在7年的工作时间里，他从一般员工成长为公司管理层和行业小专家；除了工作，他还不断学习新技术、新技能、管理能力，考取了上海交通大学工商管理本科、机械中级工程师证。2018年，国务院公布了《中共中央国务院关于实施乡村振兴战略的意见》的中央一号文件，这给了苏国彬莫大的鼓舞，为了早日实现儿时梦想，他毅然返乡，在安溪县成立"国彬咨询工作室"专门从事阀门行业咨询，先后服务于兰州高压阀门有限公司、特技阀门集团有限公司、上海沪工阀门厂（集团）有限公司等50多家安溪南安老乡企业。2017年他被授予"五星级咨询导师"荣誉称号，2018年被聘为海西创业大学创业导师，2019年被聘为开封大学阀门学院外聘讲师，2019年还受聘于厦门阀门行业协会副秘书长并且经常义务带领一些成功的阀门企业老乡回岩前村（仙人村）采购猪肉、牛肉、土鸡鸭、生态蔬菜等各种土特产，给岩前村（仙人村）村民带来了一定的经济效益。

不忘初心，砥砺前行。为了更好地入乡创业，苏国彬继续努力，于2018年取得了农业职业经理人证书。2020年1月19日国家发展改革委等19个部门和单位印发了《关于推动返乡入乡创业高质量发展的意见》，于是苏国彬顺势在岩前村（仙人村）大垵21号注册了"仙景农业技术开发服务中心"，想依托岩前村（仙人村）从事蔬菜、果蔬种植、销售业务，农业技术开发、咨询、推广、转让咨询服务，科技信息咨询服务，创业咨询、企业管理咨询服务，开始新的一轮创业征程，逐步实现儿时助力家乡乡村振兴的梦想。

林晓毅会长、雷耿凤副秘书长、台湾同胞胡文丽女士也分别从自己的经历和视角给大家介绍了自身的经历。

与岩前村返乡入乡创业者苏国彬自由交流　　　　与林晓毅会长自由交流

与雷耿凤副秘书长自由交流　　　　　参观乡村振兴展示馆

带队老师（顾训明与苏世彬）与岩前村的返乡入乡创业者（苏国彬、苏水生）、乡村坚守者（苏建能）自由交流

经历分享完毕，就进入自由交流环节，同学们畅所欲言，与前辈殷切讨论，而后又参观了"大众创业 万众创新"助力乡村振兴展示馆。

建设"大众创业 万众创新"助力乡村振兴展示馆旨在助力架起"大众创业 万众创新"与乡村振兴之间的桥梁，弥补中国乡村振兴馆数量的不足。该馆展示的内容包括国家相关政策汇总、知识产权管理与依法治国、科技创新资助政策普及、中国特色社会主义政治经济学和乡村振兴等六部分内容。依托该展馆提供的理论思路和依托，岩前村制定了乡村振兴发展规划和岩前村 10 大旅游点及旅游节庆构思，并促进形成了农舍与田地出租、农户居家生活体验 N 日游等各类村民参与的招商项目，带动村民投身生态可循环种养殖、农产品深加工等。此外，众多行业专家学者、相关政府部门负责人也到展示馆参观取经，其中安溪县东坑村还和岩前村结成姐妹村，希望依托展馆的科技创新资助政策为东坑乡村振兴提供新的发展思路。

参观结束后，就开始本次调研主题之一的生态食材体验 2，体验菜品主要有大锅饭、散养黄牛肉、红烧菜猪肉、腌制萝卜、藠头、竹笋、土鸭汤。

同学们津津有味品尝生态食材

体验完生态食材 2 之后，实践队离开修缘农场，出发去参观"竹林七贤园"和"地老天荒"景点。

临行前队员与"叶惠治"商标人合影

"竹林七贤园"中的百年枫树（126 年）

漫步"竹林七贤园"

竹林下小憩

"竹林七贤园"全景图

"金婚钻石婚"古树

"三生三世"古树

三生三世树中的百年枫木

南安市小眉村外寨篇

参观完"三生三世"树之后，实践队驱车来到小眉外村寨，正式拜访外寨参内修缘农场战略合作伙伴养牛专业户苏志民。

实践队外寨村口合影

实践队与苏志民在散养黄牛基地合影

散养黄牛

实践队在苏志民家现场访谈

实践队在苏志民家门口合影

通过调研我们了解到，苏志民文化水平是小学一年级，还没有读完，后来因为家里贫穷，就早早辍学帮家里干农活，以前是村里最贫困的一户，后来，刚开始没有资本，好不容易才买了 5 头黄牛，随着国家政策的不断变好，经过 30 年的发展，现在已经有 40 多头黄牛以及 20 多头山羊，夫妻俩年销售黄牛 15 头以上，再加上十几头山羊，收入比较可观。凭借夫妻俩的辛苦操劳，他们已经在村里盖起了一栋两层楼的别墅，他发自内心地说，以前怎么想也想不到能有现在这样的好日子，全都是因为党的政策好，同时和国家的繁荣昌盛是分不开的。

南安市天山村九畹篇

离开小眉村外寨，我们驱车赶往南安市天山村九畹，在村口拍照后，直接到参内修缘农场战略合作伙伴生态山鸡养殖基地，受到基地负责人叶志坚的热烈欢迎。与很多人不一样，叶志坚是主动放弃在城里打工的机会主动回家发展的，他看好国家最近几年有关乡村的政策，认为我国乡村在未来几年里将有很多发展机遇。在外面打工，怎么做都是别人的，在家里创业，最终都是自己的。为了遴选创业项目，叶志坚做了很多尝试，也走了很多弯路，最后选择了饲养七彩山鸡这个在闽南地区很少受到关注的小众领域。刚开始饲养山鸡时，他碰到了很多技术难题，他赔了不少钱，但是坚强的性格和永不服输的勇气让他坚持下来。通过各种尝试，他最终摸索出适合在老家饲养山鸡的方式方法，经过几年的实践，叶志坚现在已经成为远近闻名的生态山鸡养殖专业户。此外，他还大力养殖菜猪、土鸡、土鸭，种植各种生态食材，真正实现了生态循环种养殖基地。叶志坚还给我们畅谈了很多设想，包括扩大菜猪养猪规模和方式，让传统的养殖技术重新回归，同时计划时机成熟尝试养殖梅花鹿等，为我们展现了一个信心满满的返乡入乡创业者形象。

实践队九畹村口合影

七彩山鸡饲养地

实践队与返乡入乡创业者叶志坚沿途交流

七彩山鸡

叶志坚介绍七彩山鸡

实践队与返乡入乡创业者叶志坚交流

实践队全体与返乡入乡创业者叶志坚合影

　　拜访完叶志坚之后，我们来到了他邻居叶候珍家中，叶候珍已经85岁了，但是还是坚持在家里种菜、养猪。2020年，叶候珍大儿子叶孙福为了更好地照顾母亲，从城里回来开始扩大养猪规模，现在年出产量已经超过30头菜猪，母子俩一起为九畹的乡村振兴默默贡献着自己的力量。

生态养鸭

这也是本次实践队最后一个调研对象，并且在这里体验本次的生态食材二——湖头米粉、花菜、地瓜粉、菜猪肉。

实践队员体验生态食材

专业老师与九畹乡村坚守者与返乡入乡创业者合影

实践队带队老师与福建省农汇冠通助农公益基金会工作人员合影

实践队全体与九畹乡村坚守者与返乡入乡创业者集体合影

结束语

紧张又忙碌的暑期社会实践就这样匆匆而过，同学们很疲劳，但又收获满满，经过一天的景点调研、食材体验以及农户的田野调查，同学们不但进一步了解了"因地制宜，就地取材，顺势而为"的乡村振兴景点设计理念，也为乡村振兴如何通过乡村坚守者和返乡入乡创业者的生态循环种养殖在福州与岩前村之间架构起一架桥梁有了更加深刻的认识，也对依托"健康中国2030"来实现岩前村的乡村振兴的理解更加透彻，尤其是对岩前村、南安市小眉村外寨、南安市天山村九畹乡村坚守者和返乡入乡创业者的田野调查，更是给同学们难忘的记忆。正是这批乡村坚守者和返乡入乡创业者的坚持与坚信，让我们看到了"巩固拓展脱贫攻坚成果同乡村振兴有效衔接"的希望，他们在乡村顽强生活、工作所体现的党史精神更是同学们受到了感染，通过他们普通而又平凡的事迹，让同学们深刻地感受到人民是历史创造者的哲理，也激发了他们学成之后积极投入"巩固拓展脱贫攻坚成果同乡村振兴有效衔接"的雄心壮志。

3.2.3 活动视频

从群众中来到群众中去　　　　三下乡活动调研视频

3.2.4 活动感受

评福州大学赴岩前村乡村振兴党史精神调研实践活动

张睿（研究生）　　指导老师：苏世彬

2021年7月18日，根据安排，苏老师作为学术指导，和福州大学海洋学院团委的顾训明书记一起带领福州大学乡村振兴党史精神调研暑期"三下乡"社会实践队赴安溪县岩前村开展暑期"三下乡"社会实践活动，参观了准备种桃树的场地以及修缘农场核心地带，以及"大众创业，万众创新"助力乡村振兴展示馆，还做了田野调研。之后，队员们又来到小眉外寨和天山村九畹，参观各处农场和养殖基地，体验了生态食材。

苏老师在这次活动中作为学术指导，主持了基于农民的田野调研。在苏老师的大力邀请下，岩前村返乡入乡创业者苏国彬、福建省农汇冠通助农公益基金会创始人林晓毅会长、福建省农汇冠通助农公益基金会副秘书长雷耿凤、台湾同胞胡文丽女士都加入了实践队，并分别就同学们关注的问题进行了经历分享。之后，队员们一起参观了"大众创业，万众创新"助力乡村振兴展示馆，了解国家相关政策汇总、知识产权管理与依法治国、科技创新资助政策普及、中国特色社会主义政治经济学和乡村振兴等六部分内容。而"大众创业，万众创新"助力乡村振兴展示馆正是在苏老师的积极推动和倡导下建立的，它通过说明国家政策和中国特色社会主义政治经济学课程，让大家了解到如何将国家大政方针和课本知识服务于乡村振兴，对岩前村等村的乡村振兴有着重要指导作用，充分契合了本次社会实践"乡村振兴"的主题。

从新闻头条中可知，实践队参观的种桃树巩固精准扶贫并助力乡村振兴公益活动的栽种场地，是为庆祝中国共产党建党100周年主题活动准备的，这反映了乡村振兴和建党100年大背景结合。我想到，发展农村，振兴农村，不仅要发挥时代精神，更要发挥党员先锋模范作用的内涵。而实践队参观的修缘农场核心地带和修缘农场百草园和生态循环种养殖基地，又体现了绿色发展理念在乡村振兴中的作用。队员们品尝的生态食材，以及农场中"因地制宜，就地取材，顺势而为"景点设计理念，还有原生态食材的生产过程等，都是绿色发展理念在岩前村具体的贯彻落实，这都离不开苏老师回馈家乡的积极推动，而得到实现。可见，苏老师作为中国共产党党员，为乡村振兴和家乡发展发挥了党员的先锋模范作用。

离开岩前村，实践队驱车来到小眉外寨，调查了外寨参内修缘农场战略合作伙伴养牛专业户苏志民。正如采访结果中表明的那样，苏志民从村里最贫困的一户到现在通过养牛养羊收入已经比较可观，不但在村里盖起了一栋两层楼的别墅，而且在村里乡村坚守者中的收入一直名列前茅。这都离不开党和政府政策的推动，为农民生活水平提高创造了积极良好的社会环境。用苏志民发自内心的话说，以前怎么想也不敢想有现在的日子，能有这样的好日子，全部依靠党的政策好，也和国家的繁荣昌盛是分不开的，因此非常感谢中国共产党。其实，何止苏志民，近几年脱贫攻坚战的胜利，改革开放以来的高速发展，新中国成立以来的成就，哪样不是中国共产党领导中国人民实现的呢？这也突出了本次实践活动中"党史精神"的内容。

离开小眉村外寨，队员们又来到天山村九畹，到参内修缘农场战略合作伙伴生态山鸡养殖基地参观，同时采访了负责人叶志坚。就像叶志坚认为的那样，我国乡村在未来几年里将面临着很多发展机遇，这都归功于党和政府对于乡村发展、三农问题的重视。正是在中国共产党的领导下，中国农村所取得巨大成就，其中农民充分发挥了"巩固拓展脱贫攻坚成果同乡村振兴有效衔接"的历史创造者地位，收获了今天的幸福。

从苏志民的养牛和山羊致富以及叶志坚的主动放弃在城里发展机会回家养殖山鸡致富的事迹我们可以看出，在党的政策引领下，农民群众才是乡村振兴的核心力量，必须充分调动农民的积极性、主动性、创造性，发挥农民群众的主体作用。若单有国家的好政策，农民一个个只是在家"坐、等、靠"政府的救济，又何谈乡村振兴？但是大多数农民群众的知识水平有限，往往存在对国家政策的理解不够和如何找到发家致富的项目缺乏认识以及资金不足等问题。这些都要靠党和政府以及社会各界有识之士的引领、扶持与帮助。苏老师利用自身的学识和福州大学经济与管理学院的资源，调动社会各界有识之士扶持帮助岩前村的发展，乡村振兴通过乡村坚守者和返乡入乡创业者的生态循环种养殖在福州与岩前村之间架构起一架桥梁，激发岩前村及其他乡村留守村民参与乡村振兴的积极性与主动性，进一步拓宽渠道，促进村民增收，将让岩前村成为欣欣向荣的全国绿色示范乡，这足以说明党和政府以及社会各界有识之士的引领、扶持与帮助对确定农民群众为乡村振兴的核心力量起关键作用。

经过一天的景点调研、食材体验以及农户的田野调查，社会实践队对认识依托"健康中国2030"来实现岩前村的乡村振兴的理解更加透彻；通过对各村乡村坚守者和返乡入乡创业者的田野调查，同学们不仅看到了"巩固拓展脱贫攻坚成果同乡村振兴有效衔接"的希望，也感悟到他们在乡村顽强生活、工作中所体现出的党史精神，深刻体现了本次实践活动的主题——"乡村振兴"和"党史精神"。本次活动让同学们深刻地感受到人民是历史创造者的哲理，也坚定了同学们学成之后积极投入"巩固拓展脱贫攻坚成果同乡村振兴有效衔接"的雄心壮志，对同学们未来回馈家乡、报效国家，为社会作出更大贡献有着重要意义。

胜非其难也，持之者其难也

——2021 年暑期社会实践活动（二）乡村振兴中的党史精神调研感想

吴佳颖　　指导老师：苏世彬

　　我非常荣幸能成为本次"福州大学赴福建省安溪县岩前村乡村振兴中的党史精神调研实践队"的负责人。在本次"三下乡"社会实践活动中，我受益良多，同时也从在相关活动进行中对自己的工作状况与工作态度有所反思，希望能对未来的工作有所帮助。

一、景点设计

　　岩前村十大景点设计的原则在于"因地制宜，就地取材"，在保留乡村本来面貌的同时，最大程度地开发出岩前村的价值。在来到岩前村、参观完生态景点之后，我对这些理念的理解变得更加清晰明了。首先，岩前村的生态环境非常好，基本在最大程度上保留了村内的各种树木，所以在岩前村的景点调研中，我们有幸见到许多几十年和百年老树（"三生三世"百年重阳木、"地老天荒"景点……）。岩前村的许多景点设计都是围绕这些百年老树展开的。除此之外，岩前村的生态循环种养殖理念更是体现在村内生活的方方面面，如村民"种菜养猪，养猪种菜"，使用传统沼气池，原生态果园、百草园……岩前村的一系列实践让我真切感受到南泥湾精神的引领作用。南泥湾精神讲求"艰苦朴素，勤俭节约"，正是在南泥湾精神的引导下，岩前村在乡贤的带领下找到了最适合岩前村的开发道路。我之前也前往过泉州市东石镇的潘山村开展调研，潘山村是一个非遗保护村，它的发展也是一种乡贤为主、政府为辅的发展模式。结合岩前村本次在景点设计的调研经历，我更加深刻地了解到乡贤在乡村振兴过程中的重要作用。乡村振兴是一个阶段性的过程，在乡村振兴的初级阶段，很多情况下，政府的作用小于乡贤：乡贤来自于乡村，了解乡村内的风土人情、理解广大村民内心最根本的期盼，所以乡贤是乡村振兴初级阶段中最完美的带领者。

同时，我们在日常学习生活中也能积极沿用岩前村的景点设计理念规化我们的学习与生活。"因地制宜，就地取材"的理念要求我们从自身才能出发，结合自己能力、特长来规化人生发展方向。通过调研我发现，岩前村的自身条件存在很多不足，它不仅没有浓郁的历史、文化氛围，也没有便利的交通，它只是一个非常普通的村庄，但就是这样一个普通的村庄，却能在正确的精神带领下，实现乡村的长足发展。岩前村的村民们与我们这些普通人一样平凡，也没有卓越的才能，但是岩前村的发展让我们看到了"普通人"也能通过努力实现自我抱负的现实范本。

二、原生态食材

　　我们一共品尝了三次原生态食材，每一次都惊艳到我。这里的原生态食材的品质真的太好了，连我这种不喜欢吃肥肉的人，都能大口大口地吃下一块又一块的红烧肉，并且不断感叹它的美味。红烧肉又香又嫩，牛肉也软嫩适中，搭配岩前村当地的时蔬更是恰到好处。此外，从品尝中我们可以明显感觉到，岩前村的这些食材在烹饪中没有添加过多的香料，更多的是原汁原味，可见原生态食材的品质之高。在这之中我最喜欢的是的地瓜叶和红烧牛肉，实在是太好吃了，好吃到我回家之后也一直向我的家人描述到底有多美味。记得当初在写申请书时，苏老师在文件里面加了一句话："亲身体验岩前村原生态食材，了解原生态食材在我国'健康中国2030'中的重要作用，也因此深入了解岩前村乡村振兴的切入点，从而更好地宣传和推广岩前村乡村振兴提供直接素材。"在调研结束之后，我才深刻领悟到这句话的深刻含义。这里的食材品质远超许多高档超市，但是这类产品的宣传是比较难的，因为只有亲身体验过才能真切感受到食材品质的难能可贵。

三、入乡返乡创业者，以及乡村坚守者

（1）入乡返乡创业者

　　我们调研的入乡返乡创业者一共有两个：一个是苏国彬叔叔，另一个是九宛村的叶旺坚叔叔。在修缘农场的时候，苏国彬叔叔将他的创业故事向我们娓娓道来：苏国彬叔叔原是岩前村众多进城务工的一员，十多年前去了上海，然而刚到上海的他生活并不容易，也没能读完大学，但是在国家政策的改革下，他参加了成人高考并考上了上海交通大学，在事业上也渐渐有了起色。几年前，苏叔叔回到了家乡，也在家乡注册了公司，创办

了企业，现在每年也能有非常可观的收入。叶旺坚叔叔则是因为关注到这几年国家颁布的有关乡村振兴的相关政策，了解到目前在家乡创业的机遇和机会，尽管一开始遇到了很多的困难，但是他还是坚持了下来。目前，叶叔叔已经摸索出了饲养七彩山鸡的方法，同时他也种植了许多珍贵的水果，如莲雾、珍宝果等。我还记得他一边笑一边向我们畅谈他理想中未来的模样。苏叔叔与叶叔叔积极的生活态度深刻地感染了我，这种百折不挠、自强不息的生活态度，正是长征精神的现实缩影。

尽管，现在我们不需要去过雪山爬草地，那么长征精神真的的于当下没有任何意义了吗？长征精神不仅是英雄事迹，更是一种鲜明的做事态度：做事力求尽心尽力，努力做到最好；遇到问题，直面困难；遇到挫折，不气不馁；遇到瓶颈，不急不躁，努力做好自己。不管是在学业还是在生活中，我们难免会遇到很多的选择、很多的困难。我一直对自己的未来没有清晰的规化，我不知道自己以后能干什么，我一直都是走一步看一步，我甚至没办法在保研和出国之间做出选择。而我的姐姐恰好与我相反，她总是能对自己的未来有着非常清晰的规化，一步一步做成她想要的所有事情。我们两个完全不同的生活态度一度让我感到有些焦虑。因为有个人在和你做对比，你自己却不知道你以后能成为一个什么样的人。通过本次调研，我突然认识到长征精神的真正内涵，红军过雪山爬草地，他们也不知道前方将面临着什么，甚至不知道自己能不能活到明天，在这种极端条件下，他们还是保持着良好的心态，积极努力地面对每一天，用血汗为未来的胜利创造可能。尽管我现在对未来的走向还很迷茫，还是应该把握当下，做好自己，用心过好每一天，为未来的爆发积攒力量。

（2）乡村坚守者

我们走访的乡村坚守者主要有叶惠治奶奶、苏志民叔叔、叶候珍奶奶。我曾经在一篇文章中看到一种对于乡村贫困父老现状的说法——"被时代抛弃的人"。看到这种说法的时候，我感到很难过，但是不得不承认，这的确是当下大多数农村的现状。不管是她们的儿女还是其他亲人都认为自己已经失去了价值，他们早已跟不上时代的变化。但是，岩前村的贫困妇老在南泥湾精神的指引下能够用自己的双手改善自己的生活，让自己也能在人生的晚年做一个有用的人。每个人都有老去的一天，没有人希望自己老去的时候被视为"时代的边缘人"。乡村坚守者亦是乡村振兴的重点之一，他们的存在充满了意义，他们也曾为中国的建设添砖加瓦，我觉得在本次调研中，让我体会最深的就是他们。

本次的下乡调研之旅我感触颇丰，也希望能将这些回忆永远保存于我的经历中，应用于接下来的工作与生活中，在前进中不断进步和提升。

3.3 "巩固扩展脱贫攻坚成果同乡村振兴有效衔接"经验交流会暨习近平同志"七一"重要讲话精神座谈会

3.3.1 活动策划

2021 年是"巩固扩展脱贫攻坚成果同乡村振兴有效衔接"启动元年，通过对教育部实施的《高等学校乡村振兴科技创新行动计划（2018—2022 年)》、《中共中央关于制定国民经济和社会发展第十四个五年规划和二〇三五年远景目标的建议》等文件精神的"再学习，再调研，再落实"，苏世彬在 2021 年 3 月 25 日开始提出并开始实施了乡村振兴"南泥湾计划"高校"揭榜挂帅"研习项目，积极探索依托非农院校大规模培养适合我国"巩固扩展脱贫攻坚成果同乡村振兴有效衔接"创新创业实际需要的高质量实用人才，组织福州大学一批学生开展乡村振兴理论研究与社会实践，尤其是针对福州大学 2021 年赴安溪县参内镇岩前村乡村振兴党史精神调研暑期"三下乡"社会实践活动，更是组织革命老区岩前村乡村振兴党史精神大学生研讨会（庆祝中国共产党建党 100 周年主题活动一）、福州大学赴安溪县参内镇岩前村乡村振兴党史精神调研实践队（庆祝中国共产党建党 100 周年主题活动二）等，取得一系列成果，成效显著。

福建省享业生态集团是一家专业服务"巩固扩展脱贫攻坚成果同乡村振兴有效衔接"的技术开发、供应链管理、政策辅导、电商运营、生产、销售、品牌建设为一体的高科技生态企业。公司以"抓好源头合作社服务，做好生态产品产供销"为己任，以"服务三农"为宗旨，致力于成为生态产业科技服务赋能"巩固扩展脱贫攻坚成果同乡村振兴有效衔接"的引领者。在福建省供销集团、中国投资协会生态产业投资专业委员会、福建农林大学、福建省农科院、福建省海峡企业三农产业服务中心等部门的联合指导下，整合团队、技术与资源优势，首创"1+4"助农模式（一个综合惠民服务中心，创新技术助农、供应链管理助农、政策咨询助农、电商助农四大助农体系），搭建起中国农产品生态产业链，完善农产品产、供、销渠道，助力供销社更好地发挥在"三位一体"服务"三农"模式中的作用，从前端触达到后链路转化形成闭环，打造一套完整的生态矩阵，为"巩固扩展脱贫攻坚成果同乡村振兴有效衔接"持续赋能。

乡村振兴"南泥湾计划"高校"揭榜挂帅"研习队理论成果和福建省享业生态集团的实践均表明，"巩固扩展脱贫攻坚成果同乡村振兴有效衔接"伟大实践必须在党史精神指导下，动员和激发全体农民的积极性、主动性与创造性，这与习近平同志"七一"重要讲话中的"历史川流不息，精神代代相传。我们要继续弘扬光荣传统、赓续红色血脉，永远把伟大建党精神继承下去、发扬光大！""人民是历史的创造者，是真正的英雄""江山就是人民、人民就是江山，打江山、守江山，守的是人民的心。中国共产党根基在人民、血脉在人民、力量在人民。中国共产党始终代表最广大人民根本利益，与人民休戚与共、生死相依，……"等著名论断，同时也为更好地开展"巩固扩展脱贫攻坚成果同乡村振兴有效衔接"提供坚强的思想引领。

为深入学习习近平同志"七一"重要讲话精神并把以上理论和实践成果更加有效地传播出去，推动我国"巩固扩展脱贫攻坚成果同乡村振兴有效衔接"伟大实践，特联合福建省享业生态集团举办庆祝中国共产党建党100周年主题活动三——"巩固扩展脱贫攻坚成果同乡村振兴有效衔接"经验交流会暨习近平同志"七一"重要讲话精神座谈会。

活动内容（2～3个小时）：

1. 福建省享业生态集团致欢迎辞（张本领执行董事确定）

2. 福建省享业生态集团授苏世彬乡村振兴项目顾问聘书

3.《党建绿色创新创业产业帮扶助力乡村振兴实践初探——以革命老区岩前村启航为例》简介，弘扬伟大建党精神、助力革命老区乡村振兴抖音播放（庆祝中国共产党建党100周年主题活动一），从群众中来、到群众中去（庆祝中国共产党建党100周年主题活动二）抖音播放，约30分钟（苏世彬）。

4. 福建省享业生态集团"巩固扩展脱贫攻坚成果同乡村振兴有效衔接"经验介绍，30 分钟～1 个小时

5. 参会人员自由发言

6. 领导总结

7. 结束

3.3.2 新闻通稿

奋斗百年路，启航新征程，为了深入贯彻落实"七一"重要讲话精神，总结"巩固拓展脱贫攻坚成果同乡村振兴有效衔接"实践经验，探索共同富裕实现途径，乡村振兴"南泥湾计划"高校"揭榜挂帅"研习队特联合长期关注服务乡村振兴实践工作的技术开发、供应链管理、政策辅导、电商运营、生产、销售、品牌建设为一体的高科技生态企业福建省享业生态集团举办 2021 年福州大学赴安溪县参内镇岩前村乡村振兴党史精神调研暑期"三下乡"社会实践第三场庆祝中国共产党建党 100 周年主题活动——"巩固拓展脱贫攻坚成果同乡村振兴有效衔接"经验交流会暨"七一"重要讲话精神座谈会。

 学史明理、学史增信、学史崇德、学史力行，
学党史、悟思想、办实事、开新局

奋斗百年路 *启航新征程*

"巩固拓展脱贫攻坚成果同乡村振兴有效衔接"经验交流会
暨"七一"重要讲话精神座谈会
——庆祝中国共产党建党100周年主题活动（三）

主办单位：乡村振兴"南泥湾计划"高校"揭榜挂帅"研习队，
福建省享业生态集团

2021.8.17 福建省享业生态集团

主题活动演示文稿首页

　　本次活动于 2021 年 8 月 17 日在福建省享业生态集团举办，参加人员有福州大学原党委副书记、福州大学关工委常务副主任陈少平，福建农林大学原副校长林思祖，海西创业大学副校长黄玉林，《财富海西》杂志社社长苏水良，华南女院创业学院院长张文秀，2019 年中国（上海）国际发明创新展览会金奖获得者与聚能簧科技有限公司负责人钟文平，农民艺术家及孙中山与蒋委员长特型胡永良，福建省农汇冠通助农公益基金会创始人林晓毅，深圳飞禹股权投资基金管理有限公司经理詹极辉，福建通软信息技术有限公司互联网技术应用规划总监徐滨，福建通软信息技术有限公司市场部经理林承，华方智慧科技有限公司市场负责人杨建航，华方智慧科技有限公司技术总监杨军以及福建省享业生态集团核心团队成员，包括福建省引凤扶贫服务中心理事长裴锦泽、福建省享业生态科技有限公司董事长池新宝、福建省享业生态科技有限公司执行董事张本领、福建省享业生态科技有限公司副总经理林凯、数智媒体专家与资深策划人吴明、福建享业供应链管理有限公司总经理柯明春，部分 2021 年福州大学赴安溪县参内镇岩前村乡村振兴党史精神调研暑期"三下乡"社会实践队同学（任心力同学等）也参加了会议，会议由福州大学教工党员苏世彬与福建省享业生态科技有限公司总经理张忠财联合主持。

活动现场

福建享业集团执行董事张本领致辞

根据会议流程，福建享业集团执行董事张本领代表集团做欢迎致辞，对各位嘉宾参与"巩固拓展脱贫攻坚成果同乡村振兴有效衔接"经验交流会暨"七一"重要讲话精神座谈会表示热烈欢迎，2021年是中国共产党建党100周年，举办庆祝中国共产党建党100周年主题活动意义重大，"七一"重要讲话，更是鼓舞人心，百年建党史，其实也是中国共产党创业的百年史，百年建党所凝练的伟大建党精神更是我国经济建设和社会发展的思想灵魂，2021年同时是"巩固拓展脱贫攻坚成果同乡村振兴有效衔接"的启动元年，必须认真学习"七一"重要讲话精神，更好地发扬伟大的建党精神。福建享业集团一直走在"巩固拓展脱贫攻坚成果同乡村振兴有效衔接"的第一线，有责任有义务贯彻落实"七一"重要讲话精神，在我国"巩固拓展脱贫攻坚成果同乡村振兴有效衔接"中发挥应有的贡献，也希望通过参会嘉宾的积极研讨和头脑风暴，为福建享业集团"十四五"期间高质量发展以推动我国"巩固拓展脱贫攻坚成果同乡村振兴有效衔接"做出更多更积极贡献。

苏世彬简要介绍《党建绿色创新创业产业帮扶助力乡村振兴实践初探——以革命老区岩前村启航为例》专著

目 录

01
乡村振兴抖音与生态食材大礼包

02
党建乡村振兴创新创业理解与助力举措

03
党建乡村振兴创新创业实效

《党建绿色创新创业产业帮扶助力乡村振兴实践初探——以革命老区岩前村启航为例》内容目录

紧接着，福州大学教工党员苏世彬从乡村振兴抖音与生态食材大礼包、党建乡村振兴创新创业理解与助力举措、党建乡村振兴创新创业实效三个简要介绍了《党建绿色创新创业产业帮扶助力乡村振兴实践初探——以革命老区岩前村启航为例》一书，并且重点播放了"庆祝中国共产党建党

100 周年主题活动一——弘扬伟大建党精神""助力革命老区乡村振兴和庆祝中国共产党建党 100 周年主题活动二——从群众中来、到群众中去"的小视频。

《弘扬伟大建党精神，助力革命老区乡村振兴》视频播放

庆祝中国共产党建党 100 周年主题活动一——弘扬伟大建党精神、助力革命老区乡村振兴具有很强的政策背景，该活动是在对教育部实施《高等学校乡村振兴科技创新行动计划（2018—2022 年）》《中共中央关于制定国民经济和社会发展第十四个五年规划和二〇三五年远景目标的建议》、中共中央办公厅、国务院办公厅印发的《关于加快推进乡村人才振兴的意见》、《中共中央 国务院关于实现巩固拓展脱贫攻坚成果同乡村振兴有效衔接的意见》、中共中央印发的《关于在全党开展党史学习教育的通知》等文件精神的"再学习，再调研，再落实"，提出并开始实施了乡村振兴"南泥湾计划"高校"揭榜挂帅"研习项目，积极探索依托非农院校大规模培养适合我国乡村振兴创新创业实际需要的高质量实用人才，最终为《党建绿色"创新创业"产业帮扶助力乡村振兴实践初探——以革命老区岩前村启航为例》高质量乡村振兴人才的培养提供新视角，同时为福州大学创新创业人才培养提供新亮点，并为福建省积极探索海峡两岸融合发展提供新思路，还为全国高校高质量人才培养引入"揭榜挂帅"机制探索新经验，从而为我国"实现巩固拓展脱贫攻坚成果同乡村振兴有效衔

接"和经济高质量发展提供新动能。正是在以上背景下，乡村振兴创新创业教育新文科实践探索核心内容之一乡村振兴"南泥湾计划"高校"揭榜挂帅"研习项目在经过四场前期活动孵化学生多项成果的基础上正式启动2021年福州大学赴安溪县参内镇岩前村乡村振兴党史精神调研暑期"三下乡"社会实践第一场活动——革命老区岩前村乡村振兴党史精神大学生研讨会（庆祝中国共产党建党100周年主题活动一），贯彻落实"七一"重要讲话中的伟大建党精神。本次大学生研讨会响应十九届五中全会"巩固拓展脱贫攻坚成果同乡村振兴有效衔接"、国务院关于新时代支持革命老区振兴发展的意见以及中共中央印发的《关于在全党开展党史学习教育的通知》文件精神，通过对《党建绿色创新创业产业帮扶助力乡村振兴实践初探——以革命老区岩前村启航为例》"再学习，再调研，再实践"，更加有效践行我国大学生三下乡活动文件精神，团结和引导更多的大学生党员团员关注并参与乡村振兴，贯彻落实"全党和全社会必须关注乡村振兴"的伟大号召，努力打造融合思政、党史、创业、乡村振兴、红色筑梦五门大课为一体的，有温度、有深度、有广度、有高度、有气度、叫得响的大学生三下乡活动暑期社会实践金课，使之成为一门能够入耳、入眼、入脑、入心，触及灵魂的庆祝中国共产党成立100周年实践课，真正做到学史明理、学史增信、学史崇德、学史力行，学党史、悟思想、办实事、开新局，以昂扬姿态奋力开启乡村振兴学习与工作的新征程，以优异成绩迎接建党100周年。

《从群众中来，到群众中去》视频

之后，福建享业集团执行董事张本领正式介绍福建省享业生态集团"巩固拓展脱贫攻坚成果同乡村振兴有效衔接"具体经验。公司以"抓好源头合作社服务，做好生态产品产供销"为己任，以"服务三农"为宗旨，致力于成为生态产业科技服务赋能"巩固拓展脱贫攻坚成果同乡村振兴有效衔接"的引领者。在福建省供销集团、中国投资协会生态产业投资专业委员会、福建农林大学、福建省农科院、福建省海峡企业三农产业服务中心等部门的联合指导下，整合团队、技术与资源优势，首创"1+4"助农模式（一个综合惠民服务中心，创新技术助农、供应链管理助农、政策咨询助农、电商助农四大助农体系），搭建起中国农产品生态产业链，完善农产品产、供、销渠道，助力供销社更好地发挥在"三位一体"服务"三农"模式中的作用，从前端触达到后链路转化形成闭环，打造一套完整的生态矩阵，为"巩固拓展脱贫攻坚成果同乡村振兴有效衔接"持续赋能。

福建省享业生态集团"巩固拓展脱贫攻坚成果同乡村振兴有效衔接"经验介绍

　　目前公司已经有以下几个成功案例：

案例一：

享业生态科技公司将"生态三农"落地福建古田县：（1）公司与古田

供销社合作在古田县设立新型庄稼医院，成立"古田供销福农服务中心"，承担各县域农资推广、土壤改良、电商兴网等工作，通过实施三农综合服务、产销联合体、微农经济联盟、一村一品等措施，引导基层合作社等农业经济国家体与现代农业发展有机衔接，培育当地优质特色产品品牌，力争将中心建设发展为全国乡村振兴服务机构的标杆。（2）公司与古田供销社所属企业达成合作意向共同成立运营公司开展相关三农服务。（3）公司推出的茶叶专用肥达到减量增效、优化土壤的作用，获福建省农业农村厅、福建省农业科学院、福建省农林大学一致推荐作为"福建省茶园专用肥"和国家指定茶叶专用肥标准，同时获国家专利证书。

案例二：

2021 年 7 月 5 日，宁德市福安市供销社"三农"综合惠民服务中心落地，公司注册名称为"福安市助农农业科技有限公司"。福安市助农惠民服务中心的落地，标志着享业助农服务体系的搭建正日臻完善。福安市供销社与福建省享业生态科技有限公司开展合作，创新性引进先进农业技术团队、农产品市场运营团队、电商服务团队和"三农"综合服务团队，为福安市电商助农、区域特色农产品推广、政策咨询、现代农资经营、庄稼医院等方面提供服务。 启动会现场，福安市助农农业科技有限公司还分别与致公党福建省委直属农科院支部、国家技术转移海峡中心数字经济技术转移服务站举行了战略合作签约，与部分农业合作社、农业龙头企业签署合作协议，助推当地农特产品的推广销售。

案例三：

2021 年伊始，福建省享业生态科技有限公司就计划在全省与全国布局搭建中国农产品生态产业链服务体系。自 1 月古田服务网点落地以来，公司对福建省各地区服务网点布局就进行了全面调研各县市供销社领导对享业生态助农模式均予以认可，并期待合作。 目前福建省享业生态科技有限公司还走出福建，布局全国，正在对接和已经接洽商谈落地的省份有四川省、河北省、江西省和内蒙古自治区。随着享业助农模式得到全国各省、地、市（县）有关领导认可，享业助农模式将真正落实服务"三农"、助推乡村振兴，担当建设"生态中国"的社会责任。

紧接着参会嘉宾分别就今天主题畅所欲言，发表各自的见解。

福州大学原党委副书记、福州大学关工委常务副主任陈少平发言

第一个发言的是陈少平书记。陈少平表示，2021 年是个特殊年份，既是中国共产党建党 100 周年，也是推进乡村振兴战略的重要年份，党中央国务院制定的乡村振兴战略是高瞻远瞩的决策，对于实现共同富裕的共产党执政理念，以及实现中华民族伟大复兴的中国梦都具有重大的现实意义。为了实现"巩固扩展脱贫攻坚成果同乡村振兴有效衔接"，国家密集出台政策，有明确的时间推进表，我们要积极行动起来，推动乡村振兴战略的落地，取得实际的成果。要充分认识"巩固扩展脱贫攻坚成果同乡村振兴有效衔接"的主体是广大村民，必须认真贯彻落实"七一"重要讲话精神中的"群众论"，把乡村振兴这个利国利民的大事做好，真正贯彻落实好"七一"重要讲话精神，不断推进乡村振兴战略的贯彻落实。

第二个发言的是福建农林大学原副校长林思祖。林老师表示，作为福建农林大学的一份子，不管是教学还是科研，天然离不开农村、农民、农业的"三农问题"，农民真苦，农村真穷，农业真危险，国家也一直非常重视"三农问题"，从 2004 年开始，中央的一号文件都聚集"三农问题"，这使得我国的"三农工作"得到全社会的广泛关注，尤其是 2018 年《中共中央国务院关于实施乡村振兴战略的意见》、2019 年《中共中央 国务院关于坚持农业农村优先发展做好"三农"工作的若干意见》、2020 年《中共中央 国务院关于抓好"三农"领域重点工作确保如期实现全面小康的意见》"一号文件"的发布，乡村振兴、巩固拓展脱贫攻坚等字眼开始进入到国人的视野，也开始影响着我国的"三农工作"，保障着我国的"三农工作"不断取得新成绩；2021 年《中共中央 国务院关于全面推进乡村振兴加快农业农村现代化的意见》更是直接提出了"巩固拓展脱贫攻坚成果同乡村振兴有效衔接"的概念，使得"巩固拓展脱贫攻坚成果同乡村振兴有效衔接"成为我国农村近几年的工作重点，为我国开启全面建设社会主义现代化国家新征程，向第二个百年奋斗目标进军乃至实现中华民族伟大复兴的中国梦做出积极贡献。在"巩固拓展脱贫攻坚成果同乡村振兴有效衔接"工作中，除了坚持"人民论"、"群众论"的"七一"重要讲话精神外，还需要"七一"重要讲话精神中的"守正创新"，要根据不同乡村不同地域的特点进行有效开发，不能把"巩固拓展脱贫攻坚成果同乡村振兴有效衔接"等同于造房运动，也不能变成少数人的振兴，要采取"因地制宜、就地取材、顺势而为"的方式，首先要继承好各地乡村的特色产品、特色工艺，这是由于随着我国城镇化不断加速农村人口空心化、产业空心化的现象越来越严重，短期内农村是没有太大的能力吸引太多的青年人返乡入乡创业的，但是各乡村的特色产品、特色工艺在市场上有一定的需求，而掌握这些特色产品、特色工艺的一般都是乡村的坚守者（贫、病、老、妇），如果能够让这些乡村坚守者通过继承乡村的特色产品、特色工艺而增加收入甚至发家致富，在继承的基础上不断发展壮大，那么依靠特色产品和特色乡村工艺就能够获得稳定的收入来源，年轻人就有可能会返乡入乡创业，农村人口空心化的问题才可能逐步缓解；但由于市场需求是不断变化的，在发展的过程中一定要根据市场的需求变化做出一定的创新，从而使得乡村特色产品和工艺有源源不断的市场需求，支撑"巩固拓展脱贫攻坚成果同乡村振兴有效衔接"工作的可持续开展，并以浙江省富裕农村发展的实例对以上观点加以佐证。

福建农林大学原副校长林思祖发言

福建省引凤扶贫服务中心理事长裴锦泽发言

海西创业大学副校长黄玉林发言

之后，福建省引凤扶贫服务中心理事长裴锦泽、海西创业大学副校长黄玉林、福建省享业生态科技有限公司总经理张忠财、华南女院创业学院院长张文秀、福建省享业生态科技有限公司副总经理林凯、福建通软信息技术有限公司互联网技术应用规划总监徐滨、福建通软信息技术有限公司市场部经理林承、南平市延平区樟湖镇农民艺术家胡永良、福建省农汇冠通助农公益基金会创始人林晓毅、数智媒体专家与资深策划人吴明、福建享业供应链管理有限公司总经理林凯等也纷纷就本次活动主题发表了自己看法。其中，农民艺术家与孙中山和蒋委员长特型胡永良先生表达方式最为特殊，他们特针对本次活动主题画了一幅"一品清廉"图，他认为，"巩固拓展脱贫攻坚成果同乡村振兴有效衔接"是实现共同富裕的一个阶段性任务，不能有任何私心，必须以"全心全意为人民服务"为宗旨，不但不能腐败（出淤泥而不染，濯清涟而不妖），还必须贯彻落实"廉而有能，廉而有为"的思想；与此同时，在"巩固拓展脱贫攻坚成果同乡村振兴有效衔接"过程中要坚持绿色发展理念，促进人和自然的和谐发展，建设美丽农村、绿色农村。总之，要遵循"七一"重要讲话提炼的"坚持真理、坚守理想，践行初心、担当使命，不怕牺牲、英勇斗争，对党忠诚、不负人民"的伟大建党精神。

福建省享业生态科技有限公司总经理张忠财发言

华南女院创业学院院长张文秀发言

胡永良先生介绍创造构思和背景

胡永良先生作品

福建通软信息技术有限公司互联网技术应用规划总监涂滨发言

经过半天的充分交流与分享，大家一致认为，"七一"重要讲话高屋建瓴、气势磅礴，不但向世人有效展示了共产党为什么能够走过辉煌100年的主要原因，怎样走过这辉煌的100年，更是向世人展示共产党如何走向第二个辉煌的100年

福建省享业生态科技有限公司副总经理林凯发言

的动力来源，并且向全党吹响了第二个辉煌的100年的战斗号角。"七一"重要讲话更加适合作为我国经济建设的精神动力与指导，尤其是在"巩固拓展脱贫攻坚成果同乡村振兴有效衔接"启动元年，更需要伟大建党精神作为精神气，推动"巩固拓展脱贫攻坚成果同乡村振兴有效衔接"走向成功、成功、再成功。

福建省农汇冠通助农公＋益基金会创始人与执行会长林晓毅发言

最后，福建省享业生态集团聘请福州大学教工党员苏世彬为乡村振兴项目导师，并当场发聘书，农民艺术家与孙中山和蒋委员长特型胡永良向本次活动及福建省享业生态集团赠送"一品清廉"作品，祝贺活动取得圆满成功。

福建省享业生态集团授福州大学教工党员苏世彬乡村振兴项目导师证书

乡村振兴项目导师证书

胡永良先生赠送"一品清廉"墨宝

3.3.3 活动视频

活动视频

3.3.4 活动感受

百年积淀，砥砺前行

——读"巩固拓展脱贫攻坚成果同乡村振兴有效衔接"经验交流会暨习近平同志"七一"重要讲话精神座谈会新闻通稿有感

福州职业技术学院 2021 级机器人学院　周丙丁　　指导老师：苏世彬

2021 年是中国建党 100 周年，百年建党也是中国共产党创业的百年史；百年建党所凝练的伟大建党精神更是我国经济建设和社会发展的思想灵魂；一百年来，我们实现了从站起来，富起来，到强起来，实现了人类历史上有史以来规模最大、惠及人口最多的减贫奇迹，种种傲人的成绩离不开一代代共产党人的艰苦奋斗。在这百年积淀的背景下，我们青年学子更应该砥砺前行，贯彻落实"七一"重要讲话提炼的"坚持真理，坚守理想，践行初心，担当使命，不怕牺牲、英勇斗争，对党忠诚、不负人民"的伟大党建精神。尤其值得一提的是，2021 年同时是"巩固拓展脱贫攻坚成果同乡村振兴有效衔接"的启动元年，为了更好深入学习习近平同志"七一"重要讲话精神并把相关精神更加有效地传播出去，推动我国"巩固拓展脱贫攻坚成果同乡村振兴有效衔接"的伟大实践，也为了能有效开展 2021 年福州大学赴安溪县参内镇岩前村乡村振兴党史精神调研暑期"三下乡"社会实践，苏世彬老师特意设计了庆祝中国共产党建党 100 周年系列主题活动，即在 2021 年 8 月 17 日福建省享业生态集团举办 2021 年福州大学赴安溪县参内镇岩前村乡村振兴党史精神调研暑期"三下乡"社会实践第三场庆祝中国共产党建党 100 周年主题活动——"巩固拓展脱贫攻坚成果同乡村振兴有效衔接"经验交流会暨习近平同志"七一"重要讲话精神座谈会，本场活动由福州大学教工党员苏世彬与福建省享业生态科技有限公司总经理张忠财联合主持。通过阅读这场座谈会的新闻报道我有以下的感想：

1. 从群众中来，到群众中去

农民群众是乡村振兴的核心力量，必须充分发挥农民群众的主体作用。习近平同志在在庆祝中国共产党成立100周年大会上的"七一"重要讲话提出"人民是历史的创造者，是真正的英雄""江山就是人民、人民就是江山，打江山、守江山，守的是人民的心""中国共产党根基在人民、血脉在人民、力量在人民""中国共产党始终代表最广大人民根本利益。为了在新农人培养过程中坚持农民主体地位、群众广泛参与，在对《党建绿色创新创业产业帮扶助力乡村振兴实践初探——以革命老区岩前村启航为例》的"再学习、再调研、再落实"的基础上，苏老师组织了2021年福州大学赴安溪县岩前村乡村振兴党史精神调研暑期"三下乡"社会实践活动。

通过此次社会实践活动对岩前村原生态食材、原生态景点设计调研以及岩前村返乡入乡创业者与乡村坚守者（贫、老、病、妇）调研，同学们不但进一步了解了"因地制宜、就地取材、顺势而为"的乡村振兴景点设计理念，也为乡村振兴如何通过乡村坚守者和返乡入乡创业者的生态循环种养殖在福州与岩前村之间架构起一架桥梁有了更加深刻的认识。在"巩固拓展脱贫攻坚成果同乡村振兴有效衔接"工作中，除了坚持"人民论""群众论"的"七一"重要讲话精神外，还需要"七一"重要讲话精神中的"守正创新"，要根据不同乡村不同地域的特点进行有效开发，不能把"巩固拓展脱贫攻坚成果同乡村振兴有效衔接"等同于造房运动，也不能变成少数人的振兴，要采取"因地制宜、就地取材、顺势而为"的方式，首先要继承好各地乡村的特色产品、特色工艺。各乡村的特色产品、特色工艺在市场上有一定的需求，而掌握这些特色产品、特色工艺的一般都是乡村的坚守者（贫、病、老、妇），通过这些特色产品、特色工艺能让乡村坚守者继承乡村的特色产品、特色工艺而增加收入甚至发家致富。但是市场需求是不断变化的，在发展的过程中一定要根据市场的需求变化做出一定的创新，从而使得乡村特色产品和工艺有源源不断的市场需求，从而支持"巩固拓展脱贫攻坚成果同乡村振兴有效衔接"工作的可持续开展。

在座谈会上，福建农林大学原副校长林思祖老师表示：农民真苦，农村真穷，农业真危险，国家也一直非常重视"三农问题"。所以，我们应该坚持"从群众中来，到群众中去"，让农业更有奔头、农村更有看头、农民更有盼头，从而确保农村、农民、农业的可持续发展。

2. 奋斗百年路，启航新征程

2021年《中共中央 国务院关于全面推进乡村振兴加快农业农村现代化的意见》更是直接提出了"巩固拓展脱贫攻坚成果同乡村振兴有效衔接"的概念，使得"巩固拓展脱贫攻坚成果同乡村振兴有效衔接"成为我国农村近几年的工作重点，为我国开启全面建设社会主义现代化国家新征程，向第二个百年奋斗目标进军乃至实现中华民族伟大复兴的中国梦做出积极贡献。在座谈会上，福建享业集团执行董事张本领正式介绍福建省享业生态集团"巩固拓展脱贫攻坚成果同乡村振兴有效衔接"具体经验。在福建省供销集团、中国投资协会生态产业投资专业委员会、福建农林大学、福建省农科院、福建省海峡企业三农产业服务中心等部门的联合指导下，整合团队、技术与资源优势，首创"1+4"助农模式（一个综合惠民服务中心，创新技术助农、供应链管理助农、政策咨询助农、电商助农四大助农体系），搭建起中国农产品生态产业链，完善农产品产、供、销渠道，助力供销社更好地发挥在"三位一体"服务"三农"模式中的作用。在销售渠道上，苏世彬老师提出的助农方式是将农产品打造成生态礼包，这一方式对村民无疑是盈利的，在没有增加成本的基础上，将生态食材包装成高端礼品，增加村民的收入，是许多村庄可以借鉴的一种助农销售方式。

3. 廉而有能，廉而有为

胡永良先生在本次活动中提到，"巩固拓展脱贫攻坚成果同乡村振兴有效衔接"是实现共同富裕的一个阶段性任务，不能有任何私心，必须以"全心全意为人民服务"为宗旨，不但不能腐败，还必须贯彻落实"廉而有能，廉而有为"的思想。要遵循"七一"重要讲话提炼的"坚持真理，坚守理想，践行初心，担当使命，不怕牺牲、英勇斗争，对党忠诚、不负人民"的伟大党建精神。通过这番话我明白了，想要脱贫攻坚，我们必须以"为人民服务"为宗旨，实事求是，同人民群众一起努力奋斗，朝着共同富裕的方向不断前行。

在中国共产党带领的100年中，中国人民取得了举世瞩目的成就、中国人民创造了改革开放和社会主义现代化建设的伟大成就、中国人民朝着"奔向小康"的目标努力奋斗，是他们的领导与奋斗创造了现在的生活。习近平总书记在"七一"重要讲话高屋建瓴、气势磅礴，不但向世人有效展示了共产党为什么能够走过辉煌100年的主要原因，怎样走过这辉煌的100年，更是向世人展示了共产党是如何走向第二个辉煌的100年的动力来源。在这百年的积淀下，我们青年学子更应该砥砺前行，推动"巩固拓展脱贫攻坚成果同乡村振兴有效衔接"走向成功、成功、再成功。

乡村振兴　共同富裕

——读《校企共话乡村振兴中的"七一"讲话精神》有感

2020级政治经济学院研究生　梁先旭　　指导老师：苏世彬

在建党一百周年的伟大时刻，我国作为十四亿人口大国宣布全面脱贫，创造了人类历史上大规模减贫的奇迹，谱写了人类反贫困历史的壮丽诗篇。总书记庄严宣告："经过全党全国各族人民持续奋斗，我们实现了第一个百年奋斗目标，在中华大地上全面建成了小康社会，历史性地解决了绝对贫困问题，正在意气风发地向着全面建成社会主义现代化强国的第二个百年奋斗目标前进。"没有农业农村的现代化，就没有国家的现代化，在这巩固全面脱贫和乡村振兴有效衔接的历史性时刻，福州大学苏世彬召开座谈会深入学习"七一"讲话精神，这让我们更加明确了时代赋予我们的责任。

（一）七一讲话暖乡村

"中国共产党一经诞生，就把为中国人民谋幸福、为中华民族谋复兴确立为自己的初心使命。一百年来，中国共产党带领中国人民进行的一切奋斗、一切牺牲、一切创造，归结起来就是一个主题：实现中华民族的伟大复兴"，总书记在"七一"讲话前后始终提及人民，将人民的需求时刻深深挂在心上。乡村振兴是实现先富带动后富、城乡均衡发展的必由之路，中国的农民是最纯真、最朴实、最可爱的人群，战争年代，他们为国家洒血疆场；和平年代，他们为国家奉献青春。"中国要美，农村必须要美"，只有农民都过上了好日子，才能显现出共产党人的初心，才是国富民强的意义所在。"乡村振兴，让农村更美丽，让农民更幸福，让农业更兴旺"，这是在两个百年交汇的时刻党对广大农民作出的庄严承诺，是党初心和宗旨的体现，是中华民族伟大复兴道路上的崭新起点！

（二）有志青年助乡村

虽然我国乡村人口众多，乡土面积巨大，但广袤的农村普遍存在老龄化问题严重、青壮年流失、经济模式落后以及缺乏知识青年等问题制约着城乡经济的平衡发展。在建党百年之际，苏世彬等人组织参与的"千校千项"活动吸引大学生人才参与进来，弘扬光荣传统、赓续红色血脉，深入乡村中与人民共进退，以新时代的人才智慧助力中国乡村振兴。广大学生参与的"千校千项"活动巩固了乡村振兴成果，他们深入农村一线探访成功模式，线下授课对儿童进行支教，并将乡村振兴的建设理念通过新媒体传播到网络中，吸引更多人才参与到乡村工作来。与此同时，乡村的红火发展不仅能带来更多的人才和投资机会，更重要的是能激发乡村走出去的大学生返乡创业。他们对自己家乡的历史、发展状况、文化自然资源有着深入的了解，对于家乡也较之一般人充满激情和热爱。"千校千项"活动能让广大学生真正认识乡村振兴的意义和不同的发展方式，在未来的农村发展中提高自己解决问题和困惑的能力，为农村发展和乡村振兴燃烧自己的青春。"我们比历史上任何时期都更加接近实现中华民族伟大复兴的宏伟目标，也比历史上任何时期都更加渴求人才"，人才振兴是乡村振兴的关键和基石，只有激发人的干劲和汇聚人的智慧，才能实现乡村旺、人气旺。

（三）坚定立志报乡村

作为一名研究生，我在老师的带领下开始逐渐接触乡村事业，由于我来自苏北县城的农村家庭，我特别能体会到苏老师所说的农村空心化和落后问题有多严重，尤其是在苏州和福州读书后，对比其中的差距体会更深。虽然我并不是一名党员，但在新时代下，每个人都有责任和义务为了国家和乡村的发展奉献自己的力量，顺应时代潮流将技术和知识带回乡村，为建设家乡和乡村振兴贡献自己的力量。在借鉴先进乡村的特色电商等发展模式后，我意识到改变发展模式首先要改变思想，我们要依靠自身的知识能力和资源以及国家政策，率先在乡村发展生态农业和特色农业，并紧靠电商打通销售渠道，在村民中起到示范作用，同时还要改变固有发展模式，政府要加大力度惩戒污染型企业并鼓励嘉奖发展生态农业，从而迫使和引导小型污染企业转型发展到乡村振兴道路上来，服务于乡村的美丽环境，并将资金投资于乡村的生态旅游业和家庭农场的发展，跟上时代步伐。另外，任何一个成功乡村的发展，最重要的是激发活力，地区和高校要鼓励知识分子返乡，替换掉年龄大、不作为、思维僵化的老干部，引导并支持大学生逐步走向干部岗位，充分发挥年轻人的创造力和所学知识，对乡村进行大刀阔斧的改革并定期进行监督，让知识分子的活力在乡村路间田头涌动。乡村振兴有巨大的内在潜力，有党的坚强领导、亿万农民的创造精神和国家强大的经济实力支撑，未来发展可期，我们广大的知识青年将是助力乡村的中坚力量。

（四）财经会议念乡村

共同富裕是社会主义的本质要求，是中国式现代化的重要特征，要更加重视促进农民的幸福，要发扬"时代进步中一个也不能少，一个都不能落"的精神。在中央财经会议上强调"共同富裕是全体人民的富裕，是人民群众物质生活和精神生活都富裕，不是少数人的富裕，也不是整齐划一的平均主义"，在新中国刚成立时，农民们用鲜血捍卫了祖国的完整，用口粮支援了工业化；在改革开放中，他们用汗水浇筑了祖国的繁荣，因此我们理应让农民分享到更多发展红利。现如今我国城市高速发展到可以与世界最好、最发达的城市比肩媲美，但是农村与城市的差距却有拉大的趋势，农村发展落后，农民未能充分享受到我国改革发展的红利，因此乡村振兴是我国推进共同富裕的战略决策，是回馈农民在国家建设中无私奉献的最好礼物。党的"十八大"以来，坚持把解决好"三农"问题作为重中之重，将脱贫攻坚作为标志性工程，启动乡村振兴战略，心系农村发展，为促进村民共同富裕而探索奋斗。在会议中党要求将人民共同富裕摆在更重要的位置上，采取有力措施保障和改善民生，把促进全体人民共同富裕作为人民谋幸福的着力点，不断夯实党的执政基础，奋力开创乡村振兴新局面，建设美丽乡村新画卷。

（五）前人之鉴警乡村

乡村振兴是国家战略，是产业战略，更是长期战略。由于我国乡村地域广袤，各地发展阶段、市场区位和资源条件等均不相同，因此乡村振兴不能照搬经验，图政绩、走形式和搞表面的美丽工程，必须要有实际业态，不被各方利益所绑架。当今的乡村振兴似乎被我国工业发展的"快思维"所捆绑：快速攫取，快速周转，快速利润，水泥思维主导一切，到处是假山假景和搬迁过来的绿化草木，千篇一律的城市化样板让人审美窒息。乡村利益盘根错节，在乡村发展中，国家的战略投资落地基层时陷入既得利益者的链条，执行起来会大打折扣，因此我们要首先实现乡村文化振兴，释放农民的潜在自信使其成为成为乡村发展主体，有章有法的循序推进新乡村规划，不被政府的政绩观规划所左右，与此同时，构建乡村自主互助属于农民的经济系统，让农民成为乡村的主人，才能大胆向外开放和对接，利用商业化思维把自己的好产品卖向城市。因此，在乡村振兴中要让农民占据主体，警惕完全照搬成功经验和急于求成，失去乡村特色。

总书记指出，农村不能成为荒芜的农村、留守的农村、记忆中的故园。乡村振兴激发了乡村活力，增强了乡村吸引力，引领了新时代乡村发展方向。我们要坚定不移推进农村改革、发展和稳定，为城乡融合创造条件，在生态、文化、经济、教育等方面全方位缩小城乡差别，建立新型城乡关系。在这百年交汇的时刻，推进乡村振兴，实现农业强大、农村美丽、农民富裕是我国新时代下回应农民对美好生活的需求，也是我国走向现代化的必然要求。

以史为鉴，开创未来
——谈"巩固扩展脱贫攻坚成果同乡村振兴有效衔接"经验交流会有感

2021级政治经济学　林　佳　　指导老师：苏世彬

2021年年初，国家完成全面脱贫攻坚，在《中共中央国务院关于实现巩固拓展脱贫攻坚成果同乡村振兴有效衔接的意见》中提到，在党的指导下，全面脱贫攻坚的成功意味着在全面建成小康社会的道路上，人民群众一个都不掉队，同时也是人民迈向共同富裕的一大步。同年七月，习近平总书记在"七一"讲话中用"坚持真理、坚守理想，践行初心、担当使命，不怕牺牲、英勇斗争，对党忠诚、不负人民"32个字概括了我们伟大的建党精神。

为了庆祝建党100周年，学习"七一"重要讲话精神，苏世彬老师与实践支队的同学们举办了"巩固扩展脱贫攻坚成果同乡村振兴有效衔接"经验交流会暨习近平同志"七一"重要讲话精神座谈会。活动邀请了一直走在"巩固拓展脱贫攻坚成果同乡村振兴有效衔接"的第一线的福建享业集团分享他们的经验，同时福州大学教工党员苏世彬从乡村振兴抖音与生态食材大礼包、党建乡村振兴创新创业理解与助力举措、党建乡村振兴创新创业实效三个方面简要介绍了《党建绿色创新创业产业帮扶助力乡村振兴实践初探——以革命老区岩前村启航为例》专著。在查阅了解了相关报道后，我对此有了些自己的感悟与思考：

一、终点亦是起点

脱贫摘帽的日子已经实现，但并不代表人民的生活水平得到全面提升，终点亦是起点，新的考验也在向我们走来。习近平总书记强调，民族要复兴，乡村必振兴，在进入实现第二个百年奋斗目标新征程，"三农"工作重心已历史性地转向全面推进乡村振兴的这个转折点上，如何将脱贫攻坚成果同乡村振兴有效衔接正是我们不断探索的。

在会议上，福建享业集团执行董事张本领分享了福建省享业生态集团"巩固拓展脱贫攻坚成果同乡村振兴有效衔接"具体经验，通过资源整合，首创"1+4"助农模式：一个综合惠民服务中心，创新技术助农、供应链管理助农、政策咨询助农、电商助农四大助农体系。在国家政策、专家团队以及时代潮流的推动下，推动乡村振兴，实现共同富裕，通过与农村、农户的直接对接，帮助农户增收，同时发展公司。那么这种助农模式是否可以直接适用于乡村呢？我认为还有待考量。在我调研过的乡镇中，也拥有类似综合惠民服务中心的场所，服务内容也类似于福建享业集团，但为什么成效却不大呢？

首先，我认为牵头人在这里占据很大的因素，由政府牵头是否可行，后期有没有真正的落实到为民服务呢？这也是目前很多乡镇财政支出建立了很多服务平台，但无人运营看管，实际收益却不是那么客可观的缘由。

再次，电商助农这一词近来频繁出现，人们理所当然地将其认为是助农，帮助其扩大销售渠道，但是仔细一想，农产品本来的利润就极低，通过电商助农涉及秒杀价、优惠价、运费价等，是否无形中降低了农户的收益，那这还能是助农吗？苏世彬老师的助农方式是将农产品打造成生态礼包，这一方式对于岩前村的村民无疑是盈利的，即在没有增加成本的基础上，将生态食材包装成高端礼品，增加村民的收入，这也是许多村庄可以借鉴的一种助农销售方式。

全面脱贫不意味着我们周围没有贫困户，所谓的贫困是对比出来的，乡村振兴不仅仅是表面上的村庄美、环境美，更应该是农民富。因此在脱贫攻坚成果与乡村振兴有效衔接的过程中，我们应该"践行初心，不负人民"，将人民的需求摆在第一位。

二、精神引领实践

2018年1月2日《中共中央 国务院关于实施乡村振兴战略的意见》中提到，在以习近平同志为核心的党中央坚强领导下，我们坚持把解决好"三农"问题作为全党工作重中之重，指出农业农村农民问题是关系国计民生的根本性问题，没有农业农村的现代化，就没有国家的现代化。

2021年2月21日《中共中央 国务院关于全面推进乡村振兴加快农业农村现代化的意见》是21世纪以来第18个指导"三农"工作的中央一号文件。文件指出，民族要复兴，乡村必振兴。要坚持把解决好"三农"问题作为全党工作重中之重，把全面推进乡村振兴作为实现中华民族伟大复兴的一项重大任务，举全党全社会之力加快农业农村现代化，让广大农民过上更加美好的生活。

习近平一直强调，乡村振兴是实现中华民族伟大复兴的一项重大任务，今年习近平在福建考察时也强调了要加快推进乡村振兴，建设宜居宜业美丽乡村。国家发布的相关文件政策反复强调乡村振兴的重要性，要求党员们身体力行，将乡村振兴这一信念融入脑海中，用勇于担当使命。而苏世彬老师与实践支队的成员们也一直将这一精神牢记心中，在党的引领下，投身乡村，深入实践，不断探索适合岩前村乡村振兴的道路。

国家政府投入大量的精力、财力使得农村成功实现脱贫攻坚，那么我们现在怎么能够让其巩固住该成果，同时又能实现进一步的提升呢？这是我们目前所要思考的问题。乡村完成脱贫攻坚任务的评判指标之一就是他们的年收入情况，而乡村振兴的最终目的也是要让农村富起来、农民富起来。目前针对村内的坚守者（贫、老、病、妇）而言，他们的收入来源主要以家庭的农产品种植销售为主，一种就是由经销商将其收成直接统一收购；另一种就是自销，苏世彬老师为其设置了生态食材大礼包以及乡村抖音直播，通过产品包装与产品宣传两方面来为其增加流量，扩大销量，增加收入。对岩前村的返乡创业青年来说，他们的回归进一步推动了脱贫攻坚成果与乡村振兴有效衔接。返乡创业青年相对乡村坚守者来说，更容易接受新思想，掌握新方法，懂得跟随消费者潮流，去推广销售乡村的优质资源。

三、案例对比分析

今年福建省住建厅公布一批负面案例，展示美丽乡村建设中惨不忍睹的"形象工程"。一些地方在整治建设过程中还存在建大亭子、大牌坊、大公园、大广场等"形象工程"，偏离村庄整治重点；一些照搬城市模式，脱离乡村实际，甚至存在破坏乡村风貌和自然生态等突出问题。印象较深的是龙文区湘桥村历史文化名村修建现代化大广场，据了解湘桥村总面积为2平方公里，人口3400多人，为村内村民打造大广场的初心是好的，但是"形象工程"是否应该排在第一位，那些被忽视的农村生活污水垃圾治理、裸房整治等整治重点的又何去何从？就好比许多地方开设惠农服务中心，做足了"面子工程"，但是却没有让群众真正的受益，这就是无效功。

按照"产业兴旺、生态宜居、乡风文明、治理有效、生活富裕"的五大要求，无论从哪点出发，最终的落脚点都是人民群众，绝非所谓的形象主义。前辈通过总结经验教训得出的乡村振兴九大发展模式，也并不像我们表面看到的那么简单实现，都应根据乡村的具体情况，对村庄进行因地制宜的考察，从而得出正确的发展对策。

一百年来，在中国共产党的带领下，中国人民取得了社会主义革命、改革开放和社会主义现代化建设的伟大成就，是党的领导与人民群众共同的奋斗才有了现在的美好生活。我们要以史为鉴，坚定党的思想教育；同时也要有所创新，决不能让"形象工程"再出现，要将乡村振兴发展模式做实做透，使最终的受益点落在群众身上。

3.4 活动总结及拓展活动

3.4.1 总结视频

活动视频

3.4.2 汇集青春力量，助力乡村振兴

乡村振兴"南泥湾计划"高校"揭榜挂帅"研习项目见面会

2021年10月24日下午2点，福州大学经济与管理学院中楼400会议室举行乡村振兴"南泥湾计划"高校"揭榜挂帅"研习项目见面会。该会议由福州大学工商管理教工党员苏世彬老师组办，参与人员有中核集团福清核电有限公司省派第一书记何阳、福州职业技术学院三创学院副院长舒良荣（省级科技特派员）以及福州大学和福州职业技术学院在校生。本次见面会主要以乡村振兴"南泥湾计划"高校"揭榜挂帅"项目为主，同时推动"共同富裕乡村振兴实践：基于岩前村和竹岭村的探索"项目，助力

见面会讨论现场

共同富裕乡村振兴。本次见面会的举办旨在让大家对乡村振兴项目有更深入的了解，在进行深入的交流的同时也给我们一些指导与帮助。该项目主要有六项议程：

议程一，由苏世彬老师深入介绍乡村振兴"南泥湾计划"高校"揭榜挂帅"项目。参加乡村振兴项目，首先一定要先了解乡村振兴和美丽乡村的区别，不能将乡村振兴做成了美丽乡村，美丽乡村主要依靠外部的输血来实现，而乡村振兴则必须依靠造血才能实现。乡村振兴"南泥湾计划"高校"揭榜挂帅"项目采取竞争淘汰制，面对市场的竞争力，我们一定要提高自我们的主动性与积极性，不然则容易被淘汰掉。为了提高同学们的主动性与积极性，苏教授给我们讲解了福州大学本科生创新创业实践与素质拓展学分认定管理实施办法，鼓励学生积极参加。参加竞赛，对我们而言，除了会获得学分和丰富的奖金之外，最关键的是在这个过程中会学到很多东西，锻炼自己的各种能力，在未来的职业生活中对我们有很大的帮助。而且，做乡村振兴项目一定要有情怀，一定是要自愿的，因为乡村振兴项目在短期时间内我们无法获利，我们一定要进行二次的开发，从中得到我们想要的结果。

现场交流一

在这个过程中苏教授要求我们要向一二三媒体投新闻稿件，扩宽思维，不断训练自己，为每年的"三下乡"活动做准备，同时研究"千校千项"网址上的内容，研究负面的乡村振兴，区分乡村振兴和美丽乡村的区别，进一步思考乡村振兴应该怎么做。

现场交流二

议程二，由中核集团福清核电有限公司省派竹岭村第一书记何阳介绍闽清县东桥镇竹岭村；何书记给我们介绍了竹岭村的地理位置和目前竹岭村的具体情况，以及自己到竹岭村三个月探索挖掘出来的一些东西，告诉我们竹岭村有什么、竹岭村能干什么，通过何书记的介绍，我们也了解到了竹岭村当地的一些特色、优势和劣势以及竹岭村的背景。竹岭村受到过习近平总书记的关怀，曾时任福建省委副书记、福州市委书记、福建省高炮预备役师第一政委的习近平总书记在调研造福工程时，莅临慰问竹岭村，给竹岭村提了些意见，要以小康为目标、发展林果竹、要搞第二产业和第三产业，竹岭村也是游击队根据地驻地；根据这些优势、当地的特点以及如何把特色做大做优秀，助力福州闽清"南商北旅"发展，和东桥"六天下"联合推进，联动开发，何书记打算打造游击队生活体验基地、开发绿色休闲竹岭村千尺瀑观光、开发生态种植、开发农家休闲项目以及峡谷溪流开发等等。当然竹岭村也面临着许多的困难，比如整个村庄无信号（只有少许的联通信号）、交通不便、无电力供应等，这些给竹岭村的发展带来非常大的困扰，何书记为了解决这些困难，也积极地向社会、政府寻求帮助，移动公司和政府都给予了很大的支持与帮助。何书记也将持续牢固树立和践行"绿色青山就是金山银山"的发展理念，注重生态环境保护；响应国家号召，实施乡村振兴战略。

现场交流三

议程三，由福州职业技术学院三创学院副院长舒良荣（省派科技特派员）讲解对乡村振兴以及自己亲身的经历。舒院长接触乡村振兴项目多年，经验丰富，他告诉我们，做乡村振兴项目，一定要有情怀，要坚持。因为这更像公益创业，想要马上在乡村振兴项目中赚钱是不现实的，要通过不断的二三次开发才有机会得到相应的报酬，但是在做乡村振兴项目的过程中，我们一定会收获到很多课上无法学习到的东西，也有可能在乡村振兴实践过程中寻找到自己未来的职业发展方向，我们相应的能力也会得到不断的提升和锻炼，这是一件非常有意义的事。舒院长也给我们举了几个学长学姐的成功案例，通过参加这类比赛，不管有没有拿奖，对我们大学生来说都是一次很好的经历。

议程四，由学生分享自己撰写的创业计划竞赛报名表以及专家的点评；三名学生分别分享介绍了自己的创业计划书，在专家的点评中，我们明确了自己的不足，比如：没有给人留下深刻的印象、套话太多、没有从评委的角度去思考等。专家也给了我们很多的建议，在撰写创业计划书中，要从评委的角度出发，要结合各种资源、深入挖掘，要运用商业模式的九宫格，要用数据说话等。通过老师的点评与指导，我们大致知道之后的创业计划书该怎么写，以及往哪个方向写。

观看廉政短视频

议程五,三个训练抖音展示与点评;通过三个训练抖音的展示,我们可以较直观地了解乡村振兴,从而看出我们的成果。视频中还存在一些问题,如视频内容的播放形式比较单调,没有很大的吸引力。当然了,学生也不断地吸取经验,不断努力做得更好。

现场交流四

议程六，大家自由交流与讨论。今天的见面会让我们深入地了解乡村振兴"南泥湾计划"高校"揭榜挂帅"项目，认识到自己在某些方面的不足，以及今后该往哪个方向发展，同时鼓励我们积极参与乡村振兴。2020年是我国全面实现建成小康社会、脱贫攻坚决胜之年，2021年则是中国共产党建党100周年，也是"巩固拓展脱贫攻坚成果同乡村振兴有效衔接"的启动元年，我们青年学子应响应十九届五中全会提出的"巩固拓展脱贫攻坚成果，加快推动乡村全面振兴"，积极参与乡村振兴"南泥湾计划"高校"揭榜挂帅"项目，推动高校与乡村有效衔接，为我国建成富强民主文明和谐美丽的社会主义现代化强国、解决我国发展不平衡不充分、解决城乡区域发展和收入分配差距大的问题做出相应的贡献。

本次乡村振兴"南泥湾计划"高校"揭榜挂帅"研习项目见面会取得圆满成功。

（福州职业技术学院　周丙丁）

3.4.4 "乡村振兴中创新创业训练与竞赛的机会与方法"专题讲座

奋斗百年路，启航新征程。为了贯彻落实党的十九届六中全会精神，实现巩固拓展脱贫攻坚成果同乡村振兴有效衔接，推动我国乡村振兴的发展，吸引福建江夏学院在校大学生的加入，2021年12月17日，福建江夏学院4C103室召开"乡村振兴中创新创业训练与竞赛的机会与方法"专题讲座，本次讲座由福建江夏学院国际教育学院承办，乡村振兴"南泥湾计划"高校"揭榜挂帅"研习队协办，陈雅茹老师主持。

参加讲座的领导与嘉宾主要有：苏世彬（福州大学创业研究院副院长）、吴传生（泉州理工学院2017级毕业生创业者）、邱斯县（阳光学院讲师）、陈雅茹（福建江夏学院老师）、杜秋宇（福州大学2020级工商管理学生）、周丙丁（福州职业技术学院2021级机器人学院学生）、许雪倩（福州大学2021级工商管理学生）、张子扬（福州大学2021级工商管理学生）、赖立新（福州大学2021级工商管理学生）、李娜鋆（福州大学2021级工商管理学生）、李雨晴（福州大学2021级工商管理学生）、李佳怡（福州大学2021级工商管理学生）、陈颖欣（福建师范大学2021级研究生材料与化工）、史哲航（福建师范大学2021级研究生材料与化工）、李云（福州职业技术学院2020级商学院学生）、张国耀（福州职业技术学院2020

143

级商学院学生）以及福建江夏学院十多个学院 300 多个学生代表一同参加。

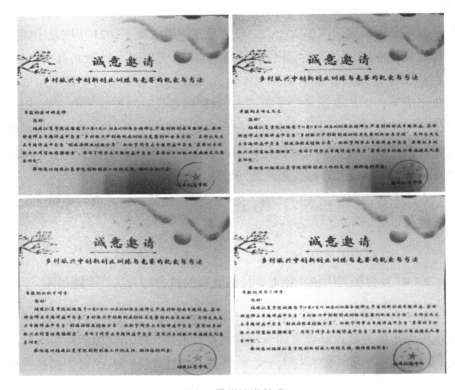

福建江夏学院邀请函

苏世彬（福州大学创业研究院副院长）

首先，由苏世彬老师介绍"乡村振兴中创新创业训练与竞赛的机会与方法"，同时向参会人员展示自己做乡村振兴一年多所取得的社会实效和学术实效，还播放了福州大学暑期社会实践的视频，并且对福州大学本科生创新创业实践与素质拓展学分认定管理实施办法和福建江夏学院大学生创新创业训练计划到期项目结项验收专家评审表进行了介绍，让大家明确了参加大学生创新创业大赛对大家的好处。同时，苏世彬老师对江夏学院学生的实力表示高度认可，也发现许多非常好的苗子，只要稍微进行指导，就能做出很好的成绩。苏世彬老师还向听众展示了乡村振兴"南泥湾计划"高校"揭榜挂帅"研习队新征程中同学的贡献，同时表示了乡村振兴"揭榜挂帅"项目任何高校任何专业的同学都可以参与竞选，鼓励江夏学院的学生一起参与竞选。

其次，由杜秋宇同学讲解"岩前村乡村振兴共同富裕思想探索"论文。杜秋宇同学表示，乡村振兴是实现共同富裕的必由之路，要以更加有力的行动扎实推进乡村发展，带领人民朝着共同富裕前进。她主要从岩前村实践案例出发，用案例研究的方法探究乡村振兴共同富裕的发展思路，从财富分配的研究视角研究实现共同富裕的三次分配体系。她的这篇论文弥补了我国个案的不足，丰富了农村共同富裕的研究内容，推动了国家乡村振兴共同富裕目标的深层实现。从实践上说，这篇论文成果总结了岩前村目前发展的成果经验，从而进一步探索未来发展思路与目标规划，也为其他地区探索提供经验。

杜秋宇（福州大学 2020 级工商管理学生）

再次，由周丙丁同学讲解"岩前村乡村振兴商业模式九要素研究"论文。鉴于国内对乡村振兴商业模式研究不足，周丙丁同学选择岩前村的乡村振兴作为样本，重点分析了岩前村商业模式的九个要素，即客户细分、价值主张、关键业务、核心资源、重要合作、客户关系、渠道通路、收入来源、成本结构。周丙丁同学向听众介绍了有关岩前村乡村振兴的内容，举例说明了我们高校大学生、社会各界以及党建在岩前村乡村振兴中所做的事情，探讨了如何在乡村振兴原有的基础上，打造一个独具特色且借鉴意义较大的乡村振兴社会创业先例，同时帮助岩前村总结形成较有竞争力的核心资源，让岩前村从普通乡村中脱颖而出。

周丙丁（福州职业技术学院 2021 级机器人学院学生）

接着，由吴传生先生进行创业历程及经验分享。吴传生表示，虽然自己学历不高，但是擅长学习与对新知识的渴望和追求促使他走到了现在。同时，他也给我们大学生提了一些建议：（1）在大学期间要懂得珍惜现有的机会；（2）对未来要有定位；（3）要懂得去思考，思考是重要的一步；（4）态度决定一切；（5）要懂得合理利用好身边的资源。

吴传生（泉州理工学院 2017 级毕业生创业者）

最后，由福州大学代表学生谈参与活动的感受，并由江夏学院同学提出相关的问题。福州大学学生普遍认为，参加这种创新创业能给予我们很多课外的知识和技能，能不断的锻炼我们，也可以提高自己，让我们学习到真正的本领，这对我们未来的发展很有帮助，同时也呼吁江夏学院的同学一起加入。

李佳怡（福州大学 2021 级工商管理学生）发言

许雪倩（福州大学 2021 级工商管理学生）发言

李娜鋆（福州大学 2021 级工商管理学生）发言

张子扬（福州大学 2021 级工商管理学生）发言

赖立新（福州大学 2021 级工商管理学生）发言

李雨晴（福州大学 2021 级工商管理学生）发言

现场互动一

现场互动二

现场互动三

活动现场一

活动现场二

活动现场三

本次"乡村振兴中创新创业训练与竞赛的机会与方法"的专题讲座，在福建江夏学院取得圆满成功，同时也引起了福建江夏学院部分同学的共鸣。

（福州职业技术学院机器人学院　周丙丁）

3.4.5 碳中和共同富裕乡村振兴课题组赴革命老区南溪村调研与交流

为了深入贯彻落实党的十九届六中全会精神和2021年中央经济工作会议精神，"央校地社"党建打造碳中和共同富裕乡村振兴课题组联合负责人、福州大学教工党员苏世彬博士应仙游县榜头镇南溪革命老区建设促进会的邀请，于2022年1月4日，新年上班的第一天，就风尘仆仆地来到山清水秀的南溪村展开碳中和共同富裕乡村振兴调研与交流。

苏世彬的到来受到了榜头镇姚海阳副镇长、林副镇长、南溪村陈书记兼主任、南溪革命老区建设促进会张明赐书记、陈瑞华会长、陈瑞强常务副会长、陈福明秘书长及全体促进会核心成员的热情欢迎和接待。

苏世彬、姚副镇长、林副镇长在主席台上

沣盛文化产业园开发有限公司刘金山总经理、莆田市教师进修学院黄玉霞老师随同苏博士参加调研、会议交流和指导。

活动开始，苏世彬就"两个共同富裕乡村振兴示范带的实践与思考"

做了学术分享。他主要从乡村振兴抖音与生态食材大礼包、党建乡村振兴创新创业理解与助力举措、党建乡村振兴创新创业实效、两个乡村振兴示范带实践雏形四个方面展开，为南溪革命老区传经送宝。

仙游县榜头镇南溪革命老区建设促进会

邀 请 函

苏世彬同志：

　　鉴于您对乡村振兴课题及参加城乡融合所取得的一系列成果，结合我们南溪村"一品三色"项目总体设计规划，经南溪革命老区建设促进会研究决定，特邀请您于2022年1月4日莅临我们促进会开展乡村振兴交流、调研和指导。望予以支持为盼。

福建省仙游县榜头镇

南溪革命老区建设促进会

2021.12.30

邀请函

苏世彬、刘总、黄老师和镇长、村书记、促进会领导合影留念

苏世彬、刘总、黄老师和促进会领导合影留念

苏世彬做学术分享

在分享中,苏世重点介绍了组建校社党建提高低收入人群收入共同富裕乡村振兴课题组、央校地社党建打造碳中和共同富裕乡村振兴课题组以及企校地社党建增加中等收入人群收入和共同富裕乡村振兴课题组的基本过程及其初步成效。

2020年是我国决战脱贫攻坚、决胜全面建成小康社会关键时期,也是新冠疫情爆发期,福州大学教工党员苏世彬响应十九大报告中"举全党全社会之力推动乡村振兴"的伟大号召,以志愿者的身份组建了校社党建提高低收入人群收入共同富裕乡村振兴课题组,并选择安溪县参内镇岩前村实施以城乡融合、农村一二三产业融合为主要手段的党建绿色创新创业产业帮扶，提高乡村坚守者（贫、病、老、妇）在疫情期间的增收；2021年是"两个一百年"交汇点，也是"十四五"规划的开局之年，更是全面建设社会主义现代化国家新征程和"巩固拓展脱贫攻坚成果同乡村振兴有效衔接"的启动元年，课题组持续发力，在社会实效、新农人培养、学术实效取得了一系列的成果。

2021年9月底，校社党建提高低收入人群收入共同富裕乡村振兴课题组负责人、福州大学教工党员苏世彬结识了中核集团福清核电有限公司省派竹岭村第一书记何阳，根据各自的优势组建了央校地社党建打造碳中和共同富裕乡村振兴课题组，并开展了一系列城乡融合的活动：

（1）2021年11月2日，举办"央校地社党建打造竹岭村碳中和共同富裕乡村振兴，助力幸福福核建设"课题竹岭村现场调研会。

（2）2021年组织中核集团福清核电有限公司办公室党支部联合福清市委办党支部进竹岭村开展"共同富裕你、我、他"献爱心暖人心活动。

（3）2021年11月23日，展开对中康体检网和福建省享业生态科技有限公司的"万企兴万村"暨扎实推进共同富裕田野调查。

（4）2021年11月27日，举办庆祝中国共产党建党100周年暨贯彻落实党的十九届六中全会精神主题活动——"企校地社党建助力岳秀脐橙文化节，推进乡村振兴共同富裕"研讨会。

（5）2021年11月28日，与中南大学福建校友会展开乡村振兴共同富裕交流。

（6）2021年12月4日，推动中南大学福建校友会开展"共同富裕中国梦，振兴乡村我有责"助力乡村振兴系列活动之竹岭村党建活动。

（7）2021年12月5日，福建省环境教育学会苏玉萍会长到竹岭村展开调研交流。

（8）2021年12月18日，组织福州大学工商管理研究院院长王益文教授和中康体检网林其峰董事长考察竹岭村。

（9）2021年12月，策划竹岭村两委考察福安岳秀村脐橙文化节以及福安南岩村、占西坑村。

（10）协助竹岭村注册"林果竹"商标等。

以上活动推动竹岭村"巩固拓展脱贫攻坚成果同乡村振兴有效衔接"

有序开展，并引起社会的广泛关注，获得新华网、新浪网、今日头条、网易、福州大学经济与管理学院、中核集团福清核电有限公司内部网站、财富海西、大学生网报、多彩大学生网、腾讯网、闽清电视台等多家媒体的报道，并据此制定了两个以竹岭村为核心的乡村振兴示范带：一个是竹岭"中心村"党委涵盖的7个行政村和包含关圳村、北洋村、溪芝村、义由村、大溪村组成的东桥镇乡村振兴示范带；另外一个是由安溪县岩前村、闽清县竹岭村、福安市岳秀村等组成的跨市县乡村振兴示范带，围绕两个乡村振兴示范带成立了乡村振兴"南泥湾计划"高校"揭榜挂帅"研习项目（联盟）。目前两个乡村振兴示范带雏形已经基本形成，研习项目（联盟）也在有序推进中，为"巩固拓展脱贫攻坚成果同乡村振兴有效衔接"探索出一条具有中核集团央企社会责任特色的新鲜经验之路，争取2022年以优异的成绩迎接党的二十大召开。

紧接着，莆田市教师进修学院黄玉霞老师介绍了自己一年半以来开展的读书角公益项目。黄玉霞老师强调，乡村振兴整体生态打造不能忽略乡村教育的振兴，乡村阅读助学项目通过筹资2000元，配置了一个包含文学类、艺术类、历史类、科普类的70本优质童书的班级图书角，让每个乡村孩子都能享有高品质阅读。除了经典、全面、分级的童书套餐，项目还提供简单易行的学生童书自我管理、种子教师的专业培育等持续两年的阅读体系建构，形成一个完整的保障体系，助力乡村教育的高质量提升，从而保障乡村振兴留得住才，引得进财。

2019年底莆田市教育系统为了推进教育的优质均衡，破解农村学校资源匮乏的难题，联合"担当者行动"公益组织，通过唤醒家长对阅读的重视，撬动本地乡贤等自筹资金，形成班级图书角建设的"自助公益"模式。短短两年多来，莆田教育系统从24个班级图书角起步，不断总结经验，辐射推广，截止到2021年底，募捐到资金550多万，建设班级图书角3300多个，入校培训300多场。莆田教育"自助公益"模式的不断成熟，将撬动更多企业及其他行业的支持，以乡村"班级图书角"建设和"乡村科技乐园"为拳头项目，在莆田乡村小学和幼儿园普及建设专业的"班级图书角"，实现每个乡村中心小学至少一个"乡村科技乐园"，并以此作为切入口打造民间力量助学的良好生态体系，通过乡村教育振兴助力乡村振兴。

莆田市教师进修学院黄玉霞老师激情介绍读书角公益项目

交流会现场

最后，由沣盛集团公司刘金山总经理做总结。事实上，为了南溪革命老区的建设，刘总这是第四次踏上南溪这块红土地，深入调研座谈，呕心沥血，和南溪人民结下深深的革命友谊和家乡情怀。

在他的指导下，南溪村的乡村振兴目标有了清晰明确的努力方向，并为此和促进会的领导一起日以继夜，交流思考，探讨创意，对南溪村的建设远景提出了"一品三色"项目的总体规划和设计，并寄予无限的希望，一定要把"革命基点村"发展为"先行示范村"。

2021年11月3日，"一品三色"项目的总体规划和设计汇报会在南溪革命老区隆重举行。仙游县榜头镇党委书记张春志同志以及乡村振兴办、文化旅游办、自然资源办等镇领导同志参加了会议。

"一品三色" 项目报告会

"一品三色" 项目报告会 刘金山总经理做经验交流

刘金山总经理在陈会长陪同下考察南溪村紫溪资源

刘金山总经理在陈会长陪同下考察南溪村塔山资源

刘金山总经理和促进会的同志们座谈交流

刘金山总经理做总结

交流结束之后，在南溪革命老区建设促进会支部书记张明赐同志的带领下展开实地调研。

实地调研一

实地调研二

实地调研三

实地调研四——百米四殿的清朝光绪年间红瓦古厝

在实地调研中，张明赐书记重点介绍"一品三色"项目的愿景规划。

通过相互交流与实地调研，双方都期待着在碳中和共同富裕乡村振兴的道路上能够携手同行，共同铸就辉煌灿烂的明天。

3.4.6 闽深交大人共同富裕乡村振兴在行动

经交大校友企业深圳市乡振邦科技有限公司和交大深圳校友会的邀请，2022年1月8日福州大学教工党员苏世彬拟到深圳南山区西丽湖人才服务中心开展"共同富裕乡村振兴探索：从安溪县岩前村启航到闽清县竹岭村为核心的两个乡村振兴示范带"主题分享交流会。

邀请函

苏世彬同志：

鉴于您自2020年组建校社党建打造提高低收入人群收入共同富裕乡村振兴课题组以来对安溪县参内镇岩前村实施的城乡融合、农村一二三产业融合所取得的一系列成果，以及您2021年9月与中核集团福清核电有限公司省派闽清县东桥镇竹岭村第一书记何阳提出的央校地社党建打造碳中和共同富裕乡村振兴课题组以来开展以竹岭村为核心的两个乡村振兴示范带：一个是竹岭"中心村"党委涵盖的7个行政村和包含关圳村、北洋村、溪芝村、义由村、大溪村组成的东桥镇乡村振兴示范带；另外一个是由安溪县岩前村、闽清县竹岭村、福安市岳秀村等组成的跨市县乡村振兴示范带，以及围绕两个乡村振兴示范带成立了乡村振兴"南泥湾计划"高校"揭榜挂帅"研习项目（联盟）。经交大深圳校友会和深圳市乡振邦科技有限公司研究决定，特邀请您于2022年1月8日莅临深圳南山区西丽湖人才服务中心开展"共同富裕乡村振兴探索：从安溪县岩前村启航到以闽清县竹岭村为核心的两个乡村振兴示范带"主题分享，望予以支持。

交大深圳校友会
深圳市乡振邦科技有限公司
2021.12.30

由于2022年1月7日深圳市出现了新冠疫情，该活动取消，转变为校友间小范围的交流，苏世彬先后和校友钟遥、张传经、刘金山等西安交大校友交流，同时也和大湾区乡村产业发展基金会筹备工作办公室副主任、中关村锐智大学生创业研究院院长徐得力展开线上交流。

西安交大校友刘金山、苏世彬、钟遥

2021年11月21日，西安交大校友、深圳市俊欣达绿色科技有限公司张传经拜访并参观了钟遥校友企业——深圳市乡振邦科技有限公司，两位校友就我国的乡村振兴的事业交换意见，基本围绕如何利用交大资源服务交大校友企业、乡村振兴事业如何开展以及校友间如何互帮互爱等主题展开：交大资源是个很好的资源，各行各业均有十分顶尖的人才队伍；如何利用交大资源，并结合我国的碳中和与乡村振兴大背景的政策支持，是召开乡村振兴论坛的初衷；通过召开论坛，可有效凝聚交大资源，同时也可以为国家的双碳目标与乡村振兴事业贡献微薄之力。另外，许多校友正在从事与农业相关的行业（例如：茶叶种植、特色山鸡养殖、鱼虾养殖、智能化控制等），他们也正在积极为我国现代化农业贡献自己的青春力量；同时，他们在实际的管理与运营中会碰到这样或那样的困难，帮他们解决困难，是成立相应的交大组织的责任所在，当然，这些困难可能包括但不仅限于，技术壁垒、商务销售壁垒、人力资源壁垒等。服务人民、服务企业、办好企业、贡献价值，团结互助、饮水思源，是每个交大的责任与义务，我们应团结起来，共同为乡村振兴贡献力量；最后达到初步定于1月8日召开首届交大乡村振兴论坛的重大事项，届时邀请交大内部资源进行分享。

紧接着，苏世彬又与校友刘金山一起拜访了深圳市灵思博扬文化传播有限公司董事长张明赐先生（南溪革命老区建设促进会书记），并就莆田仙游南溪村的乡村振兴项目交换了意见：大家一致认为，南溪村作为革命的基点村，在乡村振兴的背景下，遇到了难得的发展机会，要以国家双碳政策为切入点，依托《国务院关于新时代支持革命老区振兴发展的意见》，积极引入外部资源，以碳中和提高中等收入人群收入、共同富裕乡村振兴为目标，通过"请进来"和"走出去"的方式，积极学习乡村振兴先进经验，在仙游县委县政府、榜头镇党委和南溪村支部的直接领导下，启动"一品三色"工程，争取把南溪村打造成为莆田市乃至福建省的光伏第一村。

拜访深圳市灵思博扬文化传播有限公司董事长张明赐先生（南溪革命老区建设促进会书记）

　　此外，苏世彬还和大湾区乡村产业发展基金会筹备工作办公室副主任、中关村锐智大学生创业研究院院长、大学生农业创客空间平台发起人、大学生创业基金负责人、重庆市城口工业园专家顾问徐得力展开了线上交流。徐得力院长的主要研究方向为：通过高校技术和市场产业资本的融合，构建大学生创业项目实体孵化平台及产业规划与地方创新性政策构建地方政府融资平台，从理论的探索到实践的实施，有效指导大学生创新与创业投资管理及地方政府融资平台整体规划设计与实操；同时进行对全国高校推荐来的优秀大学生创业项目和优秀创业团队进行实体项目孵化，拟在全国规划创建33个农场，目前已启动13个不同主题与特色的生态农场，目标是积极引导大学生到农村创业，培养培育大学生成为职业化农民教育培训的带头人，成为新农业技术的技术的引领者和新农业技术的管理者。徐得力院长着重介绍了乡村产业发展基金发起的由衷和必要性、紧迫性。他通过认真反思和梳理总结，并老朋友和几个基金发起核心成员就大湾区乡村产业发展基金整体思路与规划设计认真推演，经过推演和讨论，大家一致认为，乡村产业发展基金就是根据国家提出共同富裕这个概念和政策而进行规划设计的，其本质就是夯实脱贫成功成果，脱贫的本质就是以壮大村集体经济，来带动农民共同致富。徐得力院长所提出创建乡村产业发展基金的探索就是以大手牵小手创业模式，以及村企共建模式来壮大村集体经济、在大力发展美丽乡村、特色小镇、现代农业产业园、田园综合体中解决单个项目融资路劲创新和机制创新，进一步解决完善一个乡村产业项目融资问题及融资路径。而乡村产业发展基金运作思路就是积极探索解决乡村产业项目融资难、融资路径不通的问题，在探索过程中创新财政支付方式与政策、创新银行与企业贷款常规机制，创新政府与市场常规引导监管机制，创新农民与企业及政府常规利益分配机制。

在交流中，福州大学教工党员也对"共同富裕乡村振兴：从安溪县岩前村启航到以闽清县竹岭村为中心的两个乡村振兴示范带"进行了简要介绍。

2020年是我国决战脱贫攻坚、决胜全面建成小康社会关键时期，也是新冠疫情爆发期，福州大学教工党员苏世彬响应十九大报告中"举全党全社会之力推动乡村振兴"的伟大号召，以志愿者的身份组建了校社党建提高低收入人群收入共同富裕乡村振兴课题组，并选择安溪县参内镇岩前村实施以城乡融合、农村一二三产业融合为主要手段的党建绿色创新创业产业帮扶（党建乡村振兴实践新闻报道汇总），提高乡村坚守者（贫、病、老、妇）在疫情期间的增收；2021年是"两个一百年"交汇点，也是"十四五"规划的开局之年，更是全面建设社会主义现代化国家新征程和"巩固拓展脱贫攻坚成果同乡村振兴有效衔接"的启动元年，课题组持续发力，在社会实效、新农人培养、学术实效取得了一系列的成果（见乡村振兴成果汇总）。

为总结和检阅 2021 年央校地社党建打造碳中和共同富裕乡村振兴课题组组建以来的各种实践成果，同时为 2022 年课题组在"巩固拓展脱贫攻坚成果同乡村振兴有效衔接"领域深入贯彻落实党的十九届六中全会精神提供指引方向，积极推动以竹岭村为核心的两个乡村振兴示范带（一个是竹岭"中心村"党委涵盖的 7 个行政村和包含关圳村、北洋村、溪芝村、义由村、大溪村组成的东桥镇乡村振兴示范带）；另外一个是由安溪县岩前村、闽清县竹岭村、福安市岳秀村等组成的跨市县乡村振兴示范带，以及围绕两个乡村振兴示范带组建的乡村振兴"南泥湾计划"高校"揭榜挂帅"研习项目（联盟）。目前两个乡村振兴示范带的雏形已经基本形成，研习项目（联盟）相关工作也在有序开展中。

福州大学教工党员苏世彬的乡村振兴分享引发了交流双方的共鸣，大家纷纷表示，要团结起来，一起探索适合我国"巩固拓展脱贫攻坚成果同乡村振兴有效衔接"的新鲜经验，为深入贯彻落实党的十九届六中全会精神以及 2021 年中央经济工作会议精神贡献各自的力量，并且初步达成了2022 年选择合适的时间在闽清县开展乡村振兴学术论坛的意向，以进一步团结和引导更多的交大校友和社会人士关注并参与乡村振兴，体现闽深交大人共同富裕乡村振兴的力量。

第4章　基于闽清县竹岭村乡村振兴的庆祝中国共产党建党100周年主题活动实践育人

4.1 前期准备

4.1.1 赴闽清县东桥镇竹岭村开展"乡村振兴"交流与调研

2021年10月14日，受第六批省派驻闽清县东桥镇竹岭村第一书记何阳（福清核电有限公司派）的邀请，《党建绿色创新创业产业帮扶助力乡村振兴实践初探——以革命老区岩前村启航为例》作者和践行者福州大学教工党员苏世彬到竹岭村展开"乡村振兴"交流与调研，受到了竹岭村两委的热烈欢迎。

一到竹岭村，驻村第一书记何阳就代表闽清县东桥镇竹岭村民委员会向苏世彬博士颁发了聘书，聘请苏世彬博士为竹岭村"乡村振兴"学术指导顾问。

福建省闽清县东桥镇竹岭村民委员会

邀请函.

苏世彬博士：

　　鉴于您提出《党建绿色创新创业产业帮扶助力乡村振兴实践初探-以革命老区岩前村为例》理论1年多来取得各种乡村振兴实践成绩以及相关理论成果，经竹岭村两委研究同意，决定邀您2021年10月14日到竹岭村展开乡村振兴交流与调研。

联系人：福清核电有限公司省派竹岭村第一书记何阳

联系电话：

东桥镇竹岭村民委员会

2021年10月12日

邀请函

驻村第一书记何阳向苏世彬博士颁发聘书

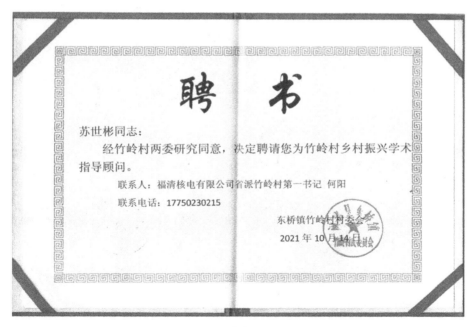

聘书

省派驻村第一书记何阳、福州大学苏世彬博士、竹岭村村主任杨武钟（从右到左）

简短的欢迎仪式之后，紧接着就开始了"乡村振兴"交流与调研。

竹岭村村主任杨武钟介绍村情

首先由村主任杨武钟介绍村情，整理如下：

一、人口与地理环境

竹岭旧地处闽清北部，东毗邻下祝乡的杉村和后峰村，西邻高港村，南连村后村，北界宁德市古田县；距镇政府 16 公里、闽清县城 50 公里，海拔 880 多米，群山环绕、山势陡峻。全村总面积 19139 亩，林地面积 15730 亩，耕地面积 989 亩，其中生态林面积 1005 亩，天然林面积 931 亩。下辖竹下、岭尾、桂厝坪三个自然村，其中桂厝坪曾是闽清杉洋游击驻地中心，即小冀东委游击大队杉洋游击分队。1995 年该村列入市造福工程，搬迁到北洋金刚坂。目前全村总人口 583 人，共有 138 户，全村党员 29 人，村两委 6 人，村民代表 27 人，2021 年村集体经济收入约 10 万元左右。

二、建置沿革

竹岭村古称竹下、岭尾、桂厝坪，系闽清县二十都奉政乡安仁里荐卷境管辖，新中国成立后改称"竹岭村"。原竹岭村地处偏僻山村，交通闭塞，祖辈在此辛勤耕耘，过着日出而作、日落而息的艰苦生活，所产农副产品及一切生活用品、农耕用具只能靠人工从三十里东桥经返扁挑，光国家征购粮一项，每个劳动力每年就要花 20 天以上的时间，化肥及生活用品挑回每个劳动力要花 30 天以上的时间。受自然条件制约，该村的经济生活等都十分落后。为了改变这种状况，1979 年村两委下决心，采用出助民办方针，在原小路基础上耗费三年时间，开通了简易手扶拖拉机路，全长 16 公里，全村可用手扶拖拉机运输，减轻了劳动力负担。

为改变历史照明用竹篾、煤油、蜡烛，吃的大米用"土笼"、"石臼"礁来的落后状况，20 世纪 60 年代末期，村民曾集资用毛竹管、小型马达建小型电站 2 个（竹下、岭尾各 1 个），但根本解决不了问题。竹管经常破裂，小马达时常出故障，三天两头发不了电。直到 20 世纪 80 年代初，村两委决定花大力气向国家银行贷款，从东桥架设高压线电到村，这才最终解决了问题。

本着国家"少年强则国强"教育的方针，兴建竹岭小学也提上了日程，自 1969 年初动土开工，年末竣工落成，占地面积 350 平方米，建筑面积 200 平方米，学校共两层，为土木结构。直至"造福工程"全村搬迁，学校并入北洋小学后拆除。

三、革命老区闽清杉洋游击队情况

闽清杉洋游击驻地旧址位于竹岭村桂厝坪自然村。1948年底，城工部闽古林罗连五县中心县委领导下的中共小北工委（在今闽侯县）领导人张元筹、郑其土，派余天回下洋（今东桥镇）桂厝坪一带建立游击队，即小冀东委游击大队杉洋游击分队，队员有30多名，以桂厝坪为中心，在下祝、杉村、下洋一带开展游击活动。目前，桂厝村民依旧把游击队驻地旧址完好地保留着。

四、习总书记当时的调研情况及其贯彻落实

竹岭旧村地处高山，交通不便，消息闭塞，村民与外界基本脱轨，因属于市级贫困村，于1995年列入市级造福工程整村搬迁至北洋金刚坂，现紧挨坪溪村、北洋村以及新桥新村。

竹岭新村属于整村搬迁村，时任福建省委副书记、福建省高炮预备役师第一政委习总书记于1996年2月莅临竹岭村调研造福工程时对于整村搬迁给予了村民充分肯定，他说："修一条路，拉一个电，修一个水，这钱也要几百万元，年年扶贫，不脱贫，年年投资不见效益。你们这搬下来的政策是对的，从去年来你们做了大量的工作，应该说发扬了这种社会主义协作精神吧。可以看出省市县各级都很重视，群众的精神状态看来也是很好的，大家有奔头了，看到希望了。下一步，大家要善始善终，完成任务，最终就是建设小康村，小康就是目标，现在搞到这个程度，已经叫作粗具规模，但是距离完成任务还有一段路要走，所以我想把这个工作继续做成扶贫攻坚战。这个任务主要靠当地的村支部、村委会，当地的乡党委、政府"。从1995年搬迁至今，竹岭村村民始终牢记习总书记当时的讲话精神，以饱满的精神状态，发扬社会主义协作精神，善始善终。在当地政府的关心支持下，渐渐的，村民从温饱成问题到现在解决温饱，从家家户户筹借资金建房到现在靠自身努力建起了三层及以上的房子，在上级领导的大力支持与村民的集资集力下，发挥团结协作精神，完成了全长13公里的新桥至竹岭段水泥公路的铺设。近年来，村民经济水平不断提高，房屋立面整齐美丽，乡间土路实现硬化，道路环境干净整洁，村民素质得到提升，现在的竹岭村乡风文明，家风良好，民风淳朴。

对于竹岭村今后的发展，习总书记当时也做了讲话，为村民指明了方

向。他说："生产门路的问题要解决，山上还是基地不能丢，搬下去住了，脚板不能软了，还得上山干活，上山干活不能只种粮食，还得发展林果竹。再就是由于搬下来，要搞第三产业、第二产业，增加收入。发展生产之外还要搞基扶，五保户、困难户大家还得互相帮一帮。"竹岭旧村就是习总书记口中的青山绿水。

近年来，竹岭村牢记习总书记的讲话精神，贯彻落实"绿水青山就是金山银山"的发展理念。搬迁后，村民不定期的回到旧村干活，修缮祖屋，除草开路，种植稻谷、果树，管理竹林等；到了植树造林时期，村民就自发的购买苗木回到旧村去植树，村民都说闲不住更不能软了脚板。为了壮大村经济，增加村财收入方面，竹岭村充分利用自然资源发展小型电站，双溪口电站、拱桥坑电站每年收入分别达 1 万元、0.8 万元，国有白云山林场生态林收入 1.35 万元，所谓绿色"不动色"，体现了"绿水青山就是金山银山"的理念；村两委积极向上级政府取得政策支持，先后获得生态益林、天然林保护等方面的资金补助 2.6 万元；发动乡贤带动村经济发展。一直以来竹岭村民之间友好往来，对弱势群体怀有关爱之心，平日闲暇之时都主动嘘寒问暖，详细了解困难户的生活、身体状况及需要解决的问题，做好脱贫帮扶工作。2017 年 12 月份，建档立卡贫困户全部脱贫。

五、人文历史

竹岭村历史悠久，始祖万四公，祖籍浙江处州府（今丽水地区），于明弘治已未年（1499）入闽先居古邑华峰，后裔太茂出竹下繁衍至今 530 年，下辖竹下、岭尾（岭尾举九世分迁嘉庆年间）、桂厝坪三个自然村。竹下、岭尾同族姓杨，桂厝坪陈姓和余姓，陈姓从闽侯洋里迁入，余姓由古田鹤塘迁来。

六、宗教信仰

竹岭村大都信仰道教。每年正月十五都有请香、游香、闹元宵等民间信仰活动，祈求神明保佑信士弟子四季平安，五谷丰登，风调雨顺，国泰民安。竹岭村的主要寺庙有：山后将军庙、六出殿、白马王殿、仙娘殿、季法昌法师殿。

七、民俗风情

敬神祭祖节日、嫁婚风俗、出嫁、丧葬风俗、起厝、赠工、选梁杉、酒宴座位、编竹具、食品加工。

八、当前面临的问题

竹岭村始终树牢"四个意识",坚定"四个自信",坚决做到"两个维护",坚决贯彻党中央的决策部署。在取得的发展的同时也存在一些短板:一是基础设施不够完善。竹岭自然村段到桂厝坪段约1.5公里未铺设水泥路,始终不能实现交通上的便利,阻碍了自然村桂厝坪村民返乡创业。二是林木产业发展受限。竹岭旧村产业主要是杉木、松树与毛竹,部分村民种有红豆杉与槿花树,但近年来受生态保护影响,毛竹市场充分竞争,未能形成真正的产业。三是菌类产销遭遇瓶颈。搬迁到新村后,部分村民以生产香菇、黑木耳作为谋生手段,但困于生产条件的苛刻及销售渠道的不畅通,赚少亏多。目前除一小部分村民外出创业外,大部分村民以打零工来贴补家用。

九、今后发展的方向

竹岭村对绿水青山一直满怀梦想与追求。随着"两高"的开通、东桥镇旅游产业的发展,以及六批省派驻闽清县东桥镇竹岭村第一书记何阳的到来,村民们返乡创业的念头愈发强烈。旧村具有深厚的旅游资源禀赋,那里山灵水秀、空气清新,有天然的温泉、奇峻的崖壁、茂密的森林,具备建设集攀岩运动、观光旅游、修身养性等多种特色于一体的风水宝地的资质。同时,有红色题材习近平总书记的调研慰问和杉洋游击队旧址。如何整合独有题材和天然禀赋资源发展是新一届村两委考虑的首要问题。

紧接着,省派驻村第一书记何阳也就挂职3个月以来的调研结果和未来规划做了介绍。

省派驻村第一书记何阳现场介绍一

省派驻村第一书记何阳现场介绍二

省派驻村第一书记何阳现场介绍三

一、驻村回顾

三个月来，我多次带领村委、党员及村民代表学习1996年2月时任福建省委副书记、福州市委书记习近平同志莅临竹岭村调研首批造福搬迁工程，春节慰问竹岭村民的讲话，领悟到三点重要指示：第一，"最终就是建设小康村，小康就是目标"；第二，"基地不能丢，发展林果竹"；第三，"要搞第三产业、第二产业，增加收入"。驻村期间，得到了各级政府的亲切关怀。7月21日，孙利书记莅临竹岭调研时亲切地说："工作中遇到困难，到县里来找我。"三个月来所作工作如下：

（1）了解村情村貌，送温暖。两个月以来，先后走访村民63户；期间前往五保户、困难户家中慰问，送去组织上的关心和温暖，共计送去慰问金2000元。

（2）规划先行，画好蓝图。先后9次组织村两委和文旅公司、设计单位、施工单位等前往旧村深山峡谷溯溪探路、探讨完善竹岭概念规划，为后续项目建议书的编制及文旅规划设计招标摸清家底，打好基础。

（3）提升发展质量，培育发展动能。山泉水送检，策划包装饮用水深加工。

（4）协调省农科院开展红菇生态种植技术研究，拟在旧村开展倍增试验，以期形成产业发展……

二、未来规划

（1）东桥竹岭特有什么？①习总书记的关怀；②游击队根据地驻地；③覆盖率为82%的茂林修竹；④有超过7000个/cm³以上的负氧离子；⑤众多峡谷溪流高山飞瀑；⑥接近矿泉水的优质山泉水……

（2）东桥竹岭能干什么？如何把特色做大做优做强，助推闽清"南商北旅"发展，和东桥"六天下"联合推进，联动开发，我们做三件事：①红色党性党史爱国主义教育＋体验（走游击队之路，再走长征之路，重走搬迁之路）；②绿色茂林修竹峡谷飞瀑赏花＋休闲（茂林修竹之旅；穿峡观瀑之旅，赏花采蜜之旅）；③橙色越野徒步溯溪登山运动＋健身（越野慢跑健步；穿涧溯溪健步；登山远眺健步）。下面一一展开描述：

①红色的竹岭。桂厝坪曾是闽清小冀东委游击大队杉洋游击分队驻地中心。在这里，游击队从无到有、从小到大、由弱变强，经历了一次次

血与火的战斗历程，谱写了一曲曲可歌可泣的革命故事。第一，建设"造福搬迁展示馆"，其中第三层为习近平总书记视察竹岭"造福工程"再现，第四层为东桥镇9个整村搬迁工程成果展示。修复桂厝坪杉洋游击驻地旧址，挖掘红军题材，复原游击队生活、行军、战斗体验场所，讲好党史党性故事。第二，建设福州党史教育基地、福州党性教育实验基地、福州爱国主义教育基地。第三，打造游击队生活体验基地：生活体验（挖竹笋、寻野菜、开荒种菜、酿酒抓鸡、土灶做饭）、露营体验（宿高山营地、观灿烂星空、看日出云海）、行军体验（穿越芦苇荡、毛竹林，溯溪峡谷、翻山越岭，天然氧吧深呼吸）、游击战体验（CS对战、全景VR对战）；第四，开展党性党史爱国主义教育。军装体验、参观游击队驻地旧址、听革命故事等一系列活动，让红色发紫。

②绿色竹岭。第一，东桥镇竹岭村森林覆盖率82.2%，有超过7000个/cm³以上的负氧离子……这里是代表"清新福建"的天然氧吧，这里是可以带来金山银山的绿水青山；第二，村域内有四条较大的溪流、众多峡谷瀑布，以及成片媲美蜀南竹海的茂密竹林。两委曾5次深入深山峡谷飞瀑考察探索挖掘文旅题材；第三，按照食品安全国家标准《包装饮用水》GB19298—2014化验原水20项指标，仅观感、浑浊度、大肠菌群超标；按照食品安全国家标准《饮用天然矿泉水》GB8537—2018加测17项指标，其中除三项界限指标偏硅酸、游离二氧化碳、溶解性总固体仅出实测结果外，其他14项指标均符合标准要求，这里可以实现化优质山泉饮用水的产业化。可陆续开发生态种植（挖竹笋寻野菜，耕种体验，磨豆浆体验）、小规模生态养殖（认养直供黑毛猪，放养竹岭鸡，摸泥鳅捡溪螺）、农家休闲项目（铁锅土灶，观瀑赏花，篝火晚会，山泉品茶，烧烤露营，芦苇别墅，星空帐篷），让绿色更绿。

③橙色竹岭。每年4月，众多体育赛事在村域范围内展开。"中国闽清杜鹃花海山地户外节"有山地越野马拉松、自行车爬坡赛、徒步露营赛……此外，溯溪瀑降，滑索飞跃，步步惊心，峡谷漂流，急救培训，登山赏花，后续通过对峡谷溪流的进一步开发，让橙色高光。

省派驻村第一书记何阳、竹岭村村主任杨武钟、福州大学苏世彬博士（从右到左）

接着，福州大学苏世彬博士介绍了《党建绿色创新创业产业帮扶助力乡村振兴实践初探——以革命老区岩前村启航为例》的一些基本概况：

第一，围绕《党建绿色创新创业产业帮扶助力乡村振兴实践初探——以革命老区岩前村启航为例》专著开展的活动及成效。

2020年疫情期间，苏世彬提出党建绿色创新创业产业帮扶助力乡村振兴，并选择革命老区岩前村进行帮扶，经过1年多的帮扶，以举办城乡融合活动，推动岩前村一二三产业融合为手段，实现以提高乡村坚守者收入为标准的共同富裕，协助岩前村获得政府补助250万，推动岩前村乡村振兴顺利起航，他本人也获评"福建省脱贫攻击嘉奖"，其撰写的《党建绿色创新创业产业帮扶助力乡村振兴实践初探——以革命老区岩前村启航为例》获得福州大学庆祝中国共产党建党100周年理论论文三等奖以及后期资助，获得人民日报、新浪网、今日头条等10多家媒体报道，并与厦门大学出版社签订了《党建绿色创新创业产业帮扶助力乡村振兴实践初探——以革命为例》出版合同，已于2021年年底正式出版。

第二，围绕《庆祝中国共产党建党100周年主题活动实践育人：基于岩前村乡村振兴创新创业教育新文科探索》专著开展的活动及成效。

2021 年 3 月，为了探索依托非农院校大规模培养乡村振兴所急需的创新创业人才，苏世彬提出了乡村振兴"南泥湾计划"高校"揭榜挂帅"研习项目，经过 7 月的努力，完成学生 SRTP 项目 3 个，省级创新创业训练 1 项，注册公司 1 家，并获得福州大学暑期社会实践三下乡活动省级重点团队，先后获得了福建日报、人民网、中国新闻网、学习强国、新浪网、今日头条等诸多媒体的报道，并成功举办了"七一重要讲话精神"为灵魂三场庆祝中国共产党建党 100 周年主题活动，《庆祝中国共产党建党 100 周年主题活动实践育人：基于岩前村乡村振兴创新创业教育新文科探索》获批福州大学 2021 年党建项目名单，在年底以前，还准备联合多家单位举办乡村振兴学术论坛的另外三场庆祝中国共产党建党 100 周年主题活动，并最终形成《庆祝中国共产党建党 100 周年主题活动实践育人：基于岩前村乡村振兴创新创业教育新文科探索》专著，拟于 2022 年在厦门大学出版社出版。

经过现场调研交流，大家都觉得非常有收获与启发，大家一致认为，《党建绿色创新创业产业帮扶助力乡村振兴实践初探——以革命老区岩前村启航为例》是以校社（高校、社会）党建联合打造提高低收入人群的共同富裕乡村振兴的代表性样本，这就为竹岭村乡村振兴提供了新的视角和方向，结合竹岭村现有的资源以及福清核电有限公司省派竹岭村第一书记的优势，应该多方联合起来，发挥各自的优势，积极探索央校地社（央企、高校、地方政府、社会力量）党建的碳中和共同富裕乡村振兴样本，真正做到"全党全社会关注乡村振兴"，并且真正践行"绿水青山就是金山银山"的碳中和（低碳）共同富裕乡村振兴，为我国"巩固拓展脱贫攻坚成果同乡村振兴有效衔接"不断探索、积累新鲜经验。

4.1.2 赴中核集团福清核电有限公司调研

2021 年 10 月 18 日，校社党建联合打造共同富裕乡村振兴样本提出者与践行者福州大学教工党员苏世彬与第六批省派驻闽清县东桥镇竹岭村第一书记何阳（中核集团福清核电有限公司派）凝练的"央校地社党建打造竹岭村碳中和共同富裕乡村振兴"课题组受邀到中核集团福清核电有限公司展开调研，受到中核集团福清核电有限公司党委委员、工会主席张静波及工会办公室的热情接待。

调研开始，竹岭村第一书记何阳及该村聘请的乡村振兴学术指导顾问福州大学苏世彬汇报驻村工作情况及关于乡村振兴及幸福福核建设的课题设想。

竹岭村第一书记何阳汇报驻村工作情况

竹岭村第一书记何阳首先进行了驻村回顾，并根据以上工作，对东桥竹岭村进行了初步规划：（1）东桥竹岭特有什么？①习近平同志1996年的关怀；②游击队根据地驻地；③覆盖率为82%的茂林修竹；④超过7000个/cm³以上的负氧离子；⑤众多峡谷溪流高山飞瀑；⑥接近矿泉水的优质山泉水……（2）东桥竹岭能干什么？如何把特色做大做优做强，助推闽清"南商北旅"发展，和东桥"六天下"联合推进，联动开发，我们做三件事：①红色党性党史爱国主义教育+体验（走游击队之路，再走长征之路，重走搬迁之路）；②绿色茂林修竹峡谷飞瀑赏花+休闲（茂林修竹之旅；穿峡观瀑之旅，赏花采蜜之旅）；③橙色越野徒步溯溪登山运动+健身（越野慢跑健步；穿涧溯溪健步；登山远眺健步）。2021年9月份和校社党建联合打造共同富裕乡村振兴样本提出者与践行者福州大学教工党员苏世彬认识后又对东桥镇竹岭村的规划做更加深入的思考，最终形成"央校地社党建打造竹岭村碳中和共同富裕乡村振兴，助力幸福福核建设"课题思路最终成果。

苏世彬向张静波主席介绍生态食材大礼包

福州大学教工党员苏世彬介绍了《党建绿色创新创业产业帮扶助力乡村振兴实践初探——以革命老区岩前村启航为例》的基本情况，重点介绍了该模式下的核心产品——闽南家庭原生态食材个性化大礼包，通过该大礼包上所标注的四大旅游景点达到吸引人气的目的，通过售卖原生态猪肉、黄牛肉、各种腌制品、时令蔬菜、土鸡土鸭等原生态食材达到留住财气的作用，同时为乡村坚守者（贫、病、老、妇）增加了收入，积极探索通过提高低收入人群收入达到共同富裕的乡村振兴样本。

福州大学教工党员苏世彬汇报课题思路

随后，福州大学教工党员苏世彬汇报了"央校地社党建打造竹岭村碳中和共同富裕乡村振兴，助力幸福福核建设"课题思路。2021年是中国共产党建党100周年，也是"巩固拓展脱贫攻坚成果同乡村振兴有效衔接"的启动元年，"巩固拓展脱贫攻坚成果同乡村振兴有效衔接"必须依靠全党全社会的力量，遵循"绿水青山就是金山银山"的可持续发展理念。中核集团福清核电有限公司是一个富有社会责任的央企，今年围绕企业的发展提出了"2035年再造一个新福核"的远景目标，并且提出了很多详细的实现指标；并提出了幸福福核建设，从企业发展和提升员工幸福感两个方面提出了新要求，作为中核集团福清核电社会责任的一个重要组成部分，响应省委组织部的工作部署派出第六批省派闽清县东桥镇竹岭村第一书记。通过央校地社党建联建实现城乡融合、农村一二三产业融合为手段，用东桥镇竹岭村独特题材及得天独厚的山水资源优势打造乡村振兴与幸福福核建设的双赢格局。

初步确定如下乡村振兴项目：（1）竹岭村乡村振兴战略发展规划编制；（2）竹岭村山泉水深加工；（3）建立乡贤（乡绅）理事会；（4）竹岭村竹桶酒实验试产；（5）竹岭村林下经济发展（生态养殖、生态种植）；（6）以竹岭村为驱动的东林镇乡村振兴示范带等。

拟开展如下活动：（1）央校地社党建举办庆祝中国共产党建党100周年主题活动——组织专家学者到竹岭村调研研讨；（2）条件成熟，依托央校地社党员成立竹岭乡村振兴带临时党支部，以此来指导和对接外部资源，助力竹岭竹岭村乡村振兴带的形成；（3）以竹岭村乡村振兴为核心，从明年开始选派1～2名福清核电志愿者作为省级科技特派员参与竹岭村乡村振兴工作，形成福清核电党建和工会工作的特色；（4）与福州大学、闽清县委联合召开若干场庆祝中国共产党建党100周年主题活动关注乡村振兴（首届竹岭村乡村振兴论坛；央校地社党建联合打造碳中和共同富裕乡村振兴课题组村外调研，目前规划宁德占西坑村竹筒酒调研、宁德西埔村3A级景区和生态村申报调研、三明顺昌碳交易与森林生态银行调研），扩大竹岭乡村振兴在福州的影响；（5）2022年福州大学赴东桥镇竹岭村大学生暑期社会实践；（6）人民日报、福建日报、中国新闻网、人民网、新华网、新浪网、今日头条等各类媒体报道；（7）争创红色文旅4A级景区，全国生态村，乡村振兴示范村，特色小镇，全国农村综合性改革试点试验区；（8）以竹岭村乡村振兴为主题，积极申请省委组织部、省委党校、福清核电、福州大学以及闽清县党建项目，为更好地开展竹岭乡村振兴提供理论依托，也为各级组织及各单位的党建项目提供体验式党建活动平台及创新党性党史爱国主义教育场所；（9）撰写并发表各类与竹岭乡村振兴相关的论文，最后出版同主题实践专著。

拟实现的目标：（1）中核集团履行社会责任典范村；（2）中国核电发展新探索；（3）福清核电幸福福核基地。

对中核集团福清核电而言，通过本项目的策划与实施，可打造一个"利我＋利你＋利他"的具有可持续造血功能、融合社会力量的碳中和共同富裕乡村振兴样本；为2035年再造一个新福核探索省内新能源项目，包括碳排放交易、光伏、寻找省内新能源投资等，并为中核集团福清核电员工身心健康提供更加坚强的后勤保障，最终从企业发展与员工福利两个方面为中核集团福清核电幸福福核建设深入开展注入新鲜血液，并形成福清核电央企社会责任具体体现的标杆工程，带领地方百姓共同富裕的样板工程，也为福建省共同富裕提供有力支撑。

调研结束时，中核集团福清核电有限公司党委委员、工会主席张静波要求驻村第一书记努力工作，利用好公司资源，协调公司相关处室，为乡村振兴谋划好项目，培育发展新动能，促进企业发展和社会、环境的统一协调发展。同时他还要求课题组，要利用好党建绿色创新创业产业帮扶助力乡村振兴实践案例，为2035年再造一个新福核及幸福福核建设添砖加瓦。

苏世彬与中核集团福清核电有限公司科技创新处处长顾蔚泉探讨

与中核集团福清核电有限公司科技创新处副处长丁勤洁探讨

调研与交流结束之后，课题组又先后拜访了中核集团福清核电有限公司党建工作处、科技创新处、经营计划处、中核福能电能服务有限公司等处室。顾蔚泉处长还从公司科技创新的优势如何参与本项目提出了很多建设性的意见，丁勤洁副处长则从共同富裕中的三次分配角度提出了自己参与本项目的一些具体设想。本次"央校地社党建打造竹岭村碳中和共同富裕乡村振兴，助力幸福福核建设"在中核集团福清核电有限公司调研取得圆满成功。

4.2 "央校地社党建打造竹岭村碳中和共同富裕乡村振兴，助力幸福福核建设"课题竹岭村现场调研会

4.2.1 策划方案

"央校地社党建打造竹岭村碳中和共同富裕乡村振兴，
助力幸福福核建设"课题竹岭村现场调研会

——庆祝中国共产党建党 100 周年主题活动

（策划人：苏世彬、何阳）

背景：

奋斗百年路，启航新征程。2021 年是中国共产党建党 100 周年，也是

"巩固拓展脱贫攻坚成果同乡村振兴有效衔接"的启动元年，"巩固拓展脱贫攻坚成果同乡村振兴有效衔接"必须依靠全党全社会的力量，遵循"绿水青山就是金山银山"的可持续发展理念。中央财经委员会第九次会议提出实现碳达峰、碳中和的基本思路和主要举措，中央财经委员会第十次会议研究扎实促进共同富裕问题，2021年10月16日中共中央总书记、国家主席、中央军委主席习近平在的第20期《求是》杂志发表的重要文章《扎实推动共同富裕》，这就意味着探索碳中和共同富裕的乡村振兴模式迫在眉睫。

中核集团福清核电有限公司是一个富有社会责任的央企，今年围绕企业的发展提出了"2035年再造一个新福核"的远景目标，并且提出很多详细的实现路径；同时提出"幸福福核"建设，从企业发展和提升员工幸福感两个方面提出了新要求。作为中核集团福清核电社会责任的一个重要组成部分，响应省委组织部的工作部署派出第六批省派闽清县东桥镇竹岭村第一书记，东桥镇竹岭村有着的独特题材及得天独厚的山水资源优势，如何把竹岭村优势与"2035年再造一个新福核"战略目标以及"幸福福核"有效融合，既是中核集团福清核电社会责任的具体体现，也是中核集团福清核电发展战略以及"幸福福核"建设的重要工作内容之一。为此，在多次研讨的基础上，结合中核集团福清核电、竹岭村以及校社党建共同富裕乡村振兴样本前期基础等实际情况，我们提出"央校地社党建打造竹岭村碳中和共同富裕乡村振兴，助力幸福福核建设"工作设想。本次调研会就是在这样的背景下产生的，探讨如何有效实施该工作设想，这既是"央校地社党建打造竹岭村碳中和共同富裕乡村振兴，助力幸福福核建设"工作设想的第一场实地调研活动，也是一场庆祝中国共产党建党100周年的主题活动。

活动内容：

一、情况简介（村部）

1. 嘉宾简介（苏世彬、何阳）

2. 领导致欢迎辞（福州大学经济与管理学院党委书记　李玲）

3. 竹岭村情况简介（东桥镇竹岭村村主任　杨武钟）

4. 竹岭村乡村振兴基本设想（东桥镇竹岭村第一书记　何阳）

5. 东桥镇乡村振兴简介（东桥镇党委书记）

6. 领导讲话（中核集团福清核电有限公司党委委员、工会主席张静波）

二、工作午餐

三、竹岭村现场调研（约3～4个小时）

四、返回村部（讨论）

五、领导总结

六、工作晚餐（调研会结束）

参会嘉宾：

中核集团福清核电有限公司：

1. 张静波：福清核电有限公司党委委员、工会主席

2. 李海凤：福清核电有限公司工会副主席、工会办公室党支部书记

3. 成利：福清核电有限公司党建工作处处长、支部书记（待定）

4. 顾蔚泉：福清核电有限公司设计管理处／科技创新处处长、支部书记

5. 郭云生：中核（福建）电能服务有限公司副总经理

苏世彬邀请：

1. 李玲：福州大学经济与管理学院党委书记

2. 刘金山：信阳市十里岗林产品开发有限公司（第四批国家林业重点龙头企业）总经理、河南五曲峡文旅发展有限公司董事总经理、福建华方智慧科技有限公司监事

3. 郑寿平：福州市原科技局原副局长

4. 黄玉林：海西创业大学副校长

5. 陈荔：福建江夏学院创业学院

6. 范良杰：群英众创空间负责人（省级众创空间）

7. 舒良荣：福州职业技术学院三创学院副院长（省级科技特派员）

8. 池新宝：福建享业有限公司董事长（强大的省供销系统合作关系）

9. 林灯塔：中南大学福建校友会会长、福建广业会计师事务所主任会计师

10. 苏水良：财富海西社长

11. 邓贵南：福建鼓岭农业生态有限公司董事长

12. 郑百龙：福建省农业科学院农业经济与科技信息研究所教授级高

级农艺师

13.傅代豪：福建省农业科学院农业经济与科技信息研究所办公室副主任

闽清县、东桥镇参会人员：

1.闽清县：农业农村局局长陈敏健（待定）

2.闽清县：乡村振兴办公室主任郑祥磊

3.闽清县：东桥镇党委书记黄祥灿

4.闽清县：东桥镇竹岭村村主任杨武钟、各位乡绅乡贤代表

4.2.2 新闻通稿

奋斗百年路，启航新征程。2021 年是中国共产党建党 100 周年，也是"巩固拓展脱贫攻坚成果同乡村振兴有效衔接"的启动元年，"巩固拓展脱贫攻坚成果同乡村振兴有效衔接"必须依靠全党全社会的力量，遵循"绿水青山就是金山银山"的可持续发展理念。中央财经委员会第九次会议提出实现碳达峰、碳中和的基本思路和主要举措，中央财经委员会第十次会议研究扎实促进共同富裕问题，2021 年 10 月 16 日中共中央总书记、国家主席、中央军委主席习近平在的第 20 期《求是》杂志发表的重要文章《扎实推动共同富裕》，这就意味着探索碳中和共同富裕的乡村振兴模式迫在眉睫。

2021 年 11 月 2 日，由中核集团福清核电有限公司工会主办，闽清县东桥镇竹岭村承办，乡村振兴"南泥湾计划"高校"揭榜挂帅"研习队协办的庆祝中国共产党建党 100 周年主题活动"央校地社党建打造竹岭村碳中和共同富裕乡村振兴，助力幸福福核建设"课题竹岭村现场调研会顺利举办。

会议开始，竹岭村乡村振兴学术指导顾问、福州大学教工党员苏世彬简要介绍了本次调研会的由来。2020 年，在福州大学经济与管理学院党委的坚强支持下，福州大学教工党员苏世彬组建了校社党建提高低收入人群收入乡村振兴课题组，提出党建绿色创新创业产业帮扶助力乡村振兴理论模式，并以党员志愿者的身份选择安溪县岩前村进行了帮扶。经过 1 年多的实践，取得了一系列的社会实践、学术实效，并在依托非农院校培养高质量的乡村振兴创新创业人才方面取得了一定成绩（详见附件）。2021 年 9 月底，在中核集团福清核电有限公司设计管理处/科技创新处处长、

会议现场

参会主要领导（中：张静波主席；右：李玲书记；左：陈焰淦副部长）

苏世彬与何阳联合主持

支部书记顾蔚泉的推荐下，苏世彬与该公司省派竹岭村第一书记何阳认识，共同交流学习了习近平总书记打赢扶贫攻坚战，建设小康社会，通过乡村振兴，最终实现共同富裕治国理政思想，同时被聘请为竹岭村"乡村振兴"学术指导顾问。竹岭村是1996年习近平同志在福建工作期间调研慰问过的地方，并且留下了三个大方面的嘱托：碳中和是"绿水青山就是金山银山"与中央财经委员会第九次会议精神；共同富裕是中央财经委员会第十次会议以及《扎实推动共同富裕》核心内容；乡村振兴是习近平总书记在十九大报告提出来的国家战略。因此，整个主题"央校地社党建打造竹岭村碳中和共同富裕乡村振兴"既是习近平总书记的系列嘱托，是全体党员的历史任务，也是全体中国人民的伟大使命。为了有效完成这个嘱托，必须在省委省政府的正确领导下，集全党全社会（央企、高校、地方政府、社会各界）的力量，在碳中和、乡村振兴、共同富裕的道路上广集智慧、形成合力，通过不断探索、积累新鲜经验，取得实效。

紧接着，福州大学经济与管理学院党委书记李玲致辞。长期以来，福州大学经济与管理学院党委都把服务社会作为工作重点之一，取得了一系列成果，最近几年更是响应党的号召，成立了福州大学闽侯乡村振兴工作站、福州大学闽清乡村振兴工作站，尤其是学院党员苏世彬，更是以志愿者身份选择了安溪县岩前村打造了校社党建提高低收入人群收入共同富裕乡村振兴模式，并取得了一系列的成果。本次校社党建提高低收入人群收入共同富裕乡村振兴模式与中核集团福清核电有限公司、闽清县东桥镇竹岭村以及关注乡村振兴的社会人士联手打造"央校地社党建打造竹岭村碳中和共同富裕乡村振兴"意义重大，旨在为"巩固拓展脱贫攻坚成果同乡村振兴有效衔接"探索、积累新鲜经验。

之后，大家集体学习了习近平同志在1996年福建工作期间到竹岭村现场调研的讲话精神。闽清县东桥镇竹岭村支部书记、村主任杨武钟也向与会的领导嘉宾简要介绍了竹岭村的基本村情，希望各位领导、专家学者能够在调研之后结合竹岭村的现状提出切实可行的产业振兴的思路。

省派闽清县东桥镇竹岭村第一书记何阳则向参与调研会的领导嘉宾汇报了了其任职三个月以来的工作情况及工作设想和思考。初步确定如下乡村振兴项目：（1）竹岭村乡村振兴战略发展规划编制；（2）竹岭村山泉水深加工；（3）协调完成竹林旧村网络基站建设；（4）竹岭村红菇倍产试验田；（5）复原习近平总书记竹岭村调研、慰问场景；（6）修复桂厝坪游击队旧址（一期）；（7）完成竹下山后—桂厝坪游击队旧址段石板路建设；（8）建设映山红花海之路；（9）开展竹林村集体商标注册；（10）建立乡贤（外出成功人士）理事会、乡绅（村里德高望重）理事会。

策划实施项目：（1）竹岭村竹桶酒实验试产；（2）竹岭村碳排放交易；（3）竹岭村林下经济发展（生态养殖、生态种植）；（4）竹岭村"红里程"（红绿橙）红色文旅；（5）村民商标、家庭农场、合作社的孵化；（6）竹岭村森林银行；（7）竹岭村或东桥镇的星创天地；（8）以竹岭村为驱动的东林镇乡村振兴示范带；（9）东桥镇国储林；（10）中核集团福清核电有限公司全体党员、职工的诗和远方。

拟开展如下活动：（1）央校地社党建举办庆祝中国共产党建党100周年主题活动——组织专家学者到竹岭村调研研讨；召开若干场庆祝中国共产党建党100周年主题活动关注乡村振兴（首届竹岭村乡村振兴论坛；（2）待条件成熟，依托央校地社党员成立竹岭乡村振兴带临时党支部，以此来指导和对接外部资源，助力竹岭竹岭村乡村振兴带的形成；（3）以竹岭村乡村振兴为核心，从明年开始选派1～2名福清核电志愿者作为省级科技特派员参与竹岭村乡村振兴工作；（4）央校地社党建联合打造碳中和共同富裕乡村振兴课题组村外调研，目前规划宁德占西坑村竹筒酒调研、宁德西埔村3A级景区和生态村申报调研、三明顺昌碳交易与森林生态银行调研），扩大竹岭乡村振兴在福州的影响；（5）2022年福州大学赴东桥镇竹岭村大学生暑期社会实践；（6）争创红色文旅4A级景区，全国生态村，乡村振兴示范村，特色小镇，全国农村综合性改革试点试验区；（7）以竹岭村乡村振兴为主题，积极申请省委组织部、省委党校、中核集团福清核电、福州大学以及闽清县党建项目，为更好地开展竹岭乡村振兴提供理论依托，也为各级组织及各单位的党建项目提供体验式党建活动平台及创新党性党史爱国主义教育场所；（8）撰写并发表各种与竹岭乡村振兴相关的论文，最后出版相关主题专著。

调研会集体合影

　　紧接着，闽清县东桥镇党委副书记毛忠勇也简要介绍了东桥镇的乡村振兴概况；闽清县委组织部副部长、两新工委书记陈焰淦也向与会领导与嘉宾介绍了闽清县乡村振兴的一些最新进展。最后，中核集团福清核电有限公司党委委员、工会主席张静波对上午的会议做了总结性发言。中核集团福清核电除了在实现双碳战略上为国家提供强劲的清洁能源供应和环境保护外，也会在实现乡村振兴和共同富裕的国策上展现央企的责任与担当。

　　之后，在省派闽清县东桥镇竹岭村第一书记何阳带领下，与会领导与嘉宾驱车来到竹岭旧村，现场考察了竹岭旧村近 2 万亩山林地。

调研组现场考察

现场调研结束，与会领导与嘉宾又返回村部，对竹岭村的乡村振兴规划展开激烈探讨，提出了碳排放交易、竹筒酒、山泉水加工、光伏、小水电改造、科技特派员团队、竹制品工艺品、星创天地、米酒改造、国储林、党性党史爱国教育基地建设等诸多具有一定操作性的乡村振兴建议，尤其是中核集团福清核电各参会部门，都表示要全力支持竹岭村的乡村振兴工作，调研会取得圆满成功。

讨论交流现场一　　　　　　　　讨论交流现场二

4.2.3 学生感受

红色文旅融合助力乡村振兴

2021级工商管理　李娜鋆　　指导老师：苏世彬

乡村振兴战略是习近平同志 2017 年 10 月 18 日在党的十九大报告中提出的战略。我国是一个农业大国，农业、农村是全国的命脉所在，如果没有农业、农村、农民，城镇必将失去赖以生存和持续发展的基础。建设美丽乡村，长期以来一直是人民群众的期盼。脱贫目标已经基本实现，乡村振兴任重道远，竹岭村的乡村振兴还有很长的路要走。

2019 年，习近平总书记在河南考察时指出："依托丰富的红色文化资源和绿色生态资源发展乡村旅游，搞活了农村经济，是振兴乡村的好做法。"红色旅游资源是一种重要的发展资源。通过发展红色旅游，能够将红色旅游资源用好用足，能够直接使当地群众受益，也能有力推动当地经济社会更好发展。2019 年，习近平总书记在河南考察时指出："依托丰富的红色文化资源和绿色生态资源发展乡村旅游，搞活了农村经济，是振兴乡村的好做法。"

乡村红色旅游开满地。近年来，全省各地依托红色资源优势，深挖本地红色记忆与红色文化，当前我省有以下十个优秀的红色旅游景点：古田旅游区；福建省革命历史纪念馆；胡里山炮台；毛主席率领红军攻克漳州纪念馆；建宁中央苏区反"围剿"纪念馆；毛泽东才溪乡调查纪念馆；武夷山赤石、大安旅游景区；中国船政文化景区；红四军司令部和政治部旧址；叶飞故里红色旅游区。游客们在参观完革命纪念馆、红色遗址后，在农户家里进行消费扶贫，有力带动了全省农业结构调整、贫困人口脱贫，搞活了农村经济，促进了农民增收。红色旅游已经成为全省助力乡村振兴的重要着力点和增长点。

乡村振兴与红色文旅融合的目的在于，红色文旅的出现满足人们日益增长的文旅消费需求，为红色文化的传播提供了新载体，扎实我国爱国主义和革命传统教育发展，实现乡村经济的高质量发展，促使红色文化的大发展大繁荣。

基于此目的，竹岭村拟开展红色党性党史爱国主义教育＋体验（走游击队之路，再走长征之路，重走搬迁之路），具体有如下举措：

1. 修复桂厝坪游击队旧址（一期）；完成竹下山后—桂厝坪游击队旧址段石板路建设；

2. 竹岭村"红里程"（红绿橙）红色文旅；

竹岭村开展红色文旅的必要性为何？

首先，红色旅游资源是一种重要的发展资源。其一，是教育资源。红色文旅极具教育内涵和普适性，深挖地区红色文化精神，构建红色文化环境氛围，结合研学的体验式教学，激发人民学习内驱力，使群众在潜移默化中感受红色文化，接受心灵洗礼，传承革命精神。其二，是经济资源。通过发展红色旅游，能够将红色旅游资源用好用足，能够直接使当地群众受益，也能有力推动当地经济社会更好发展。

其次，发展红色旅游是推动乡村地区产业兴旺的有力抓手。1996年2月时任福建省委副书记，福州市委书记习近平同志莅临竹岭村调研首批造福搬迁工程，春节慰问竹岭村村民的讲话，领悟到三点重要指示：1. 最终就是建设小康村，小康就是目标；2.基地不能丢，发展竹果林；3.要搞第三产业，第二产业，增加收入。发展红色旅游能为乡村地区带来丰富的人流、物流、资金流和信息流，可有效整合利用各方面资源，辐射带动餐饮、住宿等经营服务，延长和拓展产业链，进而催生新业态，不断优化乡村产业结构，进一步带动乡村地区经济社会发展。这也契合习近平同志对竹岭村的第三点指示。

再者，发展红色旅游能为更好实现乡村振兴提供精神动力。藏在红色文旅背后的红色文化，是其灵魂。中国的脱贫任务虽已完成，但乡村振兴依旧任重道远，这条道路上，村民们需要面临重重困难与挑战。红色文化具有精神引领的作用，以中国革命的光辉历程启迪人，以党的奋斗精神鼓舞人，以革命先烈的事迹感召人，不断增强各级党员干部不忘初心、砥砺前行的精神动力，持续提升乡村的精神风貌，建设好居民的精神家园。

基于以上必要性的阐述，乡村振兴与红色文旅的融合是一条充满光明的道路，是一项可以切实拉动当地经济，实现农民增收的举措。红色文旅在乡村振兴中发挥着不可或缺的作用。

竹岭村的红色文旅之路已经展开。孙利书记先后9次组织村两委和文旅公司、设计单位、施工单位等前往旧村深山峡谷溯溪探路、探讨完善竹岭概念规划，为后续项目建议书的编制及文旅规划设计招标摸清家底，打好基础。除此之外，发展竹岭村红色文旅还有一定的资金支持和学术指导。资金支持，在省派闽清县东桥镇竹岭村第一书记何阳的带领下，与会领导与嘉宾现场考察竹岭村旧村，并对其乡村振兴规划展开激烈讨论，为竹岭村乡村振兴出谋划策。尤其是中核集团福清核电站各参会部门，表示要全力支持竹岭村的乡村振兴工作。学术指导，《党建绿色创新创业产业帮扶助力乡村振兴实践初探——以革命老区岩前村为例》提出者和践行者福州大学教工党员苏世彬到竹岭村参加"乡村振兴"交流与调研，并被聘为竹岭村"乡村振兴"学术指导。以及，在后续开展的专家研讨会、科技特派员和大学生暑期实践活动，都能在很大程度上为竹岭村红色文旅发展提供学术指导与支持。

竹岭村的红色文旅，必然助推乡村振兴向好向快发展。

携碳中和之力，踏乡村振兴路

——观"央校地社党建打造竹岭村碳中和共同富裕乡村振兴"课题组的调查研究有感

福州大学 2021 级工商管理　许雪倩　　指导老师：苏世彬

实施乡村振兴战略，是党的十九大作出的重大决策部署。党的十九届五中全会通过的《中共中央关于制定国民经济和社会发展第十四个五年规划和二〇三五年远景目标的建议》，提出要"优先发展农业农村，全面推进乡村振兴"。2020 年 9 月 22 日，习近平主席在第七十五届联合国大会上明确表示"中国二氧化碳排放力争于 2030 年前达到峰值，争取在 2060 年前实现碳中和"。这一庄严承诺既彰显了中国的大国担当，也是中国立足新发展阶段、贯彻新发展理念、构建新发展格局、推动高质量发展的内在需求，是一场广泛而深刻的经济社会变革。"双碳"目标背景下，我们需要用新的视角和思维，推进乡村振兴战略。在此背景下，竹岭村乡村振兴与碳中和的有机整合势在必行，"央校地社党建打造竹岭村碳中和共同富裕乡村振兴"课题组的调查研究应运而生。

一、有关校社党建联合打造共同富裕乡村振兴

校社党建联合打造共同富裕乡村振兴是全新概念。以前我们普遍认为学校专管教育，像乡村振兴这种经济上的事不涉及学校，更不涉及大学生。但是现在通过这个概念我了解了学校也可以是我们走向乡村振兴走向共同富裕的一支中坚力量。当今社会，科技是第一生产力，高知识人才更是科技实力的一个重要组成部分，而这个重要组成部分的重要来源就来自于高校。高校可以为乡村振兴提供智力支持，社会能够为乡村振兴提供资金支持，而党能够为乡村振兴提供方向支持，三者联合打造乡村振兴，绝对比单打独斗更能发挥出更大的力量。乡村振兴不只是乡村的振兴，更是整个社会的发展机遇。中国农村是中国社会的一个薄弱部分，经济发展的重心一直在大城市，如果乡村能够得到下至未步入社会的学生、上至社会力量的关注，并通过他们之间的良性互动构成一个完整的乡村振兴规划体系，那么将会成为乡村振兴的一个强大助力器。它的一个最大意义在于其最大程度上确保了乡村振兴的力量来源不断层。现在支持乡村振兴的主要

是社会和政府力量，学生是庞大的后备力量。随着社会的更新换代及新鲜血液的注入，现在的学生会成为将来乡村振兴的重要力量。而校社党建联合打造能够让学生在校期间就能够接触乡村振兴实际情况，而不只是在课本、新闻上接触到乡村振兴这几个字。这为将来学生助力乡村振兴提供了良好的基础，能够最大程度地减少因书本与实际不相符带来的陌生感和实际操作的生疏感所带来的衔接时间成本。

二、有关竹岭村碳中和

碳排放问题在传统观念上好像只与城市关系密切，但通过查资料我发现，农村地区既是碳排放的重要来源，同时又具有较大的减排降碳潜力和碳中和能力。"据联合国粮食与农业组织（FAO）的统计，农业用地释放出的温室气体超过全球人为温室气体排放总量的30%，相当于每年产生150亿吨的二氧化碳；同时，农业生态系统又可以抵消掉80%的因农业导致的全球温室气体排放量。农村地区拥有农田、草地、森林等丰富的自然生态系统，这是乡村振兴最宝贵的资源禀赋，也是实现碳中和的重要手段。"这表明，竹岭村碳中和概念的提出具有十足的前瞻性和先进性。立足于乡村振兴，着眼于国家发展全局，将国家发展战略思想融入乡村振兴。核电行业，一向被视作未来"碳中和"的有力资源之一，在核电稳定运行的过程中，不会产生二氧化硫、氮氧化物和颗粒物等污染物，没有二氧化碳等温室气体排放，这对于其他的能源来说具有得天独厚的优势。中核集团福清核电的加入就是该计划实施的一个强有力保障，也使该计划的实施具有了可行性。中核集团提供的强劲的清洁能源供应和环境保护，是竹岭村低碳发展的一大助力器。策划实施的项目中，竹岭村碳排放交易和竹岭村林下经济发展（生态养殖、生态种植）则生动地体现了这一指导思想。

三、挖掘特色资源

利用竹岭村的绿色茂林修竹、峡谷等自然资源发展旅游业和红色党史教育等，是竹岭村碳中和概念与当地实际的有效衔接，是将理论运用于实际的典范，也是乡村振兴的一种传统但行之有效的方法。充分挖掘竹岭村特有的山水资源禀赋，打造竹岭村的金字招牌，通过旅游和打造原生态食品品牌等方式形成完整产业链，既适应了竹林村的当地实际，又符合了经济的发展整体性，是竹岭村乡村振兴的一大重点。注重质量，打造高质量品牌是重中之重。要对食品生产过程层层把关，以食品的原汁原味为基础进行适当加工，确保打出的原生态健康的标语落到实处，才能够在保持回头客的基础上吸引更多的购买量，从而真正地发挥品牌效应，带动竹岭村经济发展。对东桥竹岭村进行的初步规划就充分体现了其依托特色山水资源禀赋、发展高质量乡村经济的发展理念。

四、有关项目的操作过程

我们的项目按先易后难的顺序，成熟一个开发一个。不同于以往的大包抄，这个思路从细处着手，采用用局部带动整体的思想，个人认为是一个十分正确的思路。以往的乡村振兴一开始就开展了多个项目，既要发展政治经济又要发展文化，最终导致的结果是一团糟，哪个项目都没有做起来。而我们的项目思路避免了因开展多个项目而造成的成本负担，先做好的项目能够先造福村民，即使后面的项目进程稍慢，也不会影响村民现在的利益。同时，又能将资本的利润最大化，源源不断地创造价值，有其科学性和可操作性。

铸就绿色经济，助力共同富裕

2021级政治经济学　林　佳　　指导老师：苏世彬

奋斗百年路，启航新征程。2021年是中国共产党建党100周年，也是"巩固拓展脱贫攻坚成果同乡村振兴有效衔接"的启动元年，"巩固拓展脱贫攻坚成果同乡村振兴有效衔接"必须依靠全党全社会的力量，遵循"绿水青山就是金山银山"的可持续发展理念。中央财经委员会第九次会议提出实现碳达峰、碳中和的基本思路和主要举措，中央财经委员会第十次会议研究扎实促进共同富裕问题，2021年10月16日中共中央总书记、国家主席、中央军委主席习近平在的第20期《求是》杂志发表的重要文章《扎实推动共同富裕》，这就意味着探索碳中和共同富裕的乡村振兴模式迫在眉睫。在此背景之下，由闽清县东桥镇竹岭村承办，乡村振兴"南泥湾计划"高校"揭榜挂帅"研习队协办的庆祝中国共产党建党100周年主题活动"央校地社党建打造竹岭村碳中和共同富裕乡村振兴，助力幸福福核建设"课题竹岭村现场调研会于2021年11月2日顺利举办。

一、绿色发展推动经济高质量增长

经济转型迫在眉睫。习近平在"领导人气候峰会"上提到，中华文明历来崇尚天人合一、道法自然，追求人与自然和谐共生。中国以生态文明思想为指导，贯彻新发展理念，以经济社会发展全面绿色转型为引领，以能源绿色低碳发展为关键，坚持走生态优先、绿色低碳的发展道路。中国将力争2030年前实现碳达峰、2060年前实现碳中和中国将碳达峰、碳中和纳入生态文明建设整体布局，正在制订碳达峰行动计划，广泛深入开展碳达峰行动，支持有条件的地方和重点行业、重点企业率先达峰。

推动竹岭经济发展。竹岭村是1996年习近平同志在福建工作期间调研慰问过的地方，并且留下了三个大方面的嘱托："绿水青山就是金山银山"——碳中和与中央财经委员会第九次会议精神；共同富裕——中央财经委员会第十次会议以及《扎实推动共同富裕》核心内容；乡村振兴——习近平总书记在十九大报告提出来的国家战略。因此"央校地社党建打造竹岭村碳中和共同富裕乡村振兴"课题组的提出是完成对习近平总书记系列的嘱托，是全体党员的历史任务，是全体中国人民的伟大使命。

竹岭绿色低碳发展。"央校地社党建的碳中和共同富裕乡村振兴"课题组，通过对闽清县竹岭村的实地调研，提出了"央校地社党建打造竹岭村碳中和共同富裕乡村振兴，助力幸福福核建设"的竹岭村乡村振兴的探索，并且未来将依靠中核集团福清核电有限公司的帮助，在竹岭村建设幸福核能，真正做到"全党全社会关注乡村振兴"，践行"绿水青山就是金山银山"的碳中和（低碳）共同富裕乡村振兴，为我国"巩固拓展脱贫攻坚成果同乡村振兴有效衔接"启动探索新鲜经验。中核集团福清核电有限公司党委委员、工会主席张静波表示，中核集团福清核电除了在实现双碳战略上为国家提供强劲的清洁能源供应和环境保护外，也会在实现乡村振兴和共同富裕的国策上展现央企的责任与担当，要求根据竹岭村特有的山水资源禀赋和央校地社全党全社会的智慧和力量谋划好乡村振兴战略发展规划。

社会的发展不仅仅是对经济数据指标的考量，生态也应同步发展。中国不断提出经济转型发展，以绿色发展助力经济腾飞，是对经济与环境的双重考验，同时也是我们人类能够继续长久生存的考验。"央校地社党建的碳中和共同富裕乡村振兴"概念的提出，不仅是践行国家经济发展转型的需要，以绿色发展推动经济高质量发展，也是党建乡村振兴的新探索，是央企参与乡村振兴、践行央企的社会责任的另一形式。

二、绿色经济助力乡村振兴共同富裕

所谓"碳中和"就是净零排放，是"绿水青山就是金山银山"与中央财经委员会第九次会议精神；乡村振兴则是习近平同志在十九大报告提出来的。习近平总书记在领导人气候峰会上强调，中国将生态文明理念和生态文明建设纳入中国特色社会主义总体布局，坚持走生态优先、绿色低碳的发展道路。那么，如何将"碳中和"与乡村振兴相结合也是一个很大的挑战。

描绘底板，迈向绿色"转型之路"。"绿水青山就是金山银山"，如果没有人的介入，也无法发挥出它自身最大的价值。乡村振兴不同于美丽乡村，它是一种内涵式的发展，要口袋富，也要生活富。绿色发展，节能降碳已成为我们每个人的期望，营造良好的生态宜居环境，是乡村振兴成色的体现。在考察竹岭村约2万亩山林地后，各个庄家为竹岭村乡村振兴出谋献策，提出了碳排放交易、竹筒酒、山泉水加工、光伏、小水电改造、科技特派员团队、竹制品工艺品、星创天地、米酒改造、国储林、党性党史爱国教育基地建设等诸多具有一定操作性的乡村振兴建议，坚持因地制宜，充分发挥竹岭村的生态优势，以绿色经济带动竹岭村乡村振兴。

央企帮扶，绿色经济"腾飞之道"。随着"碳中和"课题的深入，越来越多的社会资本注入，中核集团福清核电有限公司的加入也为课题组与乡村振兴共同富裕成果注入了一剂强心针。在绿色经济发展的大势所趋之下，企业们也在不断调整经济发展结构，大项目的实施也为当地乡村企业引来来一批优质的投资者，在企业的帮扶下，良好生态环境正成为乡村幸福经济的持续增长点。

"央校地社党建的碳中和共同富裕乡村振兴"课题组的提出不仅是一种乡村振兴模式的新探索，也是贯彻国家绿色经济发展与习近平同志在领导人气候峰会上的响应。"未来是属于青年的"，乡村振兴道路上，我们在探索，在摸爬滚打，此次的实践课题给予了我很大的思考，今后我也会继续不断地学习、探索。

4.3 后期活动

4.3.1 中南大学福建校友会乡村振兴共同富裕交流取得圆满成功

奋斗百年路，启航新征程。为庆祝中国共产党建党 100 周年并学习贯彻十九届六中全会精神，2021 年 11 月 28 日，中南大学福建校友会特邀请校社党建联合打造共同富裕乡村振兴样本提出者与践行者福州大学教工党员苏世彬与第六批省派驻闽清县东桥镇竹岭村第一书记何阳（中核集团福清核电有限公司派）就乡村振兴共同富裕主题开展交流活动。

活动开始，大家集体学习了 2021 年 8 月 17 日中央财经委员会第十次会议、第 20 期《求是》杂志《扎实推动共同富裕》论文以及 2021 年 11 月 8—11 日十九届六中全会通过的《中共中央关于党的百年奋斗重大成就和历史经验的决议》。

集体学习

之后，中核集团福清核电有限公司省派竹岭村第一书记何阳就其任职第一书记以来的工作情况和大家展开分享，尤其是 2021 年 11 月份召开的庆祝中国共产党建党 100 周年主题活动"央校地社党建打造竹岭村碳中和共同富裕乡村振兴，助力幸福福核建设"课题竹岭村现场调研会，更是让他对乡村振兴的共同富裕有了更加深入的了解，同时也对驻村第一书记未来的工作有了更加明确的方向。

与中核集团福清核电有限公司省派竹岭村第一书记何阳交流

　　紧接着福州大学教工党员苏世彬就其一年多的乡村振兴实践展开分享。乡村振兴不同于美丽乡村与脱贫攻坚，脱贫攻坚是全面建成小康社会的堡垒，解决的是温饱问题，乡村振兴是我们国家实现现代化的一个关键性工程，解决的是所有农民如何富有的问题，其深度、广度和难度都不亚于脱贫攻坚。脱贫攻坚是输血功能，主体是政府，乡村振兴是造血功能，主体是全体村民。为此，应该以城乡融合、农村一二三产业融合为手段，以共同富裕为目标，激发全体村民的积极性、主动性与创造性。苏世彬同时也向与会中南大学福建校友会分享了校社党建提高低收入人群收入共同富裕乡村振兴课题组（开始于2020年决战脱贫攻坚、决胜全面建成小康社会之际）一年多来的成果。

　　除了以上成果外，目前他所带领的团队和中核集团福清核电有限公司省派竹岭村第一书记何阳还联手组建央校地社党建打造碳中和共同富裕乡村振兴课题组，与福建享业生态科技有限公司联手打造企校地社党建增加中等收入人群收入共同富裕乡村振兴课题组，相关工作正在有条不紊开展中。2021年11月27日，联合福安市溪潭镇人民政府与福建省享业生态集团在福州市召开"企校地社党建助力岳秀脐橙文化节，推进乡村振兴共同富裕"研讨会。

中核集团福清核电有限公司省派竹岭村第一书记何阳任职工作交流和福州大学教工党员苏世彬打造三个共同富裕乡村振兴课题组经历分享引起与会中南大学福建校友会校友的极大共鸣。大家一致认为，中南大学及中南大学福建校友会作为我国985工程院校以及一个有社会责任感的社会团体，应该积极响应党和政府扎实推进共同富裕的伟大号召，以学习贯彻党的十九届六中全会精神为契机，积极参与到我国乡村振兴的伟大国策来，为我国"巩固拓展脱贫攻坚成果同乡村振兴有效衔接"城乡融合，进而推动农村一二三产业融合中贡献自己的力量。针对中南大学福建校友会的现实情况，应该动员、发挥中南大学福建校友会校友参与共同富裕三次分配的积极性与主动性，组织中南大学福建校友会贯穿落实十九届六中全会精神主题系列活动、例如"共同富裕你、我、他"走进闽清县东桥镇自驾游活动，"共同富裕你、我、他"走进福安岳秀脐橙文化节自驾游活动、"共同富裕你、我、他"走进安溪岩前村自驾游活动等。

针对以上构思，中南大学福建校友会立即决定2021年12月4日组织"共同富裕你、我、他"走进闽清县东桥镇自驾游活动来庆祝中国共产党建党100周年暨学习贯彻十九届六中全会精神，并就具体细节展开详细商谈，中南大学福建校友会乡村振兴共同富裕交流取得圆满成功。

4.3.2 共同富裕你、我、他

奋斗百年路，启航新征程，2021年是中国共产党建党100周年，也是"巩固拓展脱贫攻坚成果同乡村振兴有效衔接"的启动元年，"巩固拓展脱贫攻坚成果同乡村振兴有效衔接"必须依靠全党全社会的力量，2021年8月17日中央财经委员会第十次会议研究扎实促进共同富裕问题，2021年10月16日第20期《求是》杂志发表《扎实推动共同富裕》更是提出"鼓励高收入人群和企业更多回报社会"；2021年11月8日—11日十九届六中全会通过《中共中央关于党的百年奋斗重大成就和历史经验的决议》。可见，在坚持中国共产党领导的前提下动员全党全社会的力量发扬百年建党精神扎实推进乡村振兴共同富裕迫在眉睫。为此，中核集团福清核电有限公司办公室党支部在学习相关文件精神之后，在公司驻闽清县东桥镇竹岭村第一书记何阳推动下，11月20日联合福清市委办党支部开展一场别开生面的"共同富裕你、我、他"献爱心暖人心活动。公司办公室党支部书记、副主任李峰，福清市委办副主任毛水清、双方党支部代表参加了此次活动。

汇报现场

集体合照

活动期间，驻村第一书记何阳根据竹岭村特有的山水资源禀赋和集央校地社全党全社会的智慧和力量谋划好乡村振兴战略发展规划进行了详细汇报。在打造竹岭村碳中和共同富裕乡村振兴、助力幸福福核建设上大家进行了积极的探讨，就如何利用东桥生态养殖及种植资源（如双黄蛋、菌菇、香猪肉、土鸡土鸭等）丰富公司菜篮子，打造竹岭村党性党史爱国主义教育基地等提高竹岭村低收入人群一次收入水平的共同富裕同时将竹岭村建设成为中核集团福清核电员工精神共同富裕家园助力"幸福福核"建设做了积极的交流。

在驻村第一书记何阳的带领下，调研组现场慰问了竹岭村困难村民，详细了解他们的生活情况，勉励他们保持积极乐观的心态。

本次活动体现了党在乡村振兴和共同富裕道路上的引领作用，践行了"鼓励高收入人群和企业更多回报社会"精神，也为中核集团福清核电有限公司以慈善事业为核心、由公民（或部门）自愿组织开展共同富裕第三次分配进行了有益探索，真正体现了中核集团应有的社会担当，"共同富裕你、我、他"献爱心暖人心活动圆满结束。

慰问现场

参观现场

4.3.3 "万企兴万村"暨扎实推进共同富裕田野调查

奋斗百年路，启航新征程，为了庆祝中国共产党建党 100 周年并贯彻落实十九届六中全会精神，央校地社党建打造碳中和共同富裕乡村振兴课题组 2021 年 11 月 23 日展开了"万企兴万村"暨扎实推进共同富裕田野调查。

调查的第一站是中康体检网，调查组受到了中康体检网创办人林其锋热烈欢迎，在正式调查之前，大家集体学习了 2021 年 8 月 5 日中华全国工商业联合、农业农村部、国家乡村振兴局、中国光彩事业促进会、中国农业发展银行、中国农业银行等六个单位联合发布的《关于开展"万企兴万村"行动的实施意见》、2021 年 8 月 17 日中央财经委员会第十次会议、第 20 期《求是》杂志《扎实推动共同富裕》论文以及 2021 年 11 月 8 日—11 日十九届六中全会通过的《中共中央关于党的百年奋斗重大成就和历史经验的决议》。

通过学习，大家一致认为，"巩固拓展脱贫攻坚成果同乡村振兴有效衔接"必须坚持中国共产党的领导，依靠全党全社会的力量，尤其是《扎实推动共同富裕》一文中提出的"鼓励高收入人群和企业更多回报社会"，更是给有社会责任感的企业和个人指明了努力方向。

中核集团福清核电省派竹岭村第一书记何阳（右）、中康体检网创办人林其锋（中）、福州大学教工党员苏世彬（左）

集体学习

接着，中康体检网创始人林其锋介绍道，中康体检网是一家富有社会责任感的企业，在为社会提供体检服务的同时，也积极参与各种社会公益事业，尤其是今年，公司响应闽宁合作的号召，积极探索以慈善事业为核心、由中康体检网自愿组织开展共同富裕第三次分配积极参与西部地区的乡村振兴，并且针对农村大病返贫的现象，积极探索通过改造现有乡村医疗所的方式帮助村民由治病到治未病的良性转移，利用自身专业知识为乡村振兴共同富裕赋能。

接着，中核集团福清核电省派竹岭村第一书记何阳就其挂职以来开展的各种工作和中康体检网创办人林其锋进行了友好交流，中康体检网创办人林其锋对何书记的工作表示高度赞许，并且期待在竹岭村的乡村振兴中能够发挥中康体检网自身专业优势，积极响应"万企兴万村"政策，为扎实推进共同富裕贡献自己力所能及的贡献，从而把十九届六中全会精神落到实处。

之后，三个人就集体调研了福建省享业生态科技有限公司，受到集体董事会成员（董事长池新宝、总经理张忠财、董事／副总经理林凯、执行董事兼商学院院长张本领、董事／副总经理吴明）的热烈欢迎。

福建省享业生态科技有限公司是一家以"让村民和市民一样富裕"为长期使命，以"巩固拓展脱贫攻坚成果同乡村振兴有效衔接"探索者和实践者为中短期使命的乡村振兴综合方案提供者，在福建省供销资产集团、中国投资协会生态产业投资专业委员会、福建农林大学、福建省农科院、

调研团队与董事会成员集体合影

福建省海峡企业三农产业服务中心等部门的联合指导下，整合团队、技术与资源优势，首创"1+4"助农模式：一个综合惠民服务中心，创新技术助农、供应链管理助农、政策咨询助农、电商助农四大助农体系。搭建起中国农产品生态产业链，完善农产品产、供、销渠道，助力供销社更好地发挥在"三位一体"服务"三农"模式中的作用，从前端触达到后链路转化形成闭环，打造一套完整的生态矩阵，为乡村振兴持续赋能。

2021年7月5日，福安市供销社与福建省享业生态科技有限公司开展合作，注册福安市助农农业科技有限公司，创新性引进先进农业技术团队、农产品市场运营团队、电商服务团队和"三农"综合服务团队，为福安市电商助农、区域特色农产品推广、政策咨询、现代农资经营、庄稼医院等方面提供服务，并且与溪潭镇岳秀村、市瑞丰种植合作社三方就加快智慧乡村服务平台建设、促进乡村产业振兴等签订了合作框架协议。根据协议，市助农农业科技有限公司、市瑞丰种植合作社、享业数智农业有限公司等企业将围绕"智慧乡村"规划开发、供应链搭建与管理、政策辅导、电商运营、生产销售、品牌建设、物流搭建等方面，与岳秀村加强合作共建，从源头解决土壤改良，品种优化，标准化种植等问题，为农户增产增收增效益打下坚实基础，同时以建设一个综合惠民服务中心和创新技术助农、供应链管理助农、政策咨询助农、电商助农四大体系，加快推动当地农业、旅游、文化三者深度融合，促进岳秀村乡村游、自驾游等农业新业态的发展。接着，大家就2021年11月27日在福州举办的"企校地社党建助力岳秀脐橙文化节，推进乡村振兴共同富裕"研讨会——庆祝中国共产党建党100周年暨贯彻落实党的十九届六中全会精神主题活动展开了细致交流。

最后，中核集团福清核电省派竹岭村第一书记何阳和中康体检网创办人林其锋分别表示福建省享业生态科技有限公司在贯彻落实《关于开展"万企兴万村"行动的实施意见》方面做出了表率，也为扎实推进农村共同富裕促进"巩固拓展脱贫攻坚成果同乡村振兴有效衔接"积攒了许多新鲜经验，是学习贯彻落实十九届六中全会精神的典范，大家要加强相互交流，努力做到互助共赢，真正为共同富裕的早日实现贡献各自的力量。"万企兴万村"暨扎实推进共同富裕田野调查取得圆满成功。

4.3.4 共同富裕中国梦，振兴乡村我有责

奋斗百年路，启航新征程！

为庆祝中国共产党建党100周年并且学习贯彻党的十九届六中全会精神，受中核集团福清核电有限公司省派竹岭村第一书记何阳邀请，2021年12月4日，中南大学福建校友会30余人来到在闽清县东桥镇竹岭村，开展"共同富裕中国梦，振兴乡村我有责——中南大学福建校友会助力乡村振兴系列活动之竹岭村"党建活动，校友会受到闽清县东桥镇党委书记黄祥灿到场欢迎并参加座谈。

闽清县东桥镇党委书记黄祥灿致欢迎词

集体学习

　　黄祥灿书记向到访的中南大学福建校友介绍了东桥镇的风土人情及"六天下"文旅项目。东桥镇，隶属于福建省福州市闽清县，位于闽清县北部，东桥镇辖有 22 个行政村和一个社区居委会。其地形以低山为主，植被茂盛。镇内义由、青由等村的宋代古瓷窑遗址分布十多公里，义窑是宋元时期江南地区重要的青瓷生产基地，青瓷远销海内外，遗址是省级文物保护遗址。东桥镇境内生态优美，风光秀丽，旅游资源丰富。黄祥灿书记指出，中南大学福建校友会组织开展的"共同富裕中国梦，振兴乡村我有责"助力乡村振兴系列活动之竹岭村党建活动，充分体现了中南大学这座高等学府以培养有社会责任担当人才的教学成果。

　　随后，中南大学福建校友会与闽清县东桥镇竹岭村干部围绕本次活动主题先后集体学习了 2021 年 8 月 17 日中央财经委员会第十次会议、第 20 期《求是》杂志中《扎实推动共同富裕》一文以及 2021 年 11 月十九届六中全会通过的《中共中央关于党的百年奋斗重大成就和历史经验的决议》。

　　驻村第一书记何阳介绍了中核集团福清核电的运行及建设情况，汇报了驻村工作开展情况及竹岭规划设想。

　　"最终就是建设小康村，小康就是目标。以制定竹岭村乡村振兴战略发展规划为抓手，通过央校地社党建联建实现城乡融合，农村一二三产业融合为手段，探索乡村振兴实施方案与具体实践。初步确定实施项目10 个，计划实施项目 10 个。"

中核集团福清核电有限公司省派竹岭村第一书记何阳情况介绍

"基地不能丢，发展林果竹。复原桂厝坪小冀东委游击大队杉洋游击分队驻地旧址。露营体验可以宿高山营地、观灿烂星空、看日出云海；行军体验可以穿越芦苇荡、毛竹林，溯溪峡谷，呼吸天然氧吧空气。以村合作社名义申请的'林果竹'集体商标涵盖商标注册七个类别，拟选址竹岭岭尾建设山泉水生产线。"

"要搞第三产业、第二产业，增加收入。着手准备产业化'高品质竹岭山泉水'。规划打造红色党性党史爱国主义教育＋体验基地，这里有多条百丈飞瀑、媲美蜀南竹海的千亩毛竹林、万亩杜鹃花海、竹岭迎客松等自然景观。可以将二万五千里长征中的重大历史事件、重要会议精神、主要战场战役微缩实景融入竹岭2万亩茂林修竹峡谷飞瀑之中，让红色教育入脑，让绿色休闲入心，让橙色运动附体。"

"下一步，我们将择机成立东桥竹岭乡村振兴带临时党支部；争创全国生态村，森林村，乡村振兴示范村；出版相关主题专著。"

中南大学福建校友会会长、福建广业会计师事务所有限公司总经理林灯塔表示：中南大学位于湖南省长沙市，是教育部直属的全国重点大学，位列国家"世界一流大学建设高校A类""985工程""211工程"，中南大学由原湖南医科大学、长沙铁道学院与中南工业大学于2000年4月合并组建而成，除了原有的有色金属采选、冶炼加工、铁道、土木、数学等强势专业外，还有"北协和南湘雅"美誉的医学专业。随着近年福建经济的快速发展，加上已有的良好空气、宜居的生活环境、越来越广阔的个人发展空间，福建吸引着越来越多的中南大学学子慕名而来。这些年陆续有很多校友毕业后来到福建，加入建设福建、发展福建的队伍中来，校友会日益壮大，人员遍布各行各业，很多已经是各行各业的中坚力量。

中南大学福建校友会会长、福建广业会计师事务所主任会计师林灯塔发言

经过上周六讨论，福建校友会决定发动热心校友，响应中央振兴乡村的号召，很多校友都表示愿意为福州与竹岭村的城乡融合，进而推动竹岭村一二三产业融合提供必要的支持和帮助，充分利用东桥镇竹岭村独特题材及得天独厚的山水资源优势打造乡村振兴与中南大学福建校友会的双赢格局。

之后，中南大学福建校友会林华捷、陈媚、彭慧平、张群芳、郑兴华、贾朝晖、张友华、邱斯县校友等纷纷结合集体学习内容、

中南大学校友、阳光学院兼一绘一墨艺术学校校长邱斯县老师

中南大学福建校友、福建省沃晟电力建设有限公司董事长、中南大学福建校友会闽岳商会副会长贾朝晖

中南大学湘雅医学院校友，中医药大学硕士生导师彭慧平主任医师

中南大学湘雅医学院校友，副主任医师、副教授、硕导张群芳博士

中南大学福建校友会副会长、闽岳商会秘书长福州建筑设计院林华捷工程师

中南大学福建校友、福建医科大学陈媚研究员

中南大学湘雅医学院校友、福建省立医院副主任技师张友华

东桥镇竹岭村的现实状况并结合自己的专业与经历谈了各自的感受。

"2021年是中国共产党建党100周年，巩固拓展脱贫攻坚成果同乡村振兴有效衔接不仅要依靠政府推动，更要充分发动社会的力量，很多中南大学福建校友会校友和闽清有很深的渊源，愿意为东桥的发展添砖加瓦，也为福建省共同富裕提供有力支撑。"

参加本次活动的校友有不少是福建省立

黄如福，中南大学铁道学院1984级铁道车辆，南昌局集团公司福州动车段原总工程师

医院、福州 909 医院以及福州协和医院的知名医生，他们均表示愿意为闽清东桥镇村民提供义诊，为健康闽清东桥镇以及提高低收入人群身体健康的共同富裕贡献自己的力量。也有校友是从事水电站改造的，也表示非常乐意利用自己的专业积极为闽清县东桥镇竹岭村两个水电站的改造、为竹岭村低碳经济发展以及增强中收入人群收入的共同富裕贡献自己的力量。

集体合影一

集体合影二

211

最后，参加活动的中南大学福建校友的会校友进行了合影，"共同富裕中国梦，振兴乡村我有责——中南大学福建校友会助力乡村振兴系列活动之竹岭村"党建活动取得圆满成功。

因故未能参会的一些热心校友也通过微信表示，此次活动很有意义，期待着校友会秘书处积极组织，开展更多的类似助力乡村振兴活动，更好地发挥中南大学福建校友的专业优势，扩大中南大学在福建的影响力。

4.3.5 碳中和共同富裕乡村振兴课题组在闽清县调研与交流

奋斗百年路，启航新征程。

为了深入贯彻落实党的十九届六中全会精神和2021年中央经济工作会议精神，央校地社党建打造竹岭村碳中和共同富裕乡村振兴课题组核心成员于2021年12月29日先后到闽清县农业农村局、闽清县林业局、闽清县乡村振兴办公室、闽清县三农服务超市展开调研与交流，受到闽清县农业农村局陈敏健局长、闽清县纪委派驻农业农村局纪检组长林敬涛、闽清县委乡村振兴办公室副主任郑祥磊、闽清县三农服务超市总经理杨小浪、闽清县林业局业务科室的热情接待。

与闽清县农业农村局陈敏健局长（右）交流

与闽清县纪委派驻农业农村局纪检组长林敬涛（中）合影

与闽清县委乡村振兴办公室副主任郑祥磊（右）交流

与闽清县委乡村振兴办公室副主任郑祥磊（中）合影

在调查中我们了解到，闽清县十四五期间，聚焦"高标准"和"全覆盖"两个关键点，按照产业兴旺、生态宜居、乡风文明、治理有效、生活富裕的总要求，全面推进乡村振兴，持续实施乡村振兴十大行动，标准化创建，全域化推进，一年接着一年干，每两到三年上一个新台阶，高质量地践行乡村振兴特色之路。

推进村庄规划编制。统筹县域村庄建设，以乡村建设为抓手，分类推进"多规合一"村庄规划编制，做到应编尽编。落实上位规划要求，统筹谋划村庄土地利用、产业发展、居民点布局、人居环境整治、生态保护和历史文化传承等，研究制定村庄发展、国土空间开发保护、人居环境整治目标和建设项目，做到不规划不建设、不规划不投入。发挥好规划引领村庄建设的作用，实现村庄发展有目标、建设项目有安排、生态环境有管控、自然景观和文化遗产有保护、人居环境改善有措施，做到留白、留绿、留旧、留文、留魂，全面提升乡村建设发展水平。

推进乡村产业振兴。正视部分乡村产业不旺、农民收入不稳问题，围绕增强产业发展的自身造血功能、增强产业发展的可持续性，深度开发农业多种功能和乡村多重价值，推进乡村一二三产业融合发展，做强现代种养业，做精乡土特色产业，做优乡村新型业态。推进县域统筹，全域规划乡村产业发展空间布局，形成乡（镇）、村层级分工明显、功能有机衔接的格局；推进镇域聚集，发挥乡（镇）上连县、下连村的纽带作用，以乡（镇）所在地为中心打造乡村产业集群、乡村产业振兴"三创"园、农产品加工园等，建设梅溪橄榄、云龙绿色建筑、坂东商贸、东桥文旅等各具特色产业强镇；推进镇村联动，探索乡（镇）辖各村合作联动、组团发展、资源共享、优势互补，统筹解决凭一村之力难以解决的发展问题，推动乡村产业持续发展、村级集体经济持续壮大和农民持续增收。

推进乡村人才振兴。正视部分乡村人才匮乏问题，开展乡村种植高手、养殖能手和能工巧匠等乡土人才摸底调查，建立乡村人才信息库，搭建乡村引才聚才平台载体；创新职业农民和乡土人才评价机制，开展职业农民职业资格认定试点，参加职业资格认定不受学历等限制，重点考察业绩贡献和示范带动作用；建立乡土人才以赛代评机制，获得县级及以上乡土人才创新创业大赛和传统技艺技能大赛优异成绩的选手直接认定为乡土技能人才；探索实施"现代学徒制"，推进职业农民职业技能、乡土人才传统技艺的传承，厚植乡村人才成长沃土。开展外出务工经商人员摸底调查，向有经济实力和能力的外出务工经商成功人士推荐乡村发展项目，引导他们投资家乡、报效乡梓。鼓励高校毕业生到乡村支农、支教、支医，支持梅籍高校毕业生返乡创业，打造留学生、高校毕业生乡村创业基地，推进返乡入乡创业园建设。畅通社会人才参与乡村振兴的渠道，建设"乡村振兴人才驿站"，招募"乡村振兴合伙人"，以投资兴业、捐资捐物、智力服务等多种方式参与乡村振兴。

推进乡村文化振兴。正视部分乡村文化建设滞后问题，深入挖掘乡村传统文化的底蕴、精神和价值，并赋予其时代内涵，重点推进礼乐文化传承和创新，恪守孝诚爱仁，强化道德教化作用，培育文明乡风、良好家风、淳朴民风，提升乡村的精神风貌和社会风气。完善农村文化基础设施网络，增加农村公共文化服务供给。深入挖掘革命历史文化资源，建好用好上演、伴岭等红色教育基地，强化爱国主义和革命传统教育，传承弘扬红色基因，为乡村振兴培根铸魂。繁荣发展乡村文化产业，开发民间艺术、民俗表演项目，推出有地方特色的乡土工艺产品，实施休闲农业和乡村旅游精品工程，推动乡村文化振兴与乡村产业振兴深度融合。

推进乡村生态振兴。正视部分乡村生态环境问题仍较突出问题，统筹村庄自然生态保护，落实生态保护红线划定成果，优化村庄水系、林网、绿道等生态空间格局，系统保护好村庄自然风光和田园景观。统筹村庄农房布局和建设，严格落实"一户一宅"，加强村庄建筑风貌管控。统筹村庄历史文化传承与保护，划定村庄历史文化保护线和保护性建筑，推动历史文化名镇（村）、传统村落、传统建筑保护修复和改造利用，延续村庄历史文脉。统筹村庄自然生态修复，推进全域土地整治、人居环境整治和清洁田园建设，促进村庄生产生活环境稳步改善，自然生态系统功能和稳定性全面提升。推进乡村组织振兴。正视部分乡村党组织软弱涣散、年轻党员缺乏问题，加强乡村基层党组织建设，选派党员干部下村挂职，选优配强村党组织书记，严格有序发展新党员，推进党支部规范化标准化建设，增强村党组织的生机活力，发挥党组织和党员在乡村振兴的带动带头作用。健全以党的基层组织为核心、村民自治和村务监督组织为基础、集体经济组织和农民合作组织为纽带、各种经济社会组织为补充的乡村组织体系，夯实乡村振兴的组织基础。健全党组织领导的村级事务运行机制，深化民事民议、民事民办、民事民管的村民自治实践，提高乡村自治、法治、德治水平，构建乡村善治新格局。

在调研中我们还了解到，闽清县"三农"服务超市是在闽清县委县政府践行党的十九大报告与乡村振兴战略下，为服务三农、服务乡村振兴建设的重要平台。"三农"服务超市在县委县政府强有力的惠农政策支持下，依托福建农林大学技术和人才优势、永辉超市渠道、永辉金融的优势和引凤惠农科技在三农领域综合服务与乡村互助合作人才培养上的优势，以"引凤还巢，筑梦三农"为人才初心而成立的全省首个县域三农服务综合体和县域乡村振兴一站式孵化平台。园区总面积5000平米，为乡村振兴领域创新创业提供"招商对接、政策咨询、专家技术指导、金融对接、电子商务、产销对接、人才培养与引进和创新创业办公孵化、农产品展销"等服务板块；还建成了闽清县农业社会化服务中心、闽清县"互联网+"农产品出村进城运营中心、闽清县乡村振兴人才驿站、闽清县三农专家服务基地，形成闽清乡村振兴"人才+产业"的创新创业孵化综合平台。近年来，闽清县"三农"服务超市以服务农民为宗旨，本着超市搭台、企业唱戏、农民受益的经营理念开展公益性服务和经营性服务，在人才振兴、返乡下乡创业服务、农业产业链服务、品牌打造等方面取得了优异成绩，累计政策梳理300余项，线上咨询服务5000多人次，培训农户7000人次，对接涉农招商引资项目75个，引导注册新型农业经营主体（返乡下乡创业主体）600多家。培育福满多农业社会化服务机构，引入轻创联盟、福旺闽橙、拼多多、中农榄胜等商农产品电商公司入驻双创园区，联合开展消费扶贫、年货主题展销和各种会节展销65场次，对接各类电商平台15家以上，开展主题直播电商35场次，助力累计销售200万斤以上的滞销农产品，申报梅埔橄榄等国家省级一村品示范村5个，申报国家级农产产业强镇1个，实现了产前、产中、产后一条龙服务模式，打造县域乡村振兴一站式服务平台。先后入选国家级农村创业创新园区（基地）、省市星创天地、市级人才驿站、省级学会创新服务站和省级专家服务基地。

与闽清县三农服务超市总经理杨小浪（中）合影

在交流环节中，央校地社党建打造竹岭村碳中和共同富裕乡村振兴课题组核心成员也向大家介绍了课题组开展的一些基本概况、进展以及未来规划。

央校地社党建打造竹岭村碳中和共同富裕乡村振兴课题组提出的两个乡村振兴示范带的概念获高度认可，尤其是东桥镇乡村振兴示范带与闽清县十四五期间产业振兴高度吻合，是一个具有一定前瞻性的战略设想，大家热烈探讨，积极出谋划策，以闽清县竹岭村为核心的两个乡村振兴示范带在闽清县调研与交流取得圆满成功。

4.3.6 "共同富裕 乡村振兴"在行动

2022年1月7日，以"推进乡村振兴，建设美丽福建"为主题的共同富裕乡村振兴活动在中核集团福清核电有限公司举办，该活动由中核集团福建福清核电有限公司工会党支部、福建省环境教育学会党支部联合举办，参加的单位和个人还包括福建省生态环境厅、平潭综合实验区气象局、福清市河长办、闽江学院、福建师范大学、福建技术师范学院、福建水利电力职业技术学院、华川技术有限公司、福建省发明家学会、福建省水利学会、以及福建省环境教育学会理事、会员等各领域代表共20余人，央校地社党建打造竹岭村碳中和共同富裕乡村振兴课题组联合负责人、省派闽清县东桥镇竹岭村第一书记何阳（中核集团福清核电有限公司）也应邀进行了工作分享。

此次活动共分为两个阶段，活动第一阶段在中核集团福清核电环境应急党支部王强处长的带领下，各行业参会代表参观福清核电科普展示馆和厂区。通过参观，大家了解到，中核集团中国核工业科技馆（福建）位于中核集团福建福清核电有限公司内，自 2017 年起长期面向地方政府、社会公众、核领域行业提供爱国主义教育、党性教育、科普教育服务。建筑面积 6200 平方，展示面积 2400 平方，展览内容包含爱国主义教育、核工业发展史、核科普知识、华龙党建及华龙科技创新等七大功能区域、五十二大展项，通过沙盘、音视频、立体模型、实物和展板等展陈以及 VR、AR 新媒体方式，讲述核工业从"国之光荣"到"国之重器"的创建发展历程。每年免费开放时间 300 天以上，接待公众超过 2000 批近 4.5 万人次。截至 2021 年 10 月，公司先后荣获全国爱国主义教育示范基地、首批中央企业爱国主义教育基地、全国核科普教育基地、中核集团首批党性教育基地、福建省科普教育基地、福建省国有企业爱国主义教育基地、福建省科技馆核电科学分馆、福州市科普教育基地、福州科技馆核电知识分馆、福清市科普旅游示范点等多项荣誉，入选福建省党史学习教育参观学习点，"华龙一号"首堆商运入选《中国共产党一百年大事记》，被文化和旅游部列入"建党百年红色旅游百条精品路线"。

参观合影

参观现场

"华龙一号"示范工程模型（国内最大实体模型）

参观中核集团福清核电有限公司

中核集团福清核电有限公司工会副主席李海凤欢迎致辞

福建省环境教育学会会长、学会党支部书记苏玉萍教授欢迎致辞

通过参观和讲解员的介绍，大家还了解到，福清核电成立于 2006 年 5 月 16 日，位于福清市三山镇前薛村，总装机容量 665.6 万千瓦，总投资近 1000 亿元。1 ～ 4 号机组采用二代改进型成熟技术，5 ～ 6 号机组采用我国自主三代核电"华龙一号"技术路线。福清核电全部建成年发电量达500 亿千瓦时，产值约 200 亿元，至少可拉动地方经济 3000 亿元和增加 3万人就业。同比燃煤火电厂，可年减少二氧化碳排放约 4800 万吨（按中国电网电力公布的 1 度电平均产生 0.96 千克 CO_2 计算），为国家实现"双碳"战略，为保障经济发展和能源供应做出了应有的贡献。大家因国家"双碳"战略相聚中核集团福清核电有限公司，希望在中核集团这个国之重器企业的带领下，团结和引导更多的社会单位和相关人士关注碳中和，积极参与"巩固拓展脱贫攻坚成果同乡村振兴有效衔接"，建设可亲可爱可敬的美丽福建。

参观结束之后，马上进入"推进乡村振兴，建设美丽福建"央校地社党支部共建交流环节。共建活动开始，两个主办方领导致欢迎辞，对大家来到中核集团福清核电有限公司举办央校地社党支部共建交流活动表示欢迎，也希望通过本次活动能够团结和引导更多的企事业单位和个人关注并参与"推进乡村振兴，建设美丽福建"，为福建省十四五规划的有效实施

央校地社党支部共建协议签署

央校地社党支部共建协议书

和实现中华民族伟大复兴梦做出自己应有的贡献，既体现中核集团福清核电有限公司应有的央企社会责任，也为其他单位和个人提供一个参与共同富裕三次分配（捐赠、慈善、各种公益活动等）的有效平台，为我国共同富裕的早日实现贡献各自的力量。

领导致辞之后，中核集团福清核电有限公司工会党支部、福建省环境教育学会党支部、福建省水利学会党支部、福清市河长办党支部、福清市气象局党支部、闽清县东桥镇竹岭村党支部六个支部就联合参与"推进乡村振兴，建设美丽福建"签订支部共建协议，纷纷表示各个支部将积极参与行动，为早日实现共同富裕中国梦贡献各自力量。

驻村第一书记分享竹岭村乡村振兴探索与最新进展

　　紧接着，央校地社党建打造竹岭村碳中和共同富裕乡村振兴课题组联合负责人、省派驻闽清县东桥镇竹岭村第一书记何阳（中核集团福清核电有限公司）向参与活动的领导和嘉宾介绍了任职 5 个月以来的一些探索与最新进展。

　　竹岭村地处福州都市圈 "T" 型走廊上 "山海协同创新廊" 的绿色产业服务核心区，距闽清县城 50 公里，群山环绕，峡谷溪流，茂林修竹。全村总面积 19139 亩，村域海拔 400 ～ 1300 米，下辖竹下、岭尾、桂厝坪三个自然村。挂职半年来，开展了以下工作：8 月，送检山泉水；11 月，打井寻找更加优质的地下水源，拟将竹岭优质山泉水产业化；8 月，协调省农科院开展红菇生态种植技术研究，拟在竹岭旧村开展倍产试验，以期形成产业发展……；9 月，"山水竹岭" 公众号上线运行；9 月，开展竹岭村光伏（BIPV）电站项目建议书编制，中核福建电能服务公司现场勘查出具方案；10 月，组建央校地社党建打造碳中和共同富裕乡村振兴课题组，并开展了一系列城乡融合的活动；11 月，"林果竹" 村集体商标注册提交国家知识产权局商标局；11 月，成立乡贤乡绅理事会；12 月，央校地社党建联合打造碳中和共同富裕乡村振兴课题组村外调研（赴宁德占西坑村开展竹筒酒调研学习、中国传统古村落——宁德南岩村调研学习；12月，启动福建省森林村建设，推动森林步道建设，争创中国森林村；12月，开展福建"绿盈乡村"建设……

2022年在学习了党的十九届六中全会精神以及中央经济工作会议精神之后，结合竹岭村的实际情况，拟开展以下工作：为东桥中小学建设"小核苗图书角"，通过公益活动多维度提高东桥乡村教育品质；协调中康村民健康管理系统公益建设项目落地；推动三甲医院专家赴竹岭中心村义诊；福州大学赴东桥镇竹岭村大学生暑期社会实践；捐助3户较困难家庭学生完成大学学业；竹岭村中心村乡村振兴战略发展规划编制；完成"为了习近平总书记的嘱托"纪念展室建设；建设桂厝坪游击队旧址（一期）；推动山泉水产业化项目；推动竹桶酒项目产业化等。

央校地社党建打造竹岭村碳中和共同富裕乡村振兴课题组联合负责人、省派竹岭村第一书记（中核集团福清核电有限公司）的分享引起了参会人员的极大共鸣：福建省生态环境厅水处林峰艺副处长回答了如何申请负氧离子实时监控指示牌、空气质量等级标牌事宜，围绕指标创建"绿盈乡村""森林人家"的工作方法和步骤，通报了由省发改委和生态环境厅正在运作"碳中和"碳交易市场创建，如何把产业、文化、人才有效结合，发挥央校地社党支部共建优势形成合力，落实总书记指示要求，推动竹岭村乡村振兴活动彭拜发展，同时建议福清核电可以围绕美丽园区指标创建美丽核电园区；福建发明家协会副会长谈到建设"碳汇小镇"的一些设想，将有效实现农村一二三产融合；福清市气象局周萌副局长介绍了防灾减灾过程中气象局对社会经济所做的贡献，分享了后续建设气象博物馆的设想，同时表达了个人资助1名竹岭村困难家庭学生上学的愿望等。

经过研讨，大家一致认为，本次活动是深入贯彻落实党的十九届六中全会精神和2021年中央经济工作会议精神具体体现，通过本次活动，引导和团结更多的党员、团员以及有社会责任担当的单位关注并参与共同富裕乡村振兴，积极服务于中国经济社会思潮大交锋节点中的"共同富裕、资本、初级产品供给、重大风险、碳达峰碳中和"五个层面新的重大理论和实践问题，助力福建省绿色经济与文旅经济的发展，活动取得了预期效果。

活动现场

会后合影

"无数平凡英雄拼搏奋斗，汇聚成新时代中国昂扬奋进的洪流。"总书记的新年贺词温暖人心、催人奋进。新的一年，共建党支部将继承与发展中核集团大国重器的"工匠精神"积极推进乡村振兴，建设美丽福建，利用自身资源优势，积极主动参与共同富裕相关主题活动，一起开创美好未来的共同富裕图景，以实际行动迎接党的二十大胜利召开。

4.3.7 "共同富裕 乡村振兴"再调研

为深入贯彻落实党的十九届六中全会精神和 2021 年 12 月 8 日中央经

济工作会议精神，2022 年 1 月 7 日，以"推进乡村振兴，建设美丽福建"为主题的共同富裕乡村振兴活动在中核集团福清核电有限公司举办。参会的嘉宾领导就央校地社党建打造竹岭村碳中和共同富裕乡村振兴课题组联合负责人、省派竹岭村第一书记何阳（中核集团福清核电有限公司派）任职 5 个月以来的一些探索与最新进展分享进行了积极响应，其中福建省生态环境厅水生态环境处处长林峰艺副处长回答了如何申请负氧离子实时监控指示牌、空气质量等级标牌事宜，围绕指标创建"绿盈乡村""森林人家"的工作方法和步骤，通报了由省发改委和生态环境厅正在运作"碳中和"碳交易市场创建，如何把产业、文化、人才有效结合，发挥央校地社党支部共建优势形成合力，推动竹岭村乡村振兴活动彭拜发展，同时建议福清核电可以围绕美丽园区指标创建美丽核电园区；福建发明家协会副会长谈到建设"碳汇小镇"的一些设想，将有效实现农村一二三产融合；福清市气象局周萌副局长介绍了防灾减灾过程中气象局对社会经济所做的贡献，分享了后续建设气象博物馆的设想，同时表达了个人资助 1 名竹岭村困难家庭学生上学的愿望等。

驻村第一书记分享竹岭村乡村振兴探索与最新进展

福建省生态环境厅水生态环境处林峰艺同志响应

福建发明家协会侯梦斌副会长响应

福清市气象局周萌副局长响应

会议一结束，竹岭村就收到了福清市气象局周萌副局长的善款，并完成了资助 1 名竹岭村困难家庭学生上学的行动。为了对林峰艺副处长和侯梦斌副会长响应做出快速响应，2022 年 1 月 10 日央校地社党建打造竹岭村碳中和共同富裕乡村振兴课题组就两个同志的响应马上展开深入细致调研。

一大早，课题组赴调研的第一站福建省生态环境厅水生态环境处、大气环境处及自然生态保护处。省厅接口部门领导热情、细致地解读了森林村庄、"绿盈乡村"、"碳中和碳交易"相关政策，并联系了福州生态环境局的相关领导，为探索和实践乡村生态环境振兴、碳交易等工作取得宝贵意见。"十四五"期间，我省继续深入实施"百城千村"绿化美化宜居工程，规划新建省级森林乡镇 100 个、省级森林村庄 1000 个，为科学评价省级森林乡镇、森林村庄的建设成效，省绿化委员会、省林业局组织修订了省级森林乡镇和森林村庄的评价指标。现将《福建省森林乡镇评价指标表（修订）》《福建省森林村庄评价指标表（修订）》，具体可以参考 http：//lyj.fujian.gov.cn/zwgk/slpy/202111/t20211119_5777684.htm，"绿盈乡村"需要按照福建省绿化委员会办公室《关于征求省级森林城镇森林村庄评定标准修改意见的函》的要求开展申报工作；"碳中和碳交易"国家层面在 2016 年以后就停止了针对乡镇乡村实际交易政策方面的出台。

福建省生态环境厅水生态环境处和大气环境处再调研

福建省生态环境厅自然生态保护处调研

紧接着课题组又到福建省发明家协会就碳中和、碳汇小镇等主题展开深入再调研，受到省发明家协会会长陈鼎凌和侯副会长的热情接待。

碳中和共同富裕乡村振兴课题组何阳介绍乡村振兴探索与实践

福建省发明家协会侯梦斌副会长介绍零碳小镇

福建省发明家协会陈鼎凌会长介绍营养医学

省发明家协会的调研起始于碳中和共同富裕乡村振兴课题组何阳介绍乡村振兴探索与实践的简要介绍，之后分别由侯梦斌副会长介绍零碳小镇、陈鼎凌会长介绍营养医学等具体内容。

最后一站，调研成员与竹岭村乡村振兴相关课题的实施人员就设计细节和施工方案进行了深入、细致的沟通探讨，确保后续项目实施达到预期效果。

竹岭村乡村振兴展示馆设计探讨

央校地社党建打造竹岭村碳中和共同富裕乡村振兴课题组"共同富裕 乡村振兴"再调研取得圆满成功。

4.3.8 归农书院话振兴（乡村）

为了深入贯彻落实党的十九届六中全会精神以及 2021 年 12 月举办的中央经济工作会议精神，继续发扬百年建党精神把"巩固拓展脱贫攻坚成果同乡村振兴有效衔接"的工作推向深入，在参加完闽清县 2021 年 1 月 14 日举办的"抓党建促乡村振兴暨驻村工作推进会"之后，央校地社党建打造碳中和共同富裕乡村振兴课题组在福建省发明家协会陈鼎凌会长的引荐下到归农书院展开深入细致的现场调研与交流，受到了归农书院负责人细雨的热情接待。

乡村振兴交流一

乡村振兴交流二

归农书院负责人细雨介绍一

归农书院负责人细雨介绍二

细雨介绍了归农书院的起源，同时带领调研团队进行了实地考察，并利用具有归农书院特色的素食宴招待了调研队伍。通过调研交流了解到，归农书院位于福建省福州市闽侯县荆溪镇关中村，是2012年由中国人民大学乡村建设中心温铁军教授团队和社会民间组织联合发起的爱故乡项目之一。以古民居修复活化为基础，进行乡土建筑、乡村景观的呈现及规划，新农人培育、可持续农耕生产和生活方式及乡土社区营造的研学探索。通过促进城乡文化交流及资源融合，建立以农耕文明为载体的国粹文化传播平台，营造慢食慢村慢生活的晴耕雨读生态社区，建设自然生态和人文生态优良的寿养、康养基地和自然教育学校。用六产化的思路，建立一条连接城市和田园生活的纽带，让乡村生态宜居，让农民安居乐业，让市民找到归宿，让乡土恢复活力，让人们摆脱焦虑，重建人与土地、人与自然、人与人的良好关系，走向生态文明和可持续发展。

乡村振兴交流三

乡村振兴交流四

归农书院负责人细雨介绍三

乡村振兴交流五

央校地社党建打造碳中和共同富裕乡村振兴课题组与细雨、陈鼎凌会长百草园合影

央校地社党建打造破中和共同富裕乡村振兴课题组与细雨、陈鼎凌会长归农共享菜地合影

归农书院素食宴

素食宴享用

    调研完归农书院之后，我们又到福建佰奥源生物科技有限公司做乡村振兴二产调研，福建佰奥源生物科技有限公司是一家专注"科技＋健康＋可持续＋乡村振兴"等多维立体的生态健康产业聚合型公司，致力于生态康养综合体建设，以科技为引领＋六产融合为理念的乡村建设行动；以身心灵全方位健康生活方式为主导，构建连接城市和田园生活的自然纽带。让乡村生态宜居、农民安居乐业、市民找到归宿、乡土恢复活力、人们摆脱焦虑，为国家推进大康养产业提供核心技术支持。团队原创"食植物基因溯源解码技术"，应用于各大健康产品领域。从中医食疗养生健体、慢病管理需求切入，衍生孵化出新世纪《健康医食产品宝典·纪元》，构建多维立体可持续的健康产业链。

    公司以我国著名三农学者、荣获农业部科技进步一等奖和教育部科研成果二等奖的国务院特殊津贴专家温铁军教授为核心的归农文化乡建团队与福建发明家协会合作，以科技为引领、以六产融合为理念的乡村建设实体项目，以身心灵全方位健康生活方式为主导，构建连接城市和田园生活的纽带，让乡村生态宜居、农民安居乐业、市民找到归宿、乡土恢复活力、人们摆脱焦虑，为国家推进大康养产业提供核心技术支持。

与陈鼎凌会长、细雨公司合影

福建佰奥源生物科技有限公司交流

在调研与交流中，央校地社党建打造碳中和共同富裕乡村振兴课题组也简要介绍了课题组的组建过程及最新进展。

2020年是我国决战脱贫攻坚、决胜全面建成小康社会关键时期，也是新冠疫情爆发期，福州大学教工党员苏世彬响应十九大报告中"举全党全社会之力推动乡村振兴"的伟大号召，以志愿者的身份组建了校社党建提高低收入人群收入共同富裕乡村振兴课题组，并选择安溪县参内镇岩前村实施以城乡融合、农村一二三产业融合为主要手段的党建绿色创新创业产业帮扶，提高乡村坚守者（贫、病、老、妇）在疫情期间的增收；2021年是"两个一百年"交汇点，也是"十四五"规划的开局之年，更是全面建设社会主义现代化国家新征程和"巩固拓展脱贫攻坚成果同乡村振兴有效衔接"的启动元年，课题组持续发力，在社会实效、新农人培养、学术实效取得了一系列的成果。

2021年9月底，第六批省派驻闽清县东桥镇竹岭村第一书记何阳（中核集团福清核电有限公司派）与校社党建打造提高低收入人群收入共同富裕乡村振兴课题组、福州大学教工党员苏世彬认识之后，结合各自的优势，尤其是该课题组从2020年以来城乡融合、农村一二三产业融合共同富裕乡村的探索经验，迅速组建央校地社党建打造竹岭村碳中和共同富裕乡村振兴课题组，对前期的竹岭村乡村振兴规划进行全方位的论证和补充、完善。

在这之后，就以庆祝中国共产党建党100周年主题活动为主线，以习近平同志系列讲话精神为灵魂，以央校地社党建打造竹岭村碳中和共同富裕乡村振兴课题组研究与实践为抓手，全面探索竹岭村乡村振兴工作及规划，2021年，课题组主要做了以下几个事情：

（1）2021年11月2日举办"央校地社党建打造竹岭村碳中和共同富裕乡村振兴，助力幸福福核建设"课题竹岭村现场调研会；

（2）2021年组织中核集团福清核电有限公司办公室党支部联合福清市委办党支部进竹岭村开展"共同富裕你、我、他"献爱心暖人心活动；

（3）2021年11月23日展开对中康体检网和福建省享业生态科技有限公司的"万企兴万村"暨扎实推进共同富裕田野调查；

（4）2021年11月27日举办庆祝中国共产党建党100周年暨贯彻落实党的十九届六中全会精神主题活动——"企校地社党建助力岳秀脐橙文化

节，推进乡村振兴共同富裕"研讨会；

（5）2021年11月28日与中南大学福建校友会展开乡村振兴共同富裕交流；

（6）2021年12月4日，推动中南大学福建校友会开展"共同富裕中国梦，振兴乡村我有责"助力乡村振兴系列活动之竹岭村党建活动；

（7）2021年12月5日，福建省环境教育学会苏玉萍会长到竹岭村展开调研交流；

（8）2021年12月18日组织福州大学工商管理研究院院长王益文教授和中康体检网林其峰董事长考察竹岭村；

（9）2021年25—26日，调研"南岩村"学习全员经济合作社12项制度情况，及"占西坑村"开发竹筒酒、铁皮石斛等农村一二产业发展情况；

（11）2021年12月29日，到闽清县农业农村局、闽清县林业局、闽清县乡村振兴办公室、闽清县三农服务超市展开调研与交流。

以上的城乡融合推动竹岭村"巩固拓展脱贫攻坚成果同乡村振兴有效衔接"有序深入开展，也给东桥镇其他乡村也带来一定的人气和财气，并引起了社会的广泛关注，获得新华网、新浪网、今日头条、网易、福州大学经济与管理学院、中核集团福清核电有限公司内部网站、财富海西、大学生网报、多彩大学生网、腾讯网、闽清电视台等多家媒体的报道，同时也吸引了福州大学、福州职业技术学院等多所高校学生的参与，为大学生乡村振兴创新创业训练提供实践课堂，在积极探索现时"巩固拓展脱贫攻坚成果同乡村振兴有效衔接"新鲜经验的同时也为国家深入开展"巩固拓展脱贫攻坚成果同乡村振兴有效衔接"培养未来5～10年的生力军和接班人。

在开展以上活动同时，我们课题组积极主动学习党的十九届六中全会精神以及2021年12月召开的中央经济工作会议精神，尤其是2021年12月29日到闽清县农业农村局的实地调研，让我们更加清楚自己的定位以及闽清县政府十四五规划中"聚焦"高标准"和"全覆盖"两个关键点，按照产业兴旺、生态宜居、乡风文明、治理有效、生活富裕的总要求，全面推进乡村振兴，持续实施乡村振兴十大行动，标准化创建，全域化推进，一年接着一年干，每两到三年上一个新台阶，高质量走好乡村振兴特色之路"的发展规划。

有了以上文件精神，我们的方向更加明确，基本围绕以下三个方面来开展 2022 年的竹岭村乡村振兴工作：

第一，积极推动竹岭村的城乡融合。

2022 年 1 月 4 日，到闽清县生态环境局、水利局、档案馆、图书馆、县志办等单位汇报交流学习；2022 年 1 月 7 日，在福清核电参与"推进乡村振兴，建设美丽福建"央校地社党支部共建活动，扩大东桥竹岭社会影响；2022 年 1 月 8—9 日，赴深圳参加"西安交大深圳校友会乡村振兴主题论坛"，课题组作专题报告，力争为县镇引进优质农村一二三产开发资源；2022 年 1 月 10 日福建省生态环境厅水生态环境处、大气环境处及自然生态保护处"绿盈乡村""碳中和碳交易"相关政策调研；2022 年 1 月 13 日接待省发明家协会两位会长到竹岭村的现场考察等。

在未来的日子里，我们还准备举办福州大学赴东桥镇竹岭村大学生暑期社会实践，在长乐区猴屿乡参与主办"严复思想学以致用暨助力闽台共同富裕乡村振兴研讨会"，未来还会根据竹岭村的需求展开系列的城乡融合活动。

第二，开始设计和实施竹岭村的一二三产业融合。

2022 年 1 月 10 日到福建省发明家协会就碳中和、碳汇小镇、纳米银耳凝胶等主题展开深入再调研，完成"为了习近平总书记的嘱托"纪念展室建设；建设桂厝坪游击队旧址（一期）；推动山泉水产业化项目；推动竹桶酒项目产业化规划打造红色党性党史爱国主义教育＋体验基地，探索竹筒酒产业；协调中康村民健康管理系统公益建设项目落地等。

第三，配合闽清县十四五规划中乡村振兴篇章，启动竹岭"中心村"党委涵盖的 7 个行政村和包含官圳村、北洋村、溪芝村、义由村、大溪村组成的东桥镇乡村振兴示范带。具体举措包括：东桥中小学建设"小核苗图书角"，通过公益活动多维度提高东桥乡村教育品质；推动三甲医院专家赴竹岭中心村义诊；举办"大学生共同富裕乡村振兴论坛：从安溪县岩前村启航到以闽清县竹岭村为核心的两个乡村振兴示范带"；闽清县乡村振兴学术论坛等。

央校地社党建打造碳中和共同富裕乡村振兴课题组的工作获得了福建省发明家协会陈鼎凌会长和归农书院负责人细雨的高度认可，大家一致认为央校地社党建打造碳中和共同富裕乡村振兴课题组与归农书院和福建佰奥源生物科技有限公司的工作有一定的交集，尤其是东桥镇干热岩开发以及纳米银耳凝胶，既是中核集团福清核电有限公司 2035 年再造一个福清核电产值以及幸福福核的刚需，也是东桥镇乡村振兴示范带二产的刚需，更是省发明家协会和福建佰奥源生物科技有限公司多年的技术储备，是两个共同富裕"你 我 他"的多赢项目，后面双方要加强联系，争取把以上两个项目进一步推进，归农书院话振兴（乡村）取得圆满成功。

4.4 效果证明

福建省闽清县东桥镇竹岭村民委员会

证 明

福州大学教工党员苏世彬 2021 年 10 月 14 日被聘请为闽清县东桥镇竹岭村乡村振兴学术指导顾问并组建了央校地社党建打造竹岭村碳中和共同富裕乡村振兴课题组，2021 年 11 月 2 日策划和主办了"央校地社党建打造竹岭村碳中和共同富裕乡村振兴，助力幸福核建设"课题竹岭村现场调研会对竹岭村乡村振兴展开了系统设计和资源对接，根据会议精神先后组织竹岭村两委及村民到大田考察红曲以改进竹岭村土酒酿制工艺；2021 年 11 月 23 日展开对中康体检网和福建省亨业生态科技有限公司的"万企兴万村"暨扎实推进共同富裕田野调查；2021 年 11 月 28 日与中南大学福建校友会展开乡村振兴共同富裕交流；2021 年 12 月 4 日，推动中南大学福建校友会开展"共同富裕中国梦，振兴乡村我有责"助力乡村振兴系列活动之竹岭村党建活动；2021 年 12 月 5 日，福建省环境教育学会苏玉萍会长到竹岭村展开调研交流；2021 年 12 月 18 日组织福州大学工商管理研究院院长王益文教授和中康体检网林其峰董事长考察竹岭村；2021 年 12 月策划竹岭村两委考察福安岳秀村脐橙文化节、及福安南岩村、占西坑村；协助竹岭村注册"林果竹"商标等等。

以上活动推动竹岭村"巩固拓展脱贫攻坚成果同乡村振兴有效衔接"有序开展，也给东桥镇其他乡村也带来一定的人气和财气，并引起了社会的广泛关注，获得新华网、新浪网、今日头条、网易、福州大学经济与管理学院、中核集团福清核电有限公司内部网站、财富海西、大学生网报、多彩大学生网、腾讯网、闽清电视台等多家媒体的报道。并据此制定了两个以竹岭村为核心的乡村振兴示范带：一个是竹岭"中心村"党委涵盖的 7 个行政村和包含官圳村、北洋村、溪芝村、义山村、大溪村组成的东桥镇乡村振兴示范带；另外一个是山安溪县岩前村、闽清县竹岭村、福安市岳秀村等组成的跨市县乡村振兴示范带。推动了竹岭村与福州市的城乡融合并加速竹岭村一二三产业融合，为 2022 年竹岭村碳中和共同富裕乡村振兴奠定了坚实的前期基础，也为竹岭村 2022 年深入贯彻落实党的十九届六中全会精神和 2021 年中央经济工作会议精神提供指引方向。

特此证明

闽清县东桥镇竹岭村民委员会

2021.12.30

第5章 "企校地社党建助力岳秀脐橙文化节，推进乡村振兴共同富裕"研讨会

5.1 背景

奋斗百年路，启航新征程，2021年是中国共产党建党100周年，也是"巩固拓展脱贫攻坚成果同乡村振兴有效衔接"的启动元年，"巩固拓展脱贫攻坚成果同乡村振兴有效衔接"必须依靠全党全社会的力量。为此，2021年8月5日，中华全国工商业联合、农业农村部、国家乡村振兴局、中国光彩事业促进会、中国农业发展银行、中国农业银行等六个单位联合发布了《关于开展"万企兴万村"行动的实施意见》，鼓励民营企业大力开展"万企兴万村"行动，以产业振兴为重要基础，全面推进乡村产业、人才、文化、生态、组织振兴，促进农业高质高效、乡村宜居宜业、农民富裕富足；2021年8月17日中央财经委员会第十次会议研究扎实促进共同富裕问题，2021年10月16日习近平在第20期《求是》杂志发表《扎实推动共同富裕》更是提出"鼓励高收入人群和企业更多回报社会"；2021年11月8—11日则刚刚顺利召开十九届六中全会。可见，在坚持中国共产党领导的前提下动员全党全社会的力量发扬百年建党精神扎实推进乡村振兴共同富裕迫在眉睫。

岳秀脐橙文化旅游节已成功举办过6届，成为一个具有一定影响力的文化盛会，在岳秀村决战脱贫攻坚、决胜全面建成小康社会的关键时期发挥着重要的作用，脱贫攻坚是全面建成小康社会的堡垒，解决的是温饱问题，乡村振兴是我们国家实现现代化的一个关键性工程，解决的是所有农

民如何富有的问题，其深度、广度和难度都不亚于脱贫攻坚。如何延续岳秀脐橙文化旅游节的传统优势，打造成为岳秀、溪潭、福安乃至全省、全国都具有影响力的旅游文化节，成为地方文化地标，成为 IP 符号，拉动地方品牌形象、文化旅游、经济效益等方面全面提升；吸引全省游客走进福安、溪潭、岳秀，文旅产业带动农产品流通，两者互推，形成双向循环，带动福安、溪潭、岳秀当地经济发展，有效推进产业兴农、消费兴农，推动《中共中央国务院关于实现巩固拓展脱贫攻坚成果同乡村振兴有效衔接的意见》在福安市、溪潭镇和岳秀村深入有效实施。为此，中共福安市委市政府决定在 2021 年 12 月 18 日在福安市溪潭镇岳秀村举办 2021 第七届岳秀脐橙文化旅游节暨岳秀村乡村振兴成果展。

党的十九届五中全会提出，要"全面实施乡村振兴战略，强化以工补农、以城带乡，推动形成工农互促、城乡互补、协调发展、共同繁荣的新型工农城乡关系，加快农业农村现代化"。可见，统筹城乡融合发展与乡村振兴已经成为"十四五"时期的重要内容。为了让 2021 第七届岳秀脐橙文化旅游节暨岳秀村乡村振兴成果展成为省会城市福州与福安市、溪潭镇、岳秀村初步融合的枢纽，同时引导和团结更多的福州市企业、单位以及个人积极参与福安市、溪潭镇、岳秀村乡村振兴，真正推动全党全社会力量发扬百年建党精神扎实推进福安市、溪潭镇、岳秀村乡村振兴共同富裕，特策划在福州举办贯彻落实党的十九届六中全会精神的庆祝中国共产党建党 100 周年主题活动之"企校地社党建助力岳秀脐橙文化节，推进乡村振兴共同富裕"研讨会，以优异的成绩迎接二十大的召开。

5.2 活动内容

一、嘉宾简介

二、领导致欢迎辞

三、聘书发放

四、公司简介

1. 福建享业科技有限公司简介

2."巩固拓展脱贫攻坚成果同乡村振兴有效衔接"经验交流会暨习近

平同志"七一"重要讲话精神座谈会抖音播放

3. 福安市助农农业科技有限公司简介

五、岳秀脐橙文化旅游节研讨

1. 溪潭镇岳秀村及脐橙简介

2. 播放宣传片（往届视频集锦回顾）

3. "2021第七届岳秀脐橙文化旅游节暨岳秀村乡村振兴成果展"说明

4. 参会嘉宾自由提问

六、领导总结（待定）

参会嘉宾：

1. 高福生，省农学会秘书长

2. 蔡启运，原邵武市副市长（副处）

3. 陈震西，省企业与企业家联合会副会长兼副秘书长

4. 池新宝，福建省享业生态科技有限公司董事长

5. 张本领，福建省享业生态科技有限公司执行董事

6. 张忠财，福建省享业生态科技有限公司总经理

7. 林凯，福建省享业生态科技有限公司副总经理，福安市助农农业科技有限公司负责人

8. 吴明，数智媒体专家、资深策划人，福安市助农农业科技有限公司负责人

苏世彬邀请（初步确定）：

1. 郑寿平，原福州市科技局副局长（正处级）

2. 顾蔚泉，中核集团福清核电设计处处长（正处级）

3. 何阳，中核集团福核核电省派竹岭村第一书记

4. 苏玉萍，福建省河湖健康研究中心副主任、福建省环境教育学会会长

5. 黄玉林（2人），海西创业大学执行校长

6. 范良杰，群英众创空间（省级）创始人、福建君柚集团董事长

7. 钟文平，福建聚能簧科技有限公司董事长

8. 林灯塔，中南大学福建校友会会长

9. 邓贵南，福建鼓岭农业生态有限公司董事长

10. 陈希，胡贝儿形体礼仪女子学堂福建负责人

11. 苏水良，《财富海西》杂志社社长

12. 赖添贵2人，南方信息技术服务有限公司负责人

13. 吴旭，福建君柚集团总经理

14. 郑屹等2人，福福建省环境教育学会秘书长和宣传部总监

15. 林佳等3人，福州大学学生，撰写新闻稿件

16. 周丙丁等3人，福州职业技术学院学生，制作抖音与活动视频

5.3 新闻通稿

奋斗百年路，启航新征程，为庆祝中国共产党建党100周年暨贯彻落实党的十九届六中全会精神，在福安市溪潭镇人民政府授权下，2021年11月27日在福州举办"央校地社党建助力岳秀脐橙文化节，推进乡村振兴共同富裕"研讨会，该研讨会由福安市溪潭镇人民政府、福建省享业生态集团主办，福安市助农农业科技有限公司承办，乡村振兴"南泥湾计划"高校"揭榜挂帅"研习队协办，福州大学教工党员苏世彬主持。

根据会议流程，在对参会领导与嘉宾介绍之后，就开始由张忠财（福建省享业生态科技有限公司总经理）致欢迎辞。

授权书

奋斗百年路，启航新征程，为了庆祝中国共产党建党100周年并贯彻落实十九届六中全会精神，探索"巩固拓展脱贫攻坚成果同乡村振兴有效衔接"的新鲜经验，推动福安市溪潭镇岳秀村脐橙文化节的顺利召开，促进福安市溪潭镇岳秀村共同富裕取得实质性进展，以优异成绩迎接党的二十大召开，特授权福建省享业生态科技有限公司在福州负责"企校地社党建助力岳秀脐橙文化节，推进乡村振兴共同富裕"研讨会全部事宜。其中，福建省享业生态科技有限公司乡村振兴项目导师、福州大学教工党员苏世彬（校社党建提高低收入人群收入共同富裕乡村振兴课题组和央校地社党建巩固和共同富裕乡村振兴课题组负责人）和福建省享业生态科技有限公司副总经理林凯作为联合策划人，福安市溪潭镇人民政府作为主办单位，福安市助农农业科技有限公司作为承办单位，乡村振兴"南泥湾计划"高校"揭榜挂帅"研习队作为协办单位。

福安市溪潭镇人民政府
2021年11月24日

福州大学教工党员苏世彬主持

张忠财致欢迎辞

在致辞中张忠财表示，2021年是中国共产党建党100周年，也是"巩固拓展脱贫攻坚成果同乡村振兴有效衔接"的启动元年，2021年11月8—11日则刚刚顺利召开十九届六中全会。在这个时间节点上，召开这次会议，是享业集团践行"立志服务三农、助推乡村振兴"服务宗旨，通过助力福安市溪潭镇岳秀村脐橙文化节活动，去拓展新视角，发现新亮点，延伸新思路，总结新经验，创造新动能，更好地落实十九届六中全会精神，响应党的号召，扎实推动共同富裕，带动一方农民富裕富足，争创优异的成绩迎接二十大的号开。希望通过这次会议，大家能资源共享，取长补短，集众智，谋创新，通过各种实践交流，共创共建，一起携手，为更好地服务三农、共同助推国家乡村振兴战略而努力奋斗！

之后，福建省享业生态科技有限公司副总经理、福安市助农农业科技有限公司负责人林凯代表岳秀村为福州大学教工党员苏世彬发放聘书，聘请苏世彬同志为岳秀村乡村振兴学术指导顾问。

颁发聘书

乡村振兴学术指导顾问聘书

之后，就开始公司简介部分，首先由公司执行董事张本领介绍福建享业科技有限公司。

张本领介绍福建享业科技有限公司

福建省享业生态科技有限公司是一家以"让村民和市民一样富裕"为长期使命，以"巩固拓展脱贫攻坚成果同乡村振兴有效衔接"探索者和实践者为中短期使命的乡村振兴综合方案提供者，在福建省供销资产集团、中国投资协会生态产业投资专业委员会、福建农林大学、福建省农科院、福建省海峡企业三农产业服务中心等部门的联合指导下，整合团队、技术与资源优势，首创"1+4"助农模式：一个综合惠民服务中心，创新技术助农、供应链管理助农、政策咨询助农、电商助农四大助农体系。搭建起中国农产品生态产业链，完善农产品产、供、销渠道，助力供销社更好地发挥在"三位一体"服务"三农"模式中的作用，从前端触达到后链路转化形成闭环，打造一套完整的生态矩阵，为乡村振兴持续赋能。2021年7月5日，福安市供销社与福建省享业生态科技有限公司开展合作，注册福安市助农农业科技有限公司，创新性引进先进农业技术团队、农产品市场运营团队、电商服务团队和"三农"综合服务团队，为福安市电商助农、区域特色农产品推广、政策咨询、现代农资经营、庄稼医院等方面提供服务，并且与溪潭镇岳秀村、市瑞丰种植合作社三方就加快智慧乡村服务平台建设，促进乡村产业振兴等，签订了合作框架协议。根据协议，市助农农业科技有限公司、市瑞丰种植合作社、享业数智农业有限公司等企业将围绕"智慧乡村"规划开发、供应链搭建与管理、政策辅导、电商运营、生产销售、品牌建设、物流搭建等方面，与岳秀村加强合作共建，从源头解决土壤改良，品种优化，标准化种植等问题，为农户增产增收增效益打下坚实基础。同时以建设一个综合惠民服务中心和创新技术助农、供应链管理助农、政策咨询助农、电商助农四大体系，加快推动当地农业、旅游、文化三者深度融合，促进岳秀村乡村游、自驾游等农业新业态的发展。

紧接着，播放2021年8月17日举办的庆祝中国共产党建党100周年主题活动（三）——"巩固拓展脱贫攻坚成果同乡村振兴有效衔接"经验交流会暨"七一"重要讲话精神座谈会活动视频。

学史明理、学史增信、学史崇德、学史力行，
学党史、悟思想、办实事、开新局

奋斗百年路　启航新征程

"巩固拓展脱贫攻坚成果同乡村振兴有效衔接"经验交流会
暨习近平同志"七一"重要讲话精神座谈会
——庆祝中国共产党建党100周年主题活动（三）

主办单位：乡村振兴"南泥湾计划"高校"揭榜挂帅"研习队，
福建省享业生态集团

2021.8.17 福建省享业生态集团

活动视频播放

通过抖音我们了解到，"七一"重要讲话高屋建瓴，气势磅礴，不但向世人有效展示了共产党为什么能够走过辉煌100年的主要原因，以及怎样走过这辉煌的100年，更是向世人展示共产党如何走向第二个辉煌的100年的动力来源，并且向全党吹响了第二个辉煌的100年的战斗号角。

"七一"重要讲话更加适合作为我国经济建设的精神动力与指导，尤其是在"巩固拓展脱贫攻坚成果同乡村振兴有效衔接"启动元年，更需要伟大建党精神作为精神气，推动"巩固拓展脱贫攻坚成果同乡村振兴有效衔接"走向成功、成功、再成功。

最后，福建省享业生态科技有限公司副总经理、福安市助农农业科技有限公司负责人林凯从五大振兴视角简要介绍了福安市助农农业科技有限公司的工作。

林凯从五大振兴视角简要介绍了福安市助农农业科技有限公司

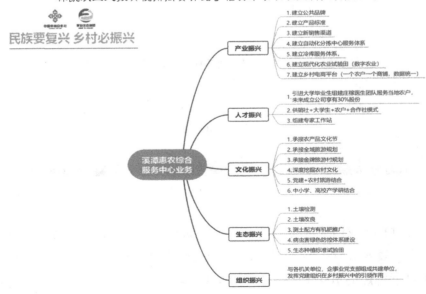

岳秀村五大振兴构思

在做完公司简介之后，就开始本次研讨会的核心内容——岳秀脐橙文化旅游节研讨会。

岳秀推广视频以及第四届岳秀脐橙文化节推广视频播放

福建省享业生态科技有限公司副总经理、福安市助农农业科技有限公司负责人林凯先后播放了若干个岳秀推广视频以及第四届岳秀脐橙文化节推广视频，让大家对岳秀脐橙以及岳秀脐橙节有个比较直观的认识。

紧接着，福建省享业生态科技有限公司董事、福安市助农农业科技有限公司负责人吴明就"2021第七届岳秀脐橙文化旅游节暨岳秀村乡村振兴成果展"做了详细说明。

"2021第七届岳秀脐橙文化旅游节暨岳秀村乡村振兴成果展"说明

山水溪潭　橙心岳秀
第七届岳秀脐橙文化旅游节

指导单位: 中共福安市委、福安市人民政府、中国投资协会生态产业投资专业委员会
主办单位: 福安市农业农村局、福安市文化体育和旅游局、福安市商务局
　　　　　福安市乡村振兴局、福安市供销社联合总社、福安市溪潭镇人民政府
协办单位: 福建省供销资产运营集团有限公司、福建省福安市供销社联合总公司
承办单位: 福安市溪潭镇岳秀村委会
策划执行单位: 福安市助农农业科技有限公司

活动主背板

	山水溪潭　橙心岳秀		
活动名称	第七届岳秀脐橙文化旅游节		
核心篇章	橙邀天下·脐聚岳秀	网红带货·岳秀好物	清新福建·全家福安
篇章目的	名特优农产品展销	线上直播带货	美丽乡村主题游
时间周期	2021.12.12	2021.12.12	2021.12.13
传播方式	活动前期: 撰写活动相关推文在所有支持媒体上推文发布, 提前做好预热; 抖音、快手等短视频宣传。		
	活动中期: 实时跟踪现场情况, 发布相关现场内容的图文、视频在所有相关媒体进行二次宣传。		
	活动后期: 对高峰论坛暨展推介会进行回溯复盘, 制作图文或视频。		

活动规划

共建单位说明

福建省享业生态科技有限公司副总经理、福安市助农农业科技有限公司负责人林凯则对文化节中的共建单位、乡村振兴爱心企业做了补充说明。

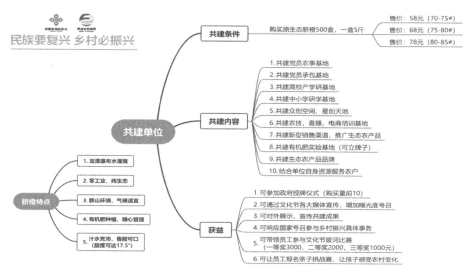

共建单位条件及内容

乡村振兴爱心企业说明

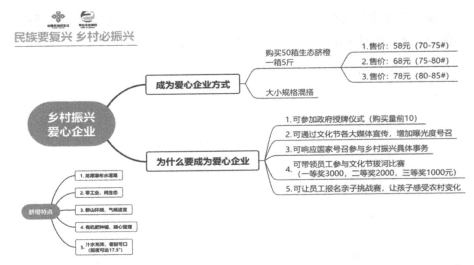

乡村振兴爱心企业具体内容

之后，参会领导与嘉宾纷纷就如何通过岳秀脐橙文化节，推进乡村振兴共同富裕提出各自的观点。

苏玉萍（福建省河湖健康研究中心副主任、福建省环境教育学会会长）发言

高福生（省农学会秘书长）发言　　　　　　蔡启运（原邵武市副市长）发言

陈霞西（省企业与企业家联合会副会长兼副秘书长）发言

郑寿平（原福州市科技局副局长、正处级）发言

何阳（中核集团福核核电省派竹岭村第一书记）发言

黄玉林（海西创业大学执行校长）发言

林灯塔（中南大学福建校友会会长、福建广业会计师事务所主任会计师）发言

赖添贵（南方信息技术服务有限公司负责人）发言

许文亮（海西创业大学副秘书长）发言

福州职业技术学院李云同学发言

福州大学林佳同学发言

福州职业技术学院周丙丁同学发言

福州大学许雪倩同学发言

福州大学杜秋宇同学发言

福州职业技术学院陈舒怡同学发言

通过研讨大家一致认为，享业生态集团在服务"三农"方面确实有很高的站位、想法和规划，是一个富有社会责任感的企业；对享业生态集团以服务"三农"为己任以及惠农综合服务中心的规划更是倾佩；对于岳秀村的乡村振兴提出一些指导，建议在乡村振兴的过程中要善于利用国家、政府的一些相关政策，以帮助岳秀村更好的发展，比如申报专家工作站、省级科技特派员；希望岳秀村之后能往智慧农村发展，因为在多年之后，现在的中老年人也逐渐老去，依靠现在的年轻人去采摘、种植是不太现实的，所以我们需要引进一些相关的机器人，尽可能的朝着无人看管的方向发展；岳秀村种植脐橙，不仅要注重土壤，水也是很关键。现在国家也指出要以水定人、以水定产业，农业种植对水的需求量是很大的，岳秀的山和水也是有独特的地方，一方水土养一方人，岳秀脐橙的品质和水也有很大的关系，所以我们也可以对水做一些研究，同时，从环保角度考虑，对我们吃完的脐橙，一些脐橙皮是不是也可以做一些资源的合理化利用，还有脐橙在储存的过程中必然会出现一些腐烂，对于这种情况我们应该如何处理这也是岳秀需要考虑的。

其中，福州职业技术学院学生李云结合了自己的家乡、亲身的经历提出的建议令人印象深刻：可以在脐橙林下养殖，通过养殖一些家禽，林下家禽扒土吃害虫，既实现松土，又消灭害虫，鸡的一些粪便排泄出来，形成有机的农家肥，这样增大了土壤的肥力。脐橙也要注重原生态种植，尽量不打农药，用传统的方式，将塑料瓶涂上一种特质的峰胶，挂在树上，一些果蚁、病害虫，寻味儿会被吸引过去，然后粘上去，从而达到消灭病虫害的作用，依据脐橙成熟的不同阶段，可以选择在果成型后，绿果达一个小中果的适合套袋，因为小果的时候果不稳定会后期脱落枝头的现象，且小果时果味淡，不要容易招惹病虫害，然后等一个多月在摘掉，后期给果有充足的阳光日照。保证品质，在采摘脐橙的时候，可以设计滑轨，运输脐橙（前提地势要有落差，或者电动进行）；在脐橙推广方面，应尽量体现特色，可以结合的岳秀少数民族畲族文化，通过拍摄一些畲族人民穿传统服装采摘脐橙，在结合当地的文化风俗，及一些日常生活，让百姓参与进来，体现出人民群众的对生活的向往。

林思祖（福建农林大学原副校长）总结发言

　　福建农林大学原副校长林思祖做了会议总结，林校长认为，岳秀脐橙文化旅游节已成功举办过6届，成为一个具有一定影响力的文化盛会，在岳秀村决战脱贫攻坚、决胜全面建成小康社会的关键时期发挥着重要的作用，脱贫攻坚是全面建成小康社会的堡垒，解决的是温饱问题，乡村振兴是我们国家实现现代化的一个关键性工程，解决的是所有农民如何富有的问题，其深度、广度和难度都不亚于脱贫攻坚。如何延续岳秀脐橙文化旅游节的传统优势，打造成为岳秀、溪潭、福安乃至全省、全国都具有影响力的旅游文化节，成为地方文化地标，成为IP符号，拉动地方品牌形象、文化旅游、经济效益等方面全面提升；吸引全省游客走进福安、溪潭、岳秀，文旅产业带动农产品流通，两者互推，形成双向循环，带动福安、溪潭、岳秀当地经济发展，有效推进产业兴农、消费兴农，推动《中共中央国务院关于实现巩固拓展脱贫攻坚成果同乡村振兴有效衔接的意见》在福安市、溪潭镇和岳秀村深入有效实施。为此，中共福安市委市政府决定在2021年12月18日在福安市溪潭镇岳秀村举办2021第七届岳秀脐橙文化旅游节暨岳秀村乡村振兴成果展。党的十九届五中全会提出，要"全面实施乡村振兴战略，强化以工补农、以城带乡，推动形成工农互促、城乡互补、协调发展、共同繁荣的新型工农城乡关系，加快农业农村现代化"。可见，统筹城乡融合发展与乡村振兴已经成为"十四五"时期的重要内容。如何让 2021 第七届岳秀脐橙文化旅游节暨岳秀村乡村振兴成果展成为省会城市福州与福安市、溪潭镇、岳秀村初步融合的枢纽，同时引导和团结更多的福州市企业、单位以及个人积极参与福安市、溪潭镇、岳秀村乡村振兴，真正推动全党全社会力量发扬百年建党精神扎实推进福安市、溪潭镇、岳秀村乡村振兴共同富裕，本次会议意义重大。参会领导嘉宾所提的各种建议都非常好，对于更好地办好第七届岳秀脐橙文化旅游节具有重要的参考价值，也对于真正启动岳秀村"巩固拓展脱贫攻坚成果同乡村振兴有效衔接"也具有重大的指导作用，希望福安市助农农业科技有限公司积极努力，在岳秀村的发展历史上再立新功，真正推进岳秀村尽快实现共同富裕乡村振兴，以优异的成绩迎接二十大的召开。

集体合照

最后，"企校地社党建助力岳秀脐橙文化节，推进乡村振兴共同富裕"研讨会取得圆满成功，参会领导嘉宾集体合影留念。

证 明

福州大学教工党员苏世彬 2021 年 11 月 24 日被聘请为福安市溪谭镇岳秀村乡村振兴学术指导顾问，并于 2021 年 11 月 27 日联合福建省享业生态科技有限公司在福州举办"企校地社党建助力岳秀脐橙文化节，推进乡村振兴共同富裕"研讨会，该研讨会获得新华网、今日头条、网易、财富海西等多家媒体报道，同时促成了胡贝儿国际形体礼仪女子学堂采购 500 箱脐橙，并且推动福州职业技术学院机器学院与岳秀村就无人机植保产学研项目、海西创业大学参与岳秀村电子商务培训、培育溪谭镇特色镇、群英众创空间（省级平台）培育岳秀村星创天地等达成初步协议，扩大了岳秀村在福州的影响，为岳秀村城乡融合推动一二三产业融合促进共同富裕乡村振兴做出了积极贡献，特此证明。

福安市溪谭镇岳秀村村民委员会

2021.12.30

乡村振兴学术指导顾问证明

5.5 学生感受

历练中成长，成长中前行

——"企校地社党建助力岳秀脐橙文化节，推进乡村振兴共同富裕"研讨会心得体会

福州职业技术学院　周丙丁　　指导老师：苏世彬

这是我人生中第一次亲身全过程参与的乡村振兴研讨会，虽然规模不大，但内容丰富、意义深远、务实高效，是一场助力岳秀脐橙文化节、推

动乡村振兴共同富裕、为我国乡村振兴提供新鲜经验的研讨会。研讨会上政府单位、企事业单位、专家学者、社会知名人生以及福建省高校学子齐聚一堂，研讨过程既激烈，又紧张。这不仅是一次经历，更是一次进步，让我在历练中成长，在成长中前行。

在本次研讨会前，苏老师就策划出了一份完整且详细的流程计划，包括活动背景、活动内容、时间安排以及参与嘉宾，通过策划方案就能看出整场会议的流程以及活动意义。通过这场会议，我也大致了解了举办一场活动需要做什么准备，并非我们想象中的那么简单，而需要考虑到方方面面，比如：时间、地点、经费以及现场人员的变动等不定因素，主持人更是需要具备随机应变的能力。根据安排，我们福州职业技术学院的学生主要负责现场的拍摄以及抖音视频的制作。所以在会议前，为了更好地完成苏老师交给我们的任务，我们找学长学姐借了专业的照相机，并且向他们请教了一些使用照相机的技巧，在这个过程中，我学到了一些拍照技能，也懂得了一些专业照相机的基本操作。

会议由苏世彬老师主持。首先，由享业生态集团总经理张忠财致欢迎辞，享业生态集团通过助力福安市溪潭镇岳秀村脐橙文化节活动，拓展新视角，发现新亮点，延伸新思路，总结新经验，创造新动能，更好地落实十九届六中全会精神，响应党的号召，扎实推动共同富裕，带动一方农民富裕富足，体现了享业生态集团的社会责任感。

在自由发言讨论环节，我再次开阔了自己的眼界，也重新对乡村振兴有了新的认识。各个专家都从自己专业领域以及曾经的经历为乡村振兴提供了许多的建议，比如：通过无人机进行采摘实现无人看管；讲究品牌效益，品牌口碑直接影响价格；保护环境，注重水源和土壤等。有许多方面的建议是我之前没考虑到的，如在此之前我只听说过一些无人机喷洒肥料、收割机收割水稻等，但是没有想到采摘脐橙也可以用空中滑轨机器人。

会议后，我们根据苏老师的要求撰写了新闻稿件，并制作了抖音视频。在此之前，我从未接触过视频制作，只看到别人做出的成果，自己做才发现并非我们想象中的那么简单，做出的效果也没想象中那么好，但在这过程中我积攒了经验，也得到了锻炼。

通过本次研讨会以及会后撰写新闻稿件和制作抖音，我学习到了很多课堂上无法学习到的东西，也接触到了很多社会人士、企业家、专家学者，他们在各自的领域中的起着不可估量的作用，这源于他们之前的不断努力。未来我也会更加努力，不断锻炼提高自己，让自己变得更加优秀。

天高海阔都在走出的那一步后

——"企校地社党建助力岳秀脐橙文化节，推进乡村振兴共同富裕"研讨会心得体会

福州大学经济与管理学院　许雪倩　　指导老师：苏世彬

一、序言

参与这次研讨会是我人生中一次全新的体验。之前学习的全部都是书本上和理论的知识，从来没有接触过真正的社会上的东西。这次的研讨会给我打开了全新的大门，让我看到了社会上真正需要的东西是什么，我看到了成果的获取都是由实打实的实践获得的，而不是光靠书本理论就可以取得的。第一次参加研讨会的我十分紧张，面对完全未知的东西，显得有些无所适从和局促不安。与我的紧张形成鲜明对比的是苏老师的从容不迫和游刃有余，苏老师在研讨会召开之前就先撰写了一份完整且详细的流程计划，流程计划里面包括背景、活动内容，参会嘉宾等研讨会具体流程及内容，瞬间就让我对整个会议的进程一目了然，开会时候的场景似乎已经在我眼前开展了一遍，研讨会安排的有序性瞬间安抚了我紧张不安的心情，让接下来的事情都变得井然有序，也让我对研讨会的开展充满了信心与期待。

二、过程

（1）会前

这次开会的地点距离学校不远，因此未在路程上浪费太多时间。但是如果下次研讨会的地点在较远的地方，我应该事前留出充足的出行时间，提前做好路线规划，避免在路程上浪费不必要的时间而耽误了自己的整体计划。来到会场，发现整个会场的布置十分整洁且井然有序，并且整个环境十分贴合会议的主题，周围的架子上也放上了有关此次乡村振兴的相关产品，能够让嘉宾在提前到会场的时候就能够对此次会议以及一定阶段的乡村振兴成果有一定的了解，能够推动会议更加顺利的开展。会议桌上嘉

宾牌位的摆放顺序、椅子的摆放数量以及座位准备的会议资料等细节上都体现了此次研讨会准备的独具匠心。

（2）会中

领导来宾陆续入场后就坐，苏老师作为主持宣布会议开始。苏老师率先发言介绍了各位领导来宾。在座的各位都是有身份有地位的人，是以前我只能在电视上、手机上、新闻上看到的领导们。会议的氛围十分严肃，这也是我第一次切身地体会到一场真正的研讨会应该如何开展，且应该在什么样的氛围下开展，而这种氛围的体会是我看新闻看电视所不能感受到的。在介绍了这次的主办方享业集团后，我知道了有这么一个公司，立志服务"三农"，助推乡村振兴服务宗旨，切实为乡村振兴寻找新视角、新思路，以此贡献自己的力量。岳秀村是一个小村庄，但是享业生态集团却能切实为越秀村的乡村振兴共同富裕考虑，通过产业振兴、人才振兴、文化振兴等多角度振兴，推动岳秀村更好发展。他们的责任与担当，特别是他们的能力令我印象深刻。他们的介绍也让我体会到了出现在电视上乡村振兴的美好成果背后，是一家又一家的企业以及无数的村民共同努力挥洒汗水的结果，要做出一项成果，背后需要无数的环节操作以及检验，需要一项又一项的策划，一次又一次的开会讨论才能得出，背后的辛苦与付出没有真正操作是无法切身体会的。接下来，各位领导对享业集团接下来在越秀村开展的活动发表了各自的意见。各位领导的眼界之大，思路之阔拓展了我的视野。之前知道科技十分重要，也知道了国家提出科教兴国、人才强国战略、科技人才资源这些关键词在生活中随处可见，我们对他们似乎很熟悉，但是要把这几个词加入农业工业等具体的领域时，我们却又对他们十分陌生，无法说出具体的措施，只知道大概的概念。但是在座的都是农业领域的专家，或者是经历过许多项目与策划的领导，他们对具体方案的实施有着比我们更加深层次的理解与具体的想法。专家们能够把科技这么大的一个概念融入农业中，切实到乡村振兴，在背后支持他们的是无数的经验与广阔的见识。其中让我印象深刻的是滑轨机器人采摘，在此之前，我只听过地上行走的机器人采摘，抑或是大型的拖拉机式的收割机，但是从来没有听说过能够在上方吊滑索不接触地面的空中采摘，地上行走的机器人会被泥土绊住脚步，那么地上的不行，就往空中发展，这是机器人在农业领域中运用的一种不同的思路，也是我从来没有见到过的做法。另外，苏教授讲到的对橙皮的资源化利用也是令我印象深刻的一个点。我们平常生活中会把柚子皮晒干，或者把橘子皮加工做成陈皮，但是在会场谈到有关岳秀脐橙的开发与利用时，我完全没有朝这方面想过，直到苏教授点出才一语惊醒梦中人，我才意识到，岳秀脐橙其实是一个很好的品种。脐橙应该不仅只有食用的价值，对它的剩余产品，比如它的皮，我们也是可以进行资源化再开发再利用的。其他领导的发言也都字字珠玑，其中有很多是我没有接触过或者是完全不懂的概念和名词。这也督促着我要多搜集几个方面的资料，开拓自己的眼界，用多种视角来看待问题，不能只将知识停留在书本上，更要从实践中获取知识。

（3）会后

会后，苏教授要求我们撰写新闻稿，做这次研讨会的抖音视频，并撰写活动感受。这三项任务中的做视频和写新闻稿是我之前从来没有接触过的，因此，要在有限的时间内完成这两件事，对我来说也是一个不小的挑战。我通过向其他同学借鉴经验，观摩其他同学之前发表过的新闻稿完成了自己第一次的新闻稿写作，并且也成功发表。在此过程中，我不仅增进了与其他同学的沟通，更增加了自己的一项新技能，在新闻稿件发表的那一刻，我心中充满了无限的自豪感。而做视频在现代科技不断发展的情况下也变得不是一件难事，从向同学学习视频制作过程到多次细节上的修改以及最后视频的最终完成，我花了好几天的时间，最终的成品虽然没有很完美，但却是我的第一个作品，让我对自己感到无比自豪，相信之后所写的新闻稿和视频制作能够一次比一次更好。

三、总结

这一次的研讨会是我第一次参加社会上的正式会议，有一定的新鲜感和新奇感，但也会有提前接触到社会所带来的一定压力。社会上讲究的是能者胜任，是要有真正的实力才能在社会上立足。而这次项目带来的一项又一项的工作，也让我意识到，要真正掌握一项技能，要多学点东西，就必须付出努力，就必须在别人玩耍的时候将时间运用到工作上和学习中，合理规划自己的时间。而这个过程虽然比较痛苦，但是却能够真正锻炼自己，增加自己的新技能，提高自己做事的能力，对我而言，是一种莫大的收获。而我也会在接下来的任务中尽自己的努力把它做好，真正在实践中锻炼自己，提高自己的能力。

五大振兴精准发力助力乡村振兴共同富裕

——观"企校地社党建助力岳秀脐橙文化节，推进乡村振兴共同富裕"研讨有感

福州大学 2021 级工商管理　李娜鎏　　指导老师：苏世彬

百年征程波澜壮阔，百年初心历久弥新。从宏观总体视角看，乡村振兴是包括产业振兴、人才振兴、文化振兴、生态振兴、组织振兴在内的全面振兴。对于广大农村地区来说，要实现共同富裕，统筹推进"五大振兴"是必经之路。脱贫攻坚、全面小康、共同富裕相互联系、内在一致，梯次推进、循序渐进。在巩固脱贫攻坚成果基础上，以更有力的举措推进"五大振兴"，必将推动全体人民共同富裕迈出更为坚实的步伐。

（一）岳秀村五大振兴构思

1.产业振兴

产业振兴是基础，产业兴旺是解决"三农"问题的前提，产业兴旺，乡亲们的收入才能稳定增长。中央农村工作会议指出，"要加快发展乡村产业，顺应产业发展规律，立足当地特色资源，推动乡村产业发展壮大，优化产业布局，完善利益联结机制，让农民更多分享产业增值收益。"

基于此，岳秀村的产业振兴围绕以下七方面展开：（1）建立公共品牌；（2）建立产品标准；（3）建立新的销售渠道；（4）建立自动化分拣中心服务体系；（5）建立冷库服务体系；（6）建立现代化农业试验田（数字农业）；（7）建立乡村电商平台。第一，创新产业组织方式，推动种养业向规模化、标准化、品牌化和绿色化方向发展，延伸拓展产业链，增加绿色优质产品供给，不断提高质量效益和竞争力；第二，因地制宜发展脐橙特色产业，并大力推动一二三产业融合发展，不断延伸产业链，打造供应链，提升价值链，走出了一条科学有效、农民受益的产业发展之路，为实现乡村振兴注入强劲动能；第三，为实现共同富裕注入了"数字化"的新动能，通过数字化赋能，将数字技术与乡村实体经济深度融合，不断催生

新业态新动能，提高农业生产水平，打造高效农业。

2. 人才振兴

人才是乡村振兴的关键。全面振兴乡村人才，因地制宜，多措并举，群策群力，努力打造一支规模大、素质优的乡村振兴人才队伍，为乡村全面振兴提供强大人才支撑。

基于此，岳秀村的人才振兴围绕以下三方面展开：（1）引进大学毕业生组建庄稼医生团队服务当地农户，未来成立公司享有30%股份；（2）供销社＋大学生＋农户＋合作社模式；（3）组建专家工作站。岳秀村的人才振兴策略有以下特点：首先，高校成为乡村振兴的"动力源"。高校毕业生进入农村，能够带来新的思想文化和丰富的科学知识，助力乡村文化振兴，从学术理论研究视角来看，对乡村文化现状、问题、发展路径等进行深入调查研究，有助于提出推进乡村振兴的对策和建议，用知识和智慧为乡村振兴"铸魂"。其次，专家工作站为乡村振兴出良方。将专家工作延伸到一线产业项目上，鼓励引导优秀人才向产业一线流动，进一步推进岳秀村产业高质量发展。

3. 文化振兴

文化振兴是基石，文化振兴是更基本、更深沉、更持久的力量。在乡村振兴战略总体部署中，文化振兴既是实现乡村振兴的重要途径和方法，也是乡村振兴的基本目标之一。文化建设作为一个社会的基本建设，具有一定的滞后性和抽象性，往往没有其他领域建设那样直接。因此，乡村文化建设具有艰巨性与复杂性。岳秀村从激活乡村文化资源入手，推动区域乡村文化整体发展，走出了一条文化赋能乡村振兴之路：（1）承接农产品文化节；（2）承接全域旅游规划；（3）承接金牌旅游村规划；（4）深度挖掘农村文化；（5）党建＋农村旅游结合；（6）中小学、高校产学研结合。

首先，岳秀村依托自然资源，充分发挥自然风光、民俗风情、农业农产、地理位置等优势，结合美丽乡村建设，大力推进村庄景区化建设，积极发展现代农产品文化节等乡村旅游项目；其次，党建引领旅游村建设，充分发挥红色教育基地资源，将党建与乡村振兴有机结合，走出了一条"党建＋"一体化岳秀振兴特色模式；再者，打造研学旅游项目。依托独特的自然资源，打造以体验农产、体验乡村振兴等为主题的文旅项目，以此带动产业发展。

4. 生态振兴

生态振兴是支撑，生态文明建设是中华民族永续发展的千年大计。"绿树村边合，青山郭外斜。"绿色，本就是乡村的主打色。习近平总书记深刻指出，推进农业绿色发展是农业发展观的一场深刻革命。从生产到生活，离开了绿色，乡村就失去了本色。怎样将资源优势、生态优势转化为经济优势、发展优势？怎样让农民赚上"生态钱"？怎样建设美丽乡村，打造美丽家园？岳秀村提出了以下几种方案：（1）土地检测；（2）土地改良；（3）测土配方有机肥推广；（4）病虫害绿色防控体系建设；（5）生态种植标准试验田。

岳秀村深刻领悟到生态保护与产业发展是密不可分的，产业生态化与生态产业化相辅相成，和谐共赢。没有生态资源作为依托，产业发展就是无源之水；没有产业发展作为支撑，生态保护也难以持久。因此，为促进农村生态环境改善，岳秀村积极推进有机肥推广、土地改良、病虫绿色防控体系和生态种植试验田，逐步把农业资源消耗强度减下来，以生态产业为龙头的发展模式，带动环境保护、土壤改良等产业的发展，形成农村生态改善的良性循环，从而让绿水青山成为真正的金山银山。

5. 组织振兴

组织振兴是保障。乡村振兴战略是一个涉及城市与乡村协调发展，经济生态文化协调发展，政府、企业、社会组织、农户等多元主体协调发展这样一个多层次、多主体、多目标的发展战略和系统工程，难点领域多，面临挑战较大。如果没有一个坚强的领导核心和组织全面振兴作为保障，这一系统性工程很难全方位顺利推进。乡村振兴是包括产业、人才、文化、生态、组织五个方面的全面振兴，这五个方面的振兴互为关联，相辅相成，其中组织振兴即使乡村振兴的目标之一，也是其他四个振兴的根本保障。岳秀村的组织振兴策略是：与各机关单位，企事业党支部组成共建单位，发挥党建组织在乡村振兴中的引领作用。

乡村振兴是一个涉及乡村政治、经济、社会、文化、生态建设的系统工程，岳秀村鼓励和引导企事业党支部广泛参与，不仅可以为乡村事业发展提供专业人才支撑，同时可以在资金、物质、技术等方面提供重要保障，凝聚了社会各方力量推动乡村振兴。同时，习近平总书记指出："党的基层组织是党的集体的'精神末梢'，要发挥好战斗堡垒作用。"岳秀村围绕建强组织，支部联支部，资源下沉点燃"红色引擎"。与各机关单位，企事业党支部组成共建组织，筑牢战斗堡垒。

（二）以共同富裕为目标

实现共同富裕是社会主义的本质要求，是人民群众的共同期盼，也是乡村振兴的总要求。2021年中央一号文件提出"全面推进乡村振兴、加快农业农村现代化"，对实现巩固拓展脱贫攻坚成果同乡村振兴有效衔接作出专门部署。

农业强不强，农村美不美，农民富不富，决定着全面小康社会的成色和社会主义现代化的质量。解决好发展不平衡不充分问题，重点难点在"三农"，潜力后劲在"三农"，基础支撑在"三农"。对于广大农村地区来说，要实现共同富裕，乡村振兴是必经之路，要在巩固脱贫攻坚成果的基础上，以更有力的举措推进农业农村现代化，推动全体人民共同富裕迈出坚实步伐。

实施乡村振兴战略，推动共同富裕要做好有效衔接。例如，在产业振兴方面，岳秀村建立现代化农业试验田（数字农业），通过强化农业科技创新，驱动绿色农业发展，聚焦现代农业生物技术，持续推进化肥农药减量增效，推广农作物病虫害绿色防控产品，进一步壮大发展绿色地毯循环产品、生态循环农业。

古人云：食者生民之原，天下治乱，国家废兴存亡之本也。农业兴，农村稳，农民富是"三农"发展的根本目标。乡村振兴不仅是打赢"三大攻坚战"的重要战略路径，也是实现中华民族伟大复兴"中国梦"的重大任务。因此，乡村振兴要切实推进"五个振兴"，充分把握机会，真正让岳秀村的农业强起来，农村美起来，农民富起来。

第 6 章　项目及成果

6.1 教改项目

6.1.1 庆祝中国共产党建党 100 周年系列主题活动育人实践初探——基于岩前村乡村振兴创新创业教育新文科探索

1. [选题依据]　本项目研究的学术价值和应用价值等。

1.1 学术价值

为了完成本项目研究工作，一方面要完善以革命老区岩前村为代表的党建绿色"创新创业"产业帮扶助力乡村振兴的理论模式作为庆祝中国共产党建党 100 周年主题活动育人实践客体，另外一方面要让更多大学生依托主题活动育人实践客体参与中国共产党建党 100 周年。本项目不但完善了现有乡村振兴已有成果，并且积极探索依托庆祝中国共产党建党 100 周年主题活动实现乡村振兴创新创业将才与帅才的培养的新文科思路。

1.2 应用价值

响应十九届五中全会"巩固扩展脱贫攻坚成果同乡村振兴有效衔接"、国务院关于新时代支持革命老区振兴发展的意见以及中共中央印发的《关于在全党开展党史学习教育的通知》文件精神，通过对《党建绿色创新创业产业帮扶助力乡村振兴实践初探——以革命老区岩前村启航为例》"再学习，再调研，再实践"，团结和引导更多的大学生党员、团员关注并参与乡村振兴，贯彻落实习近平总书记提出的"全党和全社会必须关注乡村振兴"的伟大号召，努力打造融合思政、党史、创业、乡村振兴、红色筑梦5门大课为一体的，有温度、有深度、有广度、有高度、有气度、叫得响的大学生主题活动育人实践，使之成为一门能够入耳、入眼、入脑、入心，触及灵魂的庆祝中国共产党成立100周年实践课，真正做到学史明理、学史增信、学史崇德、学史力行，学党史、悟思想、办实事、开新局，以昂扬姿态奋力开启乡村振兴学习与工作的新征程，以优异成绩庆祝建党100周年。

2.［研究内容］ 本项目主要研究内容、目标及关键问题。

2.1 主要研究内容

第一，庆祝中国共产党建党100周年主题活动育人实践前期探索研究——基于革命老区岩前村乡村振兴启航的"高校样本"。

人才振兴在五大振兴中起到引领作用，从高等教育角度看，必须大规模培养高质量的、具有"艰苦奋斗，自力更生"南泥湾精神的乡村振兴创新创业人才，而目前不管是农林大学还是其他大学，都没有相应的学科来系统培养对应的乡村振兴人才，因此依托现有的高等教育体制来遴选与培养相应的人才就成为目前不二的选择；2021年是中国共产党建党100周年，全国各地开展了形式各异的庆祝中国共产党建党100周年的主题活动，福州大学也根据高校特点开展了各种庆祝中国共产党建党100周年的征文、竞赛、科研训练活动，如果能够把以上活动和乡村振兴有效衔接起来，不但能够强化党史教育等庆祝中国共产党建党100周年在大学生群体的实际成效，还能够因此培养出一大批具有党史精神的高质量的乡村振兴创新创业人才，当然，要实现以上意图，要解决三个关键问题：第一，选择哪个乡村振兴作为样本；第二，如何把对乡村振兴与党史精神都感兴趣的同学选拔出来；第三，通过何种事件实现庆祝中国共产党建党100周年的主题活动育人实践前期探索，围绕以上三个问题，本部分基于践行1年多的基于党建绿色创新创业产业帮扶助力乡村振兴实践初探——以革命老区岩前村乡村振兴启航为例设计了以下研究内容：

（1）党建绿色创新创业产业帮扶助力乡村振兴实践初探——以革命老区岩前村乡村振兴启航为例

（2）乡村振兴"南泥湾计划"高校"揭榜挂帅"项目设计研究——基

于革命老区岩前村乡村振兴启航的"高校样本"

（3）庆祝中国共产党建党 100 周年前期实践（青年红色筑梦之旅、大学生创新创业训练计划、福州大学学科中的廉政建设视频比赛等）——基于革命老区岩前村乡村振兴启航的"高校样本"

第二，庆祝中国共产党建党 100 周年育人实践研究——以福州大学赴安溪县岩前村乡村振兴党史精神调研暑期"三下乡"实践为例。

2021 年，"福州大学赴福建省安溪县岩前村乡村振兴党史精神调研实践队"入选 2021 福州大学大学生志愿者暑期文化科技卫生"三下乡"社会实践省级重点队名单，并针对本次实践设计了两场庆祝中国共产党建党 100 周年主题活动，他们分别为岩前村乡村振兴党史精神大学生研讨会和福州大学赴安溪县岩前村乡村振兴党史精神调研暑期"三下乡"实践，同时配合同学们返乡调研活动。目前，以上两场活动已经全部开展完毕，针对以上活动，形成以下研究内容：

（1）庆祝中国共产党建党 100 周年主题活动实践初探（一）——革命老区岩前村乡村振兴党史精神大学生研讨会

（2）庆祝中国共产党建党 100 周年主题活动实践初探（二）——以福州大学赴安溪县岩前村乡村振兴党史精神调研暑期"三下乡"实践为例

（3）大学生"返家乡""巩固拓展脱贫攻坚成果同乡村振兴有效衔接"的调查与研究

第三，庆祝中国共产党建党 100 周年主题活动（三）研究——以岩前村认种桃树巩固精准扶贫并助力乡村振兴公益活动为例。

2021 年 6 月 17 日，参内修缘农场被"互联网 +"福建省大学生创新创业大赛青年红色筑梦之旅组委会授予与福州大学工商管理教工党支部联建党支部牌匾，为此拟依托该联建党支部在参内修缘农场举办庆祝中国共产党建党 100 周年的第三场活动——认种桃树巩固精准扶贫并助力乡村振兴公益活动，并拟在 2021 年 10 月份或 11 月份举办，针对本次活动，形成以下研究内容：

（1）岩前村认种桃树巩固精准扶贫并助力乡村振兴公益活动策划方案研究

（2）认种桃树巩固精准扶贫并助力乡村振兴公益活动实践

（3）大学生对认种桃树巩固精准扶贫并助力乡村振兴公益活动感受探讨

第四，庆祝中国共产党建党100周年主题活动育人实践扩散机制研究。

有了前面三场庆祝中国共产党建党100周年主题活动，除了继续深化基于革命老区岩前村乡村振兴启航的"高校样本"庆祝中国共产党建党100周年主题活动育人实践，还必须拓展到其他乡村、其他高校的庆祝中国共产党建党100周年主题活动育人实践，因此本部分主要研究以下内容：

（1）基于革命老区岩前村乡村振兴启航的"高校样本"庆祝中国共产党建党100周年主题活动育人实践深化实践（福州大学团委主办的"回顾革命历史，阅读红色经典，传承红色基因，勤奋努力成才"征文、《中共福建省委组织部办公室关于做好讲党课和优秀党课展播活动有关工作的通知》、省教育工委《党史学习教育专栏征稿》、红土地举办的"喜迎建党百年·福建老区故事大赛"、福州大学校团委组织的关于开展"学党史、强信念、跟党走"主题征文活动）。

（2）其他高校（如厦门大学、东北林业大学、福建工程学院、宁德师范学院、广州松田职业学院、秦皇岛职业技术学院）或其他乡村振兴样本庆祝中国共产党建党100周年主题活动育人实践实践。

第五，政策建议。

根据以上实践，在总结凝练依托庆祝中国共产党建党100周年主题活动育人实践培养高质量、具有"艰苦奋斗，自力更生"南泥湾精神的乡村振兴创新创业将才与帅才经验的基础上，提出依托非弄院校培养大规模高质量厚植家国情怀的乡村振兴创新创业将才与帅才的建议，为"巩固拓展脱贫攻坚成果及乡村振兴有效衔接"的深入开展源源不断地提供人才保障，并为我国乡村振兴及高等教育引入"揭榜挂帅"提供新鲜经验。

2.2 目标

学术目标：本项目的目的就是通过学生参与岩前村乡村振兴党史精神的研究与调研，并通过撰写论文参加党史和庆祝中国共产党成立100周年的竞赛、征文、论文投稿等方式实现庆祝中国共产党建党100周年主题活动育人实践初探。项目一方面依托庆祝中国共产党建党100周年的特色时期探索乡村振兴创新创业将才与帅才的培养，弥补现有乡村振兴创新创业领军人才培养研究和实践的不足，另外一方面在研究过程中也必然涉及到对岩前村乡村振兴模式的完善，从而也为我国提供乡村振兴的研究与实践提供参考借鉴。

应用目标：通过对《党建绿色"创新创业"产业帮扶助力乡村振兴实践初探——以革命老区岩前村启航为例》"再学习，再调研，再落实"，贯彻落实党的十九大和十九届二中、三中、四中、五中全会精神；教育部实施的《高等学校乡村振兴科技创新行动计划（2018—2022年）》；《中共中央、国务院关于全面推进乡村振兴加快农业农村现代化的意见》；中共中央办公厅、国务院办公厅印发的《关于加快推进乡村人才振兴的意见》；《中共中央、国务院关于实现巩固拓展脱贫攻坚成果同乡村振兴有效衔接的意见》、国务院关于新时代支持革命老区振兴发展的意见以及中共中央印发的《关于在全党开展党史学习教育的通知》等文件精神，为我国"十四五"期间农村高质量发展提供了新鲜经验，为我国"实现巩固拓展脱贫攻坚成果同乡村振兴有效衔接"有效实施源源不断地提供高质量的后备力量，从而为世界乡村振兴提供中国方案。

2.3 关键问题

本项目涉及以下几个关键问题：

（1）乡村振兴样本的选择。在2021年我国进入"巩固拓展脱贫攻坚成果同乡村振兴有效"衔接的起始年份，应该选择哪个村庄的乡村振兴作为庆祝中国共产党建党100周年主题活动育人实践的具体依托是个非常关键的问题。为了有效解决这个问题，本项目选择了践行一年多的《党建绿色创新创业产业帮扶助力乡村振兴实践初探——以革命老区岩前村启航为例》作为范本，该范本在实践过程中不但取得了一系列的成效，还让很多大学生全程参与或观摩，留下了大量的新闻报道和记录材料，让大学生有可能通过短期调研并通过适当的资料整理就能完成相关的学习和工作。

（2）学生参与的积极性和主动性问题。庆祝中国共产党建党100周年主题活动育人实践的主体是学生，尤其是在校大学生，到底选择哪些学生参与，通过何种机制选拔，如何激发参与本活动大学生的积极性与主动性，也是需要解决的另外一个关键问题。为此，本项目依托实施4个月的乡村振兴"南泥湾计划"高校"揭榜挂帅"研习项目，以"福州大学本科生创新创业实践与素质拓展学分认定管理实施办法"作为有效的激励手段，并匹配相应的媒体支持来调动同学们参与的积极性与主动性。

（3）寻找何种事件激发学生参与庆祝中国共产党建党100周年主题活动育人实践积极性与主动性。庆祝中国共产党建党100周年主题活动育人实践不只是一次活动，需要学生的主动性与创造性，因此必须设计出一系列的事件来激发同学们参与庆祝中国共产党建党100周年主题活动育人实践积极性与主动性，这也是本项目急需解决的另外一关键问题。本项目依托福州大学围绕庆祝中国共产党建党100周年所设计的各种征文、竞赛为核心事件，比如福州大学学科中的廉政建设视频比赛、本科生科研训练计划、福州大学青年红色筑梦之旅、福州大学团委主办的"回顾革命历史，阅读红色经典，传承红色基因，勤奋努力成才"征文、《中共福建省委组织部办公室关于做好讲党课和优秀党课展播活动有关工作的通知》、省教育工委《党史学习教育专栏征稿》、红土地举办的"喜迎建党百年·福建老区故事大赛"、福州大学校团委组织的关于开展"学党史、强信念、跟党走"主题征文活动、大学生暑期"三下乡"社会实践活动等。

3.［思路方法］ 本项目研究的基本思路、具体研究方法等。

3.1 研究的基本思路

以《党建绿色创新创业产业帮扶助力乡村振兴实践初探——以革命老区岩前村启航为例》"再学习，再调研，再实践"为切入点，以庆祝中国共产党建党100周年为契机，以乡村振兴"南泥湾计划"高校"揭榜挂帅"研习项目为主要抓手，依托福州大学庆祝中国共产党建党100周年举办的一系列竞赛、征文以及科研训练，全面探索庆祝中国共产党建党100周年主题活动育人实践，并形成一批庆祝中国共产党建党100周年主题活动育人新文科实践的理论成果及学生实践成果。

3.2 具体研究方法等

（1）以历史唯物主义观点，通过文献检索、案例分析、专家访谈、田野调查、演绎推理法、总结归纳法等方法形成对基于革命老区岩前村乡村振兴启航的"高校样本"庆祝中国共产党建党100周年主题活动育人实践前期探索研究。

（2）通过田野调查、专家咨询、头脑风暴法，组织福州大学赴安溪县岩前村乡村振兴党史精神调研暑期"三下乡"实践，辅之以各种新闻媒体报道和成果要报的撰写和各种研讨会，形成《庆祝中国共产党建党100周年实践初探——以福州大学赴安溪县岩前村乡村振兴党史精神调研暑期"三下乡"实践为例》论文和并实现对学生的科研竞赛训练，同时通过演绎推理法、总结归纳法等方法对其中的经验进行总结凝练，发表相关的理论成果。

（3）通过文献检索、案例分析、专家访谈、田野调查、演绎推理法、总结归纳法等方法形成岩前村认种桃树巩固精准扶贫并助力乡村振兴公益活动策划方案研究和认种桃树巩固精准扶贫并助力乡村振兴公益活动实践，并通过演绎推理、总结归纳法形成大学生对认种桃树巩固精准扶贫并助力乡村振兴公益活动感受，通过实际案例教育大学生，真正引导和团队更多的大学生党员团员关注并参与乡村振兴。

（4）通过文献检索、田野调查、专家咨询、头脑风暴法形成基于革命老区岩前村乡村振兴启航的"高校样本"庆祝中国共产党建党100周年主题活动育人实践深化实践，并通过与其他高校或乡村振兴样本的合作扩散庆祝中国共产党建党100周年主题活动育人实践的相关经验，惠及更多的高校、乡村以及大学生，产生更多的学术成果和竞赛成果。

第五，政策建议

根据以上实践，在总结凝练依托庆祝中国共产党建党100周年主题活动育人实践培养高质量、具有"艰苦奋斗，自力更生"南泥湾精神的乡村振兴创新创业将才与帅才经验的基础上，提出依托非弄院校培养大规模高质量厚植家国情怀的乡村振兴创新创业将才与帅才的建议，为"巩固拓展脱贫攻坚成果及乡村振兴有效衔接"的深入开展源源不断地提供人才保障，并为我国乡村振兴及高等教育引入"揭榜挂帅"提供新鲜经验。

4. [创新之处]　本项目创新点、解决哪些实际难题。

4.1 本项目创新点

2021年我国刚刚启动"巩固拓展脱贫攻坚成果同乡村振兴有效衔接"，但是目前学术界关于乡村振兴个案研究不足，导致各种成果理论指导充分，现实指导意义不够，本项目通过对《党建绿色创新创业产业帮扶助力乡村振兴实践初探——以革命老区岩前村启航为例》的"再学习，再调研，再落实"，必将进一步完善《党建绿色创新创业产业帮扶助力乡村振兴实践初探——以革命老区岩前村启航为例》，不但可以弥补现有成果的不足，还可以为推动我国乡村振兴提供更加有益的范本，这是第一个创新点。

与此同时，本项目依托乡村振兴"南泥湾计划"高校"揭榜挂帅"研习项目，以福州大学围绕庆祝中国共产党建党100周年所设计的各种征文、竞赛为核心事件组织、激励学生把乡村振兴与党史精神有效融合研究，激发同学们参与庆祝中国共产党建党100周年主题活动育人实践积极性与主动性，真正打造融合思政、党史、创业、乡村振兴、红色筑梦5门大课为一体的，有温度、有深度、有广度、有高度、有气度、叫得响的大学生主题活动育人实践，使之成为一门能够入耳、入眼、入脑、入心，触及灵魂的庆祝中国共产党成立100周年主题活动新文科实践课，真正做到学史明理、学史增信、学史崇德、学史力行，学党史、悟思想、办实事、开新局，弥补现有乡村振兴创新创业领军人才培养新文科研究和实践的不足，这又是另外一个创新点。

4.2 解决哪些实际难题

通过本项目的具体实施，解决了以下几个实际难题：

（1）党建助力乡村振兴高校样本的完善。尽管《党建绿色创新创业产业帮扶助力乡村振兴实践初探——以革命老区岩前村启航为例》作为高校乡村振兴样本已经取得了初步成效，但是还存在很多值得继续完善的方向，通过本项目的实施，可以继续完善该样本，从而为我国乡村振兴提供一个更加有效的高校样本。

（2）高质量厚植家国情怀的乡村振兴创新创业将才与帅才培养。本项目立德树人，通过乡村振兴"南泥湾计划"高校"揭榜挂帅"研习项目实施竞争淘汰机制，激发同学们参与庆祝中国共产党建党100周年主题活动育人实践积极性与主动性，真正依托非弄院校培养大规模高质量厚植家国情怀的乡村振兴创新创业将才与帅才支撑乡村振兴事业的发展，同时也为我国十四五期间高质量人才培养以适应经济高质量发展提供新鲜经验。

5. 研究基础和条件保障

项目负责人和主要成员的研究水平；完成本课题的时间保证，资料设备等科研条件。

本项目是在《党建绿色"创新创业"产业帮扶助力乡村振兴实践初探——以革命老区岩前村启航为例》的基础上扩展起来的，目前，围绕《党建绿色"创新创业"产业帮扶助力乡村振兴实践初探——以革命老区岩前村启航为例》已经组织了3场大型的城乡融合活动；协助岩前村入选"山旅岩田幸福兜岭省级乡村振兴示范线"，岩前村入选"2020年度安溪县县级乡村振兴实绩突出村"名单第一名，获得100万奖励；孵化了4家岩前村农民经营实体，帮扶两家经营实体协助注册，注册"叶惠治"农产品商标一个，引起兄弟院校的教师党员、挂职第一书记、媒体党员、福建省农业农村厅省委实施乡村振兴战略领导小组、福建省港澳台办公室、台湾世界新闻传播协会福建代表处、阳光慈善基金等各界人士的关注，并通过课堂教学教育了超过1000人的学生党员团员，引发中国网、新浪网、今日头条等10多家媒体的关注，初步形成了乡村振兴"高校样本"；孵化了大学生创业公司福州农帮科技有限公司，并且展开了闽台大学生乡村振兴"揭榜挂帅"研究预备会、乡村振兴之"揭榜挂帅"南泥湾精神进课堂等多场活动，引发新浪网、今日头条、海峡都市导报等媒体关注。正式启动乡村振兴"南泥湾计划"高校"揭榜挂帅"项目招募与征集，这也是本项目的核心内容。

《党建绿色"创新创业"产业帮扶助力乡村振兴实践初探——以革命老区岩前村启航为例》已经基本完成，该实践目前已融入本人的教学科研中。已经有7个左右学生团队开始践行"南泥湾计划"的揭榜挂帅，并成立了乡村振兴"南泥湾计划"高校"揭榜挂帅"研习和大学生创业公司协助运作本项目内容，学生参与本项目的主要目的都是为了参加科研训练、竞赛等各类具有学分奖励性质的活动，因此大学生参与项目的积极性非常高，有足够的动力和时间投入到"揭榜挂帅"项目中，因此不管是项目组还是参与项目的同学，都有足够的时间保障。2021年福州大学赴安溪县岩前村乡村振兴党史精神调研暑期"三下乡"实践已经顺利完成，并引起福建日报、人民网、中国新闻网、新浪网、今日头条等诸多媒体的报道。

课题成员均拥有电脑、打印等科研设备；福州大学可以方便地从因特网上获取资料，而且学校的图书馆可提供国内外学术数据库；且项目组所在学科已被列入国家"211工程"重点学科建设项目，是福建省重点学科，完全具备开展此项目研究工作的软硬件条件。

6.1.2 大学生乡村振兴创新创业人才领军人才培养机制研究

（一）课题的核心概念及其界定

乡村振兴：一般指乡村振兴战略（党的十九大报告中提出的战略），总要求是"产业兴旺、生态宜居、乡风文明、治理有效、生活富裕"。

揭榜挂帅：也被称为悬赏制，是一种以科研成果来兑现的科研经费投入体制，一般是为了解决社会中特定领域的技术难题，由政府组织面向全社会开放的、专门征集科技创新成果的一种非周期性科研资助安排，在本项目中主要是指在乡村振兴人才培养中，通过对乡村振兴创新创业项目的提取，面向全体学生和老师募集解决方案与成果，对于能够提供成果和解决方案的学生，提供更多的指导、项目包装以及媒体报道，而对于不能提供成果和方案的学生则自动淘汰。

南泥湾精神：是指以八路军第三五九旅为代表的抗日军民在南泥湾大生产运动中创造的，在艰苦中发展的强大精神力量，其核心和本质就是艰苦奋斗、自力更生。

（二）研究设计

1. 研究内容

1.2 研究内容

第一，大学生乡村振兴创新创业领军人才培养必要性研究。

人才振兴在乡村振兴中起到引领作用，必须大规模培养大学生乡村振兴创新创业领军人才，而目前不管是农林大学还是其他大学，都没有相应的学科来系统培养对应的乡村振兴人才，因此依托现有的高等教育体制来遴选与培养相应的人才就成为不二的选择，尤其是目前在全国如火如荼开展额党史教育，更是给高质量大学生乡村振兴创新创业领军人才培养提供了一个难得的切入点：

（1）乡村振兴中创新创业领军人才培养政策研究；

（2）乡村振兴中创新创业领军人才培养需求状况调查与分析；

（3）党史教育背景下的大学生乡村振兴创新创业领军人才培养必要性

探讨。

第二，党建绿色"创新创业"产业帮扶助力乡村振兴完善机制研究。

党建绿色"创新创业"产业帮扶助力乡村振兴作为乡村振兴"高校样本"，经过一年的实践，产生了诸多可复制的理论成果和实践成果，但乡村振兴并不可能一蹴而就，而是一个长期坚持的过程，需要几十年如一日的坚持、改进和完善，因此，如何完善现有的党建绿色"创新创业"产业帮扶助力乡村振兴"高校样本"便成为当务之急：

（1）闽台大学生乡村振兴"三下乡"暑期社会研习探索与实践研究；

（2）闽台认种桃树巩固精准扶贫并助力乡村振兴暨台湾规划设计师乡村现场考察的公益活动探索与实践；

（3）乡村振兴虚拟仿真实验项目论证及实施策略研究；

（4）闽南家庭原生态食材大礼包设计及推广研究。

第三，大学生乡村振兴创新创业领军人才培养机制探索与实践研究。

乡村其实是新时代的"南泥湾"，它需要一大批具有将才帅才的高质量人才源源不断地加入，尤其是大学生这个朝气蓬勃的群体。为此，有必要启动乡村振兴"南泥湾计划"高校"揭榜挂帅"项目，探索大学生乡村振兴创新创业领军人才培养。那么，为了依托党建绿色"创新创业"产业帮扶助力乡村振兴"高校样本"有效开展，就必须进行一系列的机制设计与实践，为此本部分重点研究以下几个部分的内容：

（1）乡村振兴"南泥湾计划"高校"揭榜挂帅"项目设计研究；

（2）乡村振兴"南泥湾计划"高校"揭榜挂帅"项目商业模式研究；

（3）乡村振兴"南泥湾计划"高校"揭榜挂帅"项目实施策略研究；

（4）乡村振兴"南泥湾计划"高校"揭榜挂帅"项目实践研究。

第四，大学生乡村振兴创新创业领军人才培养扩散机制研究。

乡村振兴要规避千村一面，而是要打造千村千面的格局，除了革命老区岩前村的乡村振兴启航的党建绿色"创新创业"产业帮扶助力乡村振兴模式之外，还有其他乡村振兴模式，也就是说要形成党建绿色"创新创业"产业帮扶助力乡村振兴"高校样本"系列；与此同时，随着人工智能、5G等技术的发展，智能农业、数字乡村建设等也会成为助力乡村振兴的一把把利器，把乡村振兴"南泥湾计划"高校"揭榜挂帅"项目有效融入以上项目的运作中，可形成乡村振兴创新创业领军人才培养扩散机制，因此本部分内容重点研究以下内容：

（1）党建绿色"创新创业"产业帮扶助力乡村振兴系列"高校样本"探索与实践；

（2）科技创新资助政策体系助力乡村振兴的探索与实践；

（3）乡村振兴"南泥湾计划"高校"揭榜挂帅"项目扩散实践研究。

第五，政策建议。

根据以上实践，在总结凝练出若干个党建绿色"创新创业"产业帮扶助力乡村振兴作为"高校样本"的同时，顺便把乡村振兴"南泥湾计划"高校"揭榜挂帅"项目机制探索出来助力大学生乡村振兴创新创业领军人才培养，并因此进行相应总结，提出相应的政策建议推动"巩固拓展脱贫攻坚成果及乡村振兴有效衔接"的深入开展，并为我国乡村振兴及高等教育创新创业领军人才培养提供新鲜经验。

2. 研究的思路、过程与方法

2.1 研究的思路

以乡村振兴"南泥湾计划"高校"揭榜挂帅"项目实施为抓手，以党建绿色"创新创业"产业帮扶助力乡村振兴完善和扩散机制为前提，全面探索适合我国大学生乡村振兴创新创业领军人才培养体制机制。

2.2 研究过程

课题组在《党建绿色"创新创业"产业帮扶助力乡村振兴实践初探——以革命老区岩前村启航为例》做了一年的实践探索，取得了大量的成果，专著也于2021年年底出版，现在已经开始启动乡村振兴"南泥湾计划"高校"揭榜挂帅"项目的启动仪式，有多个学生创新创业团队积极参与，并成立了乡村振兴"南泥湾计划"高校"揭榜挂帅"研习筹备组，有较好的前期基础，一旦获得资助，项目就能够迅速启动，并在两年内完成。

2.3 研究方法

（1）通过文献检索、案例分析、专家访谈、田野调查、演绎推理法、总结归纳法等方法形成对大学生乡村振兴创新创业领军人才培养必要性论证。

（2）通过田野调查、专家咨询、头脑风暴法，组织闽台大学生乡村振兴"三下乡"暑期社会研习活动、岩前村与福州市城乡融合等多种活动，辅之以各种新闻媒体报道和成果要报的撰写和各种研讨会，形成一批学生乡村振兴科研训练和学科竞赛成果，同时通过演绎推理法、总结归纳法等方法对其中的经验进行总结凝练，发表相关的理论成果。

（3）通过文献检索、案例分析、专家访谈、田野调查、演绎推理法、总结归纳法等方法形成大学生乡村振兴创新创业领军人才培养机制探索，并依托各类大学生创新创业训练与竞赛平台、各个期刊等实践平台，选拔相应的大学生参与乡村振兴"南泥湾计划"高校"揭榜挂帅"项目，在探索和完善乡村振兴"南泥湾计划"高校"揭榜挂帅"项目机制同时完成大学生乡村振兴创新创业领军人才培养机制实践研究。

（4）通过田野调查、专家咨询、头脑风暴法，与阳光慈善基金乡村振兴项目等公司合作，辅之以各种新闻媒体报道和成果要报的撰写和各种研讨会，积极探索新的党建绿色"创新创业"产业帮扶助力乡村振兴"高校样本"，并以此为依托，让更多的高校师生参与本项目实践。

（5）利用总结、归纳、演绎等方法，配合田野调查、专家调查，头脑风暴法等等对乡村振兴"南泥湾计划"高校"揭榜挂帅"方案的实践成果和理论成果进行总结归纳，最终形成《乡村振兴"南泥湾计划"高校"揭榜挂帅"项目实践初探》专著，形成我国大学生乡村振兴创新创业领军人才培养规范。

（三）完成研究任务的可行性分析（包括：①课题组核心成员的学术或学科背景、研究经历、研究能力、研究成果；②围绕本课题所开展的前期准备工作，包括文献搜集工作、调研工作等；③完成研究任务的保障条件，包括研究资料的获得、研究经费的筹措、研究时间的保障等。）

3.1 学术背景

苏世彬，福建省农业农村厅市场信息处评审专家，主持国家自然科学基金2项、中国博士后科学基金一等资助项目、教育部人文社会科学研究项目多项，获得2020年福建省脱贫攻坚专项奖励嘉奖；获得福州大学庆祝中国共产党成立100周年理论研讨征文学校三等奖，入选福州大学社科处后期资助项目；发表《乡村振兴中的景点设计研究——以安溪县参内镇岩前村为例》《乡村振兴规划及其实施策略研究——以安溪县参内镇岩前村为例》论文两篇；分别在西安交大北京校友会全球交流中心2021年第十七期周五论坛和福州大学"乡村振兴社会实践"主题报告会做党建乡村振兴讲座2次；出版《党建绿色"创新创业"产业帮扶助力乡村振兴实践初探——以革命老区岩前村启航为例》专著1部；在工商管理教工支部与参内修缘农场在第七届福建省"互联网+"大学生创新创业大赛"青年红色筑梦之旅"启动仪式上被授予联建党支部匾牌。

3.2 前期准备

本项目是在《党建绿色"创新创业"产业帮扶助力乡村振兴实践初探——以革命老区岩前村启航为例》"再学习，再调研、在落实"的基础上扩展起来的，已经取得了一系列成绩：成立乡村振兴"南泥湾计划"高校"揭榜挂帅"研习筹备组；孵化福州农帮科技有限公司乡村振兴学生创业团队；孵化的"智慧助农"入选2021年福州大学省级大学生创新创业训练项目，《乡村振兴中的党史精神研究——以革命老区岩前村启航为例》《乡村振兴中的大别山精神研究——以革命老区岩前村为例》《岩前村乡村振兴启航南泥湾精神研究》分别入选福州大学第二十七期本科生科研训练计划；3个视频参加福州大学"学科专业中的廉洁思想"课程思政主题微视频竞赛活动；"智慧助农"团队被推荐作为福州大学唯一学生创业团队参加第七届福建省"互联网+"大学生创新创业大赛"青年红色筑梦之旅"启动仪式，并被授予"青年红色筑梦之旅科技中国小分队"荣誉称号；组建2021年"福州大学赴福建省安溪县岩前村乡村振兴党史精神调研实践队"暑期"三下乡"团队等。

3.3 保障条件

《党建绿色"创新创业"产业帮扶助力乡村振兴实践初探——以革命老区岩前村启航为例》已经完成，且该实践已融入本人的教学科研，引起很多大学生的关注。学生参与本项目的主要目的是参加科研训练、竞赛等各类具有学分奖励性质的活动，学校还会配套相应的经费，因此大学生参与项目的积极性非常高，有足够的动力和时间和经费保障；课题成员均拥有电脑、打印等科研设备；福州大学图书馆可提供国内外学术数据库，完全具备开展此项目研究工作的软硬件条件。

6.2 本科生科研训练计划项目申请书

6.2.1 乡村振兴中的党史精神研究——以革命老区岩前村启航为例

一、研究目的

1.1 学术目标

党的十九届五中全会审议通过了《中共中央关于制定国民经济和社会发展第十四个五年规划和二〇三五年远景目标的建议》，其中明确提出坚持把解决好"三农"问题作为全党工作重中之重，走中国特色社会主义乡村振兴道路，全面实施乡村振兴战略。今年是脱贫攻坚成果与乡村振兴有效衔接的关键一年，为加快推进乡村发展实现乡村振兴，寻找一条可行的能指引广大乡村稳步前进的新路就显得尤为关键。而党史精神作为中国共产党带领人民从一穷二白走向富裕的历史凝炼，对广大乡村的振兴指引具有普遍的指导意义。中国革命的历史是最好的教科书，这是总书记对广大人民的嘱托，也是对党史精神的肯定。党史作为指引中华儿女实现伟大复兴的精神旗帜，在乡村振兴方面也必然具有重要的研究意义。

目前，乡村振兴及党史精神都是学术界密切关注的话题，然而当下关于这两个领域的研究存在以下几个问题：第一，关于乡村振兴的实例少，这也就导致了学术界在乡村振兴的个案研究上十分匮乏。第二，乡村振兴领域缺乏精神的指引。第三，关于党史精神的研究往往停留于思想教育层面，缺乏对党史精神的现实应用。如何将党史教育落到实处成为亟须解决的一个重要问题。乡村振兴需要党史精神的指引，党史精神也需要在乡村振兴领域拓宽它的精神内涵。为此，本项目以革命老区岩前村为例，从党史精神在岩前村的体现和助力的角度深入挖掘党史教育对于乡村振兴的帮扶意义。一则为弥补当下乡村振兴领域范本不足的问题并为促进岩前村及周边村镇发展的基础上研究其发展机制为其他乡村提供可视化的数据和范例。二则为深入拓展党史教育的现实意义。样本的选择——安溪县岩前村具有重大的研究价值。安溪县岩前村作为中国众多普通村落的其中一个，却能在主要依靠自身条件和乡贤助力的条件下，能够逐渐探索出"因地制宜、就地取材、顺势而为"的发展路径，并且能够转变发展思路，变劣势为优势。并且探索出一条依靠市场实现长足发展的新型乡村振兴道路。

1.2 应用目标

通过对《党建绿色"创新创业"产业帮扶助力乡村振兴实践初探——以革命老区某某村启航为例》"再学习，再调研，再落实"，以党史精神为指引，针对当下党史精神缺乏在实际场所应用的问题，贯彻落实党的十九大和十九届二中、三中、四中、五中全会精神，探讨研究党史精神在乡村振兴中的商业模式；参考教育部实施的《高等学校乡村振兴科技创新行动计划(2018—2022年)》《中共中央国务院关于全面推进乡村振兴加快农业农村现代化的意见》等文件精神，为我国"十四五"期间农村高质量发展注入新鲜活力，并为党史精神的深入扩展提供可视化范本，为我国"实现巩固拓展脱贫攻坚成果同乡村振兴有效衔接"的有效实施提供新思路，从而为世界乡村振兴提供中国方案。

二、研究内容

2.1 本项目的研究对象

本项目主要研究是以十九届五中全会巩固拓展乡村振兴有效衔接的精神和省委"再学习、再落实、再调研"的精神指导下，以党史精神作为依托，以岩前村的乡村振兴启航作为切入点，积极探索我国乡村振兴当中的党史精神全面分析我国乡村振兴当中的党史精神并对我国乡村振兴当中的廉政思想进行深入有效探讨。

2.2 总体框架

第一，乡村振兴当中的党史精神研究的必要性：党的十九大提出乡村振兴战略，解决乡村问题成为解决民生问题的关键。经过深入调研和考察。2020年疫情期间安溪县参内镇岩前村真正开启了它的振兴之路。而岩前村乡村振兴之路正是中国共产党及其领导的人民在艰苦条件下攻坚克难最终走向成功——党史精神的充分体现。岩前村在乡村振兴领域的成功充分体现了党史文化对乡村振兴的指导意义。历史是最好的教科书，从党史精神中汲取助力于乡村振兴的精神力量显得尤为重要。

第二，党史精神中的商业模式研究：目前，学术界关于党史精神的研究不计其数，但往往都停留在了思想教育层面。鲜有在党史精神实际应用领域的研究。本项目正是发现了这个痛点，并准备据此从商业模式角度展开对党史精神实际应用的分析。以小见大，深入拓宽党史精神的实际应用内涵。并以安溪县岩前村为例，进一步探讨党史精神商业模式在乡村振兴中的运用，为其他乡村振的振兴提供可视化范本。

第三，我国乡村振兴当中的党史精神研究——以岩前村乡村振兴启航为例：乡村振兴要规避千村一面的格局，而是要打造千村千面。因此除了革命老区岩前村村的乡村振兴启航的党建绿色"创新创业"产业帮扶助力乡村振兴模式之外，还有其他乡村振兴模式。如何从岩前村个案中提炼出党史教育助力于乡村振兴的可移植性范本成了当下本项目着重关注的一个问题。据此本项目的重点研究内容如下：（1）岩前村的乡村振兴启航的党史精神研究；（2）岩前村党史教育助力乡村振兴的实例及其可可复制性；党史教育助力于乡村振兴领域的内容总结。

第四，乡村振兴当中的廉政思想研究——从党史精神的视角：指导思想是一个政党的精神旗帜。要从党的百年奋斗和非凡历程中深刻感悟马克思主义的真理力量和实践力量，坚持不懈用党的创新理论最新成果武装头脑、指导实践、推动工作。所以，在党史精神与乡村振兴结合运用的过程中，不可避免地需要把廉政思想融入进来，切实有效地规范干部队伍的工作作风，为实现和巩固乡村振兴伟大目标保驾护航。本项目从党史精神角度对革命老区岩前村的乡村启航过程中的廉政思想进行深入分析，旨在以岩前村的廉政建设的成果成果为范本凝炼出中国乡村廉政思想建设的现实范本。

第五 政策建议：根据以上实践，在总结凝练出若干个党史精神在乡村振兴中运用的可视化样本，并因此进行相应总结，提出相应的政策建议推动"巩固拓展脱贫攻坚成果及乡村振兴有效衔接"的深入开展，并为我国乡村振兴提供新鲜经验。

2.3 重点难点

重点：

十九大以来，党中央围绕打赢脱贫攻坚战、实施乡村振兴战略作出一系列重大部署，出台一系列政策举措，2020年是十三五的收官之年，也是全面建成小康社会目标实现之年和全面打赢脱贫攻坚战收官之年。乡村振兴是我国建设社会主义道路的必由之路，是我国实现中华民族伟大复兴和共产主义的重要工作。以岩前村乡村振兴启航党史精神为例，探索党史精神在全国范围乡村振兴的应用，并上升至党和国家的发展道路的应用，拟研究形成党史精神在乡村振兴中的商业模式的实践初探，展开一系列的研究，旨在凝炼出党史精神在乡村振兴领域的运用范本，更好助力与共同富裕的有效实现。

难点：

如何深入探索党史精神对乡村振兴的影响和应用，特别是党史精神在乡村振兴中商业模式的探索。本项目需要依托参加福州大学"学科专业中的廉洁思想"课程思政主题微视频竞赛和福州大学"学党史 守初心 担使命"微党课大赛，撰写论文《乡村振兴的廉政思想建设——以革命老村岩前村为例》《乡村振兴中的党史精神研究——以革命老区岩前村乡村振兴启航为例》《党史精神的商业模式分析——以革命老区岩前村为例》，并将上述论文投稿并参加福州大学"回顾革命历史，阅读红色经典，传承红色基因，勤奋努力成才"征文比赛、等各项活动，依次更深入地对本项目进行探索和研究。

三、国内外研究现状和发展动态

党的十九届五中全会提出，"十四五"是向全面建设社会主义现代化国家新征程、向第二个百年奋斗目标进军的第一个五年。乡村振兴是中国在社会主义发展道路上十分重要的路程，要想改变城乡发展不平衡的问题，缩小城乡差距，建设社会主义，必须进行乡村振兴。党的十九大报告提出我国社会的主要矛盾已经转化为人民日益增长的美好生活需要和不平衡不充分的发展之间的矛盾，其中最主要的问题是城乡发展不平衡和农村发展不充分。农村地区发展的相对滞后已经成为我国社会主要矛盾的集中体现。我国政府近年来大力开展精准扶贫，目前已经进入乡村振兴的关键时期，精准扶贫的工作着力点和重点在扶贫，要更加注重发挥乡村主动性，充分激发乡村活力。脱贫攻坚仍然是农村振兴的前提和保证，城乡融合是实现精准扶贫和乡村振兴的基础和必要条件。党的十九大以来，党中央围绕打赢脱贫攻坚战、实施乡村振兴战略做出了一系列重大部署，出台了一系列政策举措，2020 年是"十三五"的收官之年，也是全面建成小康社会目标实现之年和全面打赢脱贫攻坚战收官之年。乡村振兴是我国建设社会主义道路的必由之路，是我国实现中华民族伟大复兴和共产主义的重要工作，但目前乡村振兴工作缺乏精神的指引。

3.1 文献综述

针对党史精神与乡村振兴相结合的研究，学术界成果并不多，主要在这几个方面：

（1）某一产业/技术/政策对乡村振兴的影响：岳佳、肖燕怜（2021）研究了"场景+"模式在乡村文化传播中的应用；潘锋钢（2021）从微生物资源角度，研究其对于乡村振兴的助力作用、文澄宇（2021）从产业振兴角度探讨乡村振兴；卢青、万喆、石明（2021）从人才振兴角度入手，研究如何助力乡村振兴；张晨欣（2021）从数字经济角度研究其对乡村振兴的内在作用；韩艳素（2021）则研究新能源在乡村振兴中的应用及发展探析。

（2）关于乡村振兴的某一项目分析：陈明曼、郑国威、涂先莉（2021）研究乡村振兴战略背景下该如提质增速何乡村旅游路径；赵绍雄（2021）研究乡村振兴战略进展及未来发展前瞻；傅瑶（2021）研究乡村振兴战略下乡村文化空间建设路径；蒋水全、周秉、孙芳城（2021）研究乡村振兴战略下对旅游发展专项资金绩效审计的体系探讨；熊文、王轶、李朝鲜（2021）利用比较研究的方式，研究乡村振兴战略下失地农民与未失地居民社会保障水平；余亚亮、向针、刘笑冰（2020）研究了村振兴战略下高等农林院校本科教育人才培养质量的现状与优化；郭丽君、陈春平（2020）探讨了乡村振兴战略下高校农业人才培养改革；刘文俊（2020）探讨了乡村振兴战略下涉农专业"双创"型人才培养；李新仓、尹焕晴（2020）探讨了乡村振兴背景下农科教融合的农村人才培养制度；王璐、唐成（2019）探讨乡村振兴战略背景下的文旅人才培养模式。

（3）关于党史精神在思想教育方面的实际运用：独文菁（2021）对延安精神在新时代大学生思想政治教育中的价值展开了研究；王永军、白杨、高永利（2021）以航运工程系为例，对延安革命旧址资源在大学生思想政治教育中的应用展开了探究；叶蔓（2021）探讨延安红色文化资源在初中历史教学中的应用；白宇（2021）以西安高校为例，探讨了延安红色文化资源在大学生思想政治教育中的运用；抗大精神：苗体君（2020）探讨了抗大在浆水的教育实践；成榕（2020）对"抗日军政大学精神"进行了文化阐释并结合对校园教育的发展提出了一系列建议；孟莹、刘斌（2020）通过分析抗大精神总结出了新形势下抗大精神对干部教育培训工作的启示；张立飞（2020）从"抗大精神"的视角下解读当下高校的思想政治教育；苏比努尔·克然木、张涛（2020）研究了如何将抗大精神融入高校思想政治教育；林爱铭（2021）研究了延安抗大精神对教育工作的启示；南泥湾精神：莫非、袁武振（2020）研究南泥湾红色文化资源及其开发利用；崔文佳（2020）以南泥湾精神为依托冲破核心技术瓶颈；长征精神：沈飚、罗乐、童冰欣（2020）将长征精神融入应用型本科高校思政教学；姚远（2020）研究长征精神课程资源在思想政治课教学中的应用；张新朋（2020）"大思政"视域下高校弘扬长征精神研究；郑祥文、刘宗灵（2020）研究长征精神在高校精准思政工作中的价值与路径；赵宇、王多昕（2020）研究如何把长征精神贯穿到党校干部教育培训工作；蒋蕾、张楠、邱媛 等（2020）研究如何将长征精神融入实习护生挫折教育；任静、刘斌（2020）研究将长征精神融入大学生思想政治教育；王艺彤（2021）研究长征精神对当代大学生思想政治教育的启示；李茜楠（2021）对如何将长征精神融入大学生思想政治教育展开了研究。

3.2 文献述评

可见，随着"巩固拓展脱贫攻坚成果并与乡村振兴有效衔接"成为"十四五"中国农村工作的一个主要抓手，以及党史精神100周年的到来，乡村振兴和党史精神也日益成为学术界关注的热点问题：

第一，关于乡村振兴的系列研究，目前学术界关于乡村振兴的系列研究主要集中在产业、技术、政策对乡村振兴的影响以及关于乡村振兴的理论研究，缺乏精神的直营和对个案的分析。

第二，关于党史精神具体运用的研究，目前主要针对理论教育领域，缺乏党史精神与乡村振兴实际结合。

可见，目前学术界缺乏党史精神在乡村振兴场景下的研究，而党史文化作为中国百年智慧的集中凝练，是中国共产党100年来发展历程的政治文化积淀，它承载着中国百年来披荆斩棘、艰苦奋斗的精神凝炼，对乡村振兴具有普遍的借鉴意义。乡村振兴在精神方面的欠缺，既不利于乡村振兴的有效进行；也不利于党史教育的深入开展。目前，乡村振兴亟需党史教育作为一个新的载体助力"巩固拓展脱贫攻坚成果并与乡村振兴有效衔接",而党史教育也需要新的依托。本项目据此提出了党史精神的商业模式分析、岩前村的党史精神、分析岩前村的廉政思想研究等一系列研究。并依托大学生"三下乡"暑期社会实践活动、各类创新创业训练和竞赛活动平台大范围选拔与培养能将党史精神运用于乡村振兴领域的创新创业领军人才。

3.3 本课题相对于已有研究的独到学术价值和应用价值等

为了完成本项目研究,除了要进一步完善党史精神的乡村振兴理论成果,还要根据岩前村的实际情况进行深入分析形成党史精神在乡村振兴领域运用的具体范本,并将这一系列范本推广至其他乡村振兴领域,这是现有关于乡村振兴和党史精神这两方面的研究所欠缺的,在提炼范本的时候一方面为岩前村未来发展提供准确方向标,另一方面为全国其他乡村提供参考与借鉴;与此同时,本项目既为乡村振兴提供了精神指引,也为党史精神提供了一个新的突破点:乡村振兴缺乏党史精神的指引,而党史精神缺乏在乡村振兴场景下的开展,本项目旨在解决现有研究的不足,使党史精神更好地助力于乡村振兴、同时为党史精神从理论教育中走出去,更广泛地运用到中国建设的各个角落提供基础。

四、创新点与项目特色

4.1 在学术思想、学术观点、研究方法等方面的特色

为了向我国乡村振兴道路提供更高质量、更具有操作性的建设新思路,本项目以党史精神为指导,对延安精神、抗大精神、南泥湾精神以及长征精神的内涵和在乡村振兴领域的应用进行深入研究,并通过对岩前村一年以来的乡村振兴经验进行总结、分析从而探索出可靠的发展模式和实践理论,基于个案中党史精神与乡村振兴结合的应用,为我国乡村振兴的有效实施提供参考借鉴,这就是本项目的特色。与此同时,目前在全党全社会轰轰烈烈地开展党风廉政建设和廉政思想教育的大背景下,本项目通过从党史精神角度对革命老区岩前村的乡村启航过程中的廉政思想进行深入分析,为其他乡村振兴项目的长足发展提供现实样本,这是本项目的另一个特色。

4.2 在学术思想、学术观点、研究方法等方面的创新

本项目对乡村振兴和党史教育的研究角度比较独特，借助岩前村个案将乡村振兴同党史教育有机结合：从商业模式角度，深入解析党史精神在现实领域的具体运用，并以对革命老区岩前村乡村振兴启航为例对乡村振兴中的党史精神进行深入探讨。同时，从党史精神角度对革命老区岩前村的乡村启航过程中的廉政思想进行深入分析。这就是本项目最大的创新之处。

五、技术路线、拟解决的问题及预期成果

（1）完成论文《岩前村乡村振兴启航之党史精神研究》初稿；参加福州大学第十一届大学生节能减排社会实践与科技竞赛撰写论文《党建绿色创新创业产业帮扶之党史精神研究——以革命老区岩前村为例》；(2)召开乡村振兴当中的党史精神研究研讨会，同时去拍摄"学党史，担使命"微党课视频；（3）从党史精神角度形成廉政思想的设计，并逐步完成设计，最后依托设计理念拍摄福州大学"学科专业中的廉洁思想"课程思政主题微视频竞赛参赛视频；（4）修改论文《岩前村乡村振兴启航之党史精神研究》，投稿红土地杂志；（5）参加福州大学暑期"三下乡"社会实践活动实地调研岩前村并撰写相关论文等；（6）参加福州大学"回顾革命历史，阅读红色经典，传承红色基因，勤奋努力成才"征文活动《党史教育之党史精神助力乡村振兴——以革命老村岩前村为例》；（7）最终将以上论文投稿至社会杂志。

本项目的最终预期成果形式为系列论文及相关视频，具体如下：

1. 学术论文至少 3 篇

《党史精神的商业模式分析——以革命老区岩前村为例》；《乡村振兴的廉政建设——以革命老村岩前村为例》；红土地杂志投稿《乡村振兴中的党史精神研究——以革命老区岩前村乡村振兴启航为例》。

2. 参加相关竞赛

福州大学团委主办的"回顾革命历史，阅读红色经典，传承红色基因，勤奋努力成才"征文活动《党史研究之党史精神助力乡村振兴——以革命老村岩前村为例》；福州大学第十一届大学生节能减排社会实践与科技竞赛《党建绿色产业帮扶助力乡村振兴》；福州大学举办的"学党史 守

初心 担使命"微党课大赛拍摄微党课视频并撰写论文《党史精神的商业模式分析——以革命老区岩前村为例》;)福州大学"学科专业中的廉洁思想"课程思政主题微视频竞赛活动拍摄思政主题微视频并撰写《乡村振兴的廉政建设——以革命老村岩前村为例》。

3.相关视频两个

"学科专业中的廉洁思想"和"学党史 守初心 担使命"相关视频。

六、项目研究进度安排

在省委"再学习、再调研、再落实"精神的指导下,以党史精神作为指引,课题组以党史精神作为指引,探讨研究党史精神在乡村振兴中的商业模式,以安溪县参内镇岩前村乡村振兴为例进行了党史精神的分析,将乡村振兴中党史精神的体现进行有效探讨,并在一年内完成。

2021.04 完成论文《岩前村乡村振兴启航之党史精神研究》初稿;参加福州大学第十一届大学生节能减排社会实践与科技竞赛撰写论文《党建绿色创新创业产业帮扶之党史精神研究——以革命老区岩前村为例》。

2021.05 拍摄并制作相关视频,参加福州大学"学科专业中的廉洁思想"课程思政主题微视频竞赛和福州大学"学党史 守初心 担使命"微党课大赛,撰写论文《乡村振兴的廉政建设——以革命老村岩前村为例》和撰写论文《党史精神助力乡村振兴——以革命老村岩前村为例》。

2021.05—2021.07 修改论文《岩前村乡村振兴启航之党史精神研究》,投稿红土地杂志。

2021.07—2021.08 参加福州大学暑期"三下乡"社会实践活动实地调研岩前村并撰写相关论文等。

2021.08 参加福州大学"回顾革命历史,阅读红色经典,传承红色基因,勤奋努力成才"征文活动《党史教育之党史精神助力乡村振兴——以革命老村岩前村为例》。

2021.08—2022.04 以上论文投稿至社会杂志。

2022.05 撰写结题报告。

七、已有基础

7.1 研究工作基础

已经完成或者即将完成的各种学术成果:

（1）《乡村振兴中的党史精神研究——以革命老区岩前村乡村振兴启航为例》

（2）《党史精神的商业模式分析——以革命老区岩前村为例》

（3）《乡村振兴的廉政建设——以革命老村岩前村为例》

7.2 尚缺少的条件及解决办法

目前关于党史精神内涵以及乡村振兴领域的研究有了一定的理论基础，但尚缺少将党史精神与乡村振兴结合的实践经验和党史精神在乡村振兴领域中的实际运用的实地考察。同时目前本项目缺少项目经费的支持：实地调研经费、发表论文的费用、开展研讨会的费用、购买一定的摄像器材的费用等一系列费用。

6.2.2 岩前村乡村振兴启航南泥湾精神研究

一、研究目的

1.1 学术目标

党的十九届五中全会指出，要优先发展农业农村，全面推进乡村振兴，坚持把解决好"三农"问题作为全党工作重中之重，走中国特色社会主义乡村振兴道路，提出农业农村农民问题是关系国计民生的根本性问题，乡村振兴作为全党工作的重要内容，作为国家和党建设的伟大工程，需要坚持把推进党的艰涩和伟大工程同党的领导的伟大事业紧密结合起来。党史作为党领导中华民族走向复兴和实现中国梦的历史，具有重要的研究与学习要求，南泥湾精神是以八路军第三五九旅为代表的抗日军民在南泥湾大生产运动中创造的，是在党中央的直接培育下形成的，是延安精神在大生产中的具体体现，在中国革命、建设和改革中发挥了极其重要的作用。目前，我国乡村振兴缺乏精神指引，现将南泥湾精神与乡村振兴联系起来，研究南泥湾精神在乡村振兴中的应用，为精神指引乡村振兴之路提供范本，使优秀精神成为乡村振兴中必备的强大力量。

目前，乡村振兴中较少研究精神力量对于乡村振兴所提供的动力问题，从小方向着手，从党史教育中的南泥湾精神在岩前村的体现和助力的角度，见微知著拓展为党史教育对于乡村振兴的重要意义。通过"实现巩固拓展脱贫攻坚成果同乡村振兴有效衔接"精神指引乡村振兴范本的完善，为我国乡村振兴的有效实施提供参考借鉴，弥补现有乡村振兴精神研究的不足；通过岩前村乡村振兴启航南泥湾精神研究，弥补我国乡村振兴精神指引的不足。

1.2 应用目标

通过对《党建绿色"创新创业"产业帮扶助力乡村振兴实践初探——以革命老区某某村启航为例》"再学习，再调研，再落实"，以南泥湾精神为指引，针对现阶段人民日益增长的美好生活需要与不平衡不充分发展这一社会主要矛盾以及城乡发展不平衡、不充分的问题，贯彻落实党的十九大和十九届二中、三中、四中、五中全会精神，探讨研究南泥湾精神在乡村振兴中的商业模式。相应国家学习党史的号召，结合党史精神学习，将南泥湾精神与乡村振兴相结合，为我国"十四五"期间农村高质量发展注入新鲜活力，培养相关专业优质人才，为我国"实现巩固拓展脱贫攻坚成果同乡村振兴有效衔接"的有效实施源源不断地提供高质量的后备力量，从而为世界乡村振兴提供中国方案。

二、研究内容

2.1 本项目的研究对象

本项目主要研究对象是以《党建绿色"创新创业"产业帮扶助力乡村振兴实践初探——以革命老区某某村启航为例》作为切入点，以南泥湾精神作为指引，探讨研究南泥湾精神在乡村振兴中的商业模式，以安溪县参内镇岩前村乡村振兴为例进行了南泥湾精神的分析，将乡村振兴中南泥湾精神的体现进行有效探讨。

2.2 总体框架

2.2.1 乡村振兴中南泥湾精神研究初探必要性研究

南泥湾精神作为党史学习的优秀精神，是以八路军第三五九旅为代表的抗日军民在南泥湾大生产运动中创造的，是在党中央的直接培育下形成的，是延安精神在大生产中的具体体现，在中国革命、建设和改革中发挥了极其重要的作用。尽管南泥湾精神有运用到现代发展中，但乡村振兴这一方面缺乏精神指引，还需要将乡村振兴与具体精神相结合，使精神成为指引乡村振兴的方向。本项目着重探讨以下几个方面：

第一，南泥湾精神在乡村振兴实例中的体现。

第二，南泥湾精神在乡村振兴中的推动作用。

2.2.2 党建绿色"创新创业"产业帮扶乡村振兴之"大别山精神"机制研究

南泥湾精神在乡村振兴中的应用项目研究探寻需要一个实实在在的样本，经过长期的实践之后产生了革命老区岩前村这样一个具有自身特色并且具有理论成果和实践成果的一个范本，因而研究革命老区岩前村的乡村振兴历程之中党建绿色"创新创业"产业帮扶中所体现出的南泥湾精神对于其他需要进行乡村振兴的乡村提供了一个范本。南泥湾精神研究作为精神指引乡村振兴的动力源泉，具有重要的研究价值和研究意义本项目将所需要探讨的内容做如下概括：

第一，党建绿色"创新创业"产业帮扶乡村振兴的机制进行研究。

第二，党建绿色"创新创业"产业帮扶乡村振兴机制中所体现出的南泥湾精神进行探讨党建绿色"创新创业"产业帮扶乡村振兴中所体现的"大别山精神"的范本作用。

2.2.3 乡村振兴中的南泥湾精神内涵探索与实践研究

乡村振兴是如今全党全国工作的重要领域。发展乡村振兴要着力调动人民的积极性和进行主观内在的改造，重视用优秀的精神去指引人，而南泥湾精神作为优秀的精神能够促进乡村振兴的发展，乃至中国社会主义建设道路的发展。本项目对一下几点做出重点研究和思考：

第一，南泥湾精神内涵的分析及其具体体现。

第二，乡村振兴所取得的成果分析。

第三，乡村振兴成果中南泥湾精神作为精神指引的体现及思考。

2.2.4 乡村振兴中南泥湾精神研究的扩散机制的分析

乡村振兴需要优秀的精神作为精神指引，像南泥湾精神这类的优秀精神蕴含于党史的整个过程之中，深入挖掘党史之中具有影响力和思考性的优秀精神，作为乡村振兴的精神指引，针对不同的乡村，运用不同的精神作为其指引，并针对乡村振兴的不同方面，运用合适的党史精神内涵进行指引，将南泥湾精神与乡村振兴结合起来，形成具有独特风格的乡村振兴发展之路。

2.3 重点难点

重点：

乡村振兴是我国建设社会主义道路的必由之路，是我国实现中华民族伟大复兴和共产主义的重要工作。以岩前村乡村振兴启航南泥湾精神为例，探索南泥湾精神在全国范围乡村振兴的应用，并上升至党和国家的发展道路的应用，拟研究形成南泥湾精神在乡村振兴中的商业模式的实践初探，展开一系列的研究，旨在凝炼出南泥湾精神在乡村振兴领域的运用范本，更好助力与共同富裕的有效实现。

难点：

如何深入探索南泥湾精神对乡村振兴的影响和应用，并将南泥湾精神广泛运用于乡村振兴的过程中，特别是南泥湾精神在乡村振兴中商业模式的探索。本项目需要依托参加福州大学"学科专业中的廉洁思想"课程思政主题微视频竞赛和福州大学"学党史 守初心 担使命"微党课大赛，撰写论文《乡村振兴的廉政建设——以革命老村岩前村为例》、《党史研究之南泥湾精神助力乡村振兴——以革命老村岩前村为例》、《岩前村乡村振兴启航南泥湾精神》，将上述论文投稿并参加福州大学"回顾革命历史，阅读红色经典，传承红色基因，勤奋努力成才"征文比赛等各项活动，依次更深入地对本项目进行探索和研究。

三、国内外研究现状和发展动态

3.1 文献综述

针对南泥湾精神与乡村振兴相结合的研究，学术界成果并不多，主要在这几个方面：

（1）某一精神对乡村振兴的影响：

王一川：乡村振兴于齐鲁文化精神（2021）探究齐鲁文化精神对乡村振兴的影响；邓秀彬：发扬脱贫攻坚精神助力乡村振兴（2021）探究脱贫攻坚精神对乡村振兴的助力作用并阐述如何发扬脱贫攻坚精神；雷鹏飞：发扬"三牛精神"服务乡村振兴（2021）探究三牛精神对乡村振兴的影响。

（2）关于南泥湾精神的研究：

李英姿：南泥湾精神的时代内涵（2021）探究南泥湾时代精神的内涵

并联系当代社会解读南泥湾精神；韩荣丽：弘扬南泥湾精神 建设现代化强国（2020）探究南泥湾精神对现代化建设的影响与应用；许浩然、王鹏烽、张铭 等，纵论抗战时期南泥湾精神的现实意义（2020）探究抗战士气南泥湾精神发挥的重要作用及其取得的成效。

3.2 文献述评

可见，南泥湾精神始终在被继承和发扬，并且南泥湾精神不论是在抗战时期，还是在现在，都是值得被继承和发扬的，它不仅可以运用在抗战时期，还可以运用到我国乡村振兴，运用到我国社会主义建设道路，运用到中华民族伟大复兴等。但是，学术界就某一精神对乡村振兴指引的研究并不多，目前乡村振兴缺乏精神指引，需要某一精神启航乡村振兴之路。而学术界缺乏南泥湾精神在乡村振兴场景下的研究，而南泥湾精神是在党中央的直接培育下形成的，是延安精神在大生产中的具体体现，在中国革命、建设和改革中发挥了极其重要的作用，南泥湾精神在每一个时代都发挥着重要作用，它始终在发扬，也始终在传承，对乡村振兴具有普遍的借鉴意义。目前，乡村振兴需要以南泥湾精神为精神依托，勇于创新、敢于开拓地开展乡村振兴规划，并指引乡村振兴走向成功。本项目据此提出了岩前村乡村振兴启航南泥湾精神的研究。

3.3 本课题相对于已有研究的独到学术价值和应用价值等

为了完成本项目研究，除了要进一步完善南泥湾精神的乡村振兴理论成果，还要根据岩前村的实际情况进行深入分析南泥湾精神在乡村振兴领域运用的具体范本，并将这一系列范本推广至其他乡村振兴领域。提炼范本时，一方面需要为岩前村未来发展提供准确方向，另一方面能够为其他乡村提供参考与借鉴。本项目既为乡村振兴提供了精神指引，也为南泥湾精神的发扬提供了一个新的突破点：乡村振兴缺乏南泥湾精神的指引，而南泥湾精神缺乏在乡村振兴场景下的开展，本项目旨在解决现有研究的不足，使南泥湾精神更好地助力于乡村振兴，广泛地运用到社会主义建设道路。

四、创新点与项目特色

4.1 在学术思想、学术观点、研究方法等方面的特色

2017 年，我国社会主要矛盾从人民日益增长的物质文化需要与落后的

社会生产之间的矛盾转变为人民日益增长的美好生活需要与不平衡不充分的发展之间的矛盾，其中城乡发展不平衡、不充分的问题是社会主要矛盾非常突出的体现。党的十九大提出乡村振兴战略，解决乡村问题成为解决民生问题的关键。乡村振兴是我国建设社会主义道路的必由之路，是我国实现中华民族伟大复兴和共产主义的重要工作。本项目通过对岩前村南泥湾精神分析，深度解析南泥湾精神对当下乡村振兴的帮扶意义，为南泥湾精神在乡村振兴领域的运用提供个案依据。为了探究南泥湾精神在乡村振兴中的商业模式，以安溪县参内镇岩前村乡村振兴为例进行南泥湾精神的分析，将乡村振兴中南泥湾精神的体现进行有效探讨，并上升至整个中国乡村振兴之路的精神指引。

4.2 在学术思想、学术观点、研究方法等方面的创新

本项目计划将党史教育有效融入进来，响应全党全社会开展党史教育的号召，引起更多党员团员关注南泥湾精神，关注乡村振兴，共同投入乡村振兴指引精神的研究，为乡村振兴之路的顺利进展贡献力量。并将有效成果对接今日头条、新浪网、海峡都市导报等等媒体，对项目进行深挖等等。

五、技术路线、拟解决的问题及预期成果

5.1 技术路线

1. 拍摄并制作视频，参加福州大学"学科专业中的廉洁思想"课程思政主题微视频竞赛，撰写论文《乡村振兴的廉政建设——以革命老村岩前村为例》；

2. 拍摄并制作视频，参加福州大学"学党史 守初心 担使命"微党课大赛，撰写论文《党史研究之南泥湾精神助力乡村振兴——以革命老村岩前村为例》；

3. 红土地杂志投稿《岩前村乡村振兴启航南泥湾精神研究》；

4. 撰写论文《岩前村乡村振兴启航南泥湾精神研究》，参加福州大学"回顾革命历史，阅读红色经典，传承红色基因，勤奋努力成才"征文活动；红土地杂志投稿《岩前村乡村振兴启航南泥湾精神研究》；

5. 将论文投稿；

6. 撰写结题报告。

5.2 预期成果

本项目的最终预期成果形式为系列论文，具体如下：

1. 学术论文 1~3 篇：《岩前村启航南泥湾精神研究》；《乡村振兴的廉政建设——以革命老村岩前村为例》；《党史研究之南泥湾精神助力乡村振兴——以革命老村岩前村为例》；相关视频两个：以"学科专业中的廉洁思想"和"学党史 守初心 担使命"。

2. 参加相关竞赛：福州大学举办的"学党史 守初心 担使命"微党课大赛拍摄微党课视频并撰写论文《党史研究之南泥湾精神助力乡村振兴——以革命老村岩前村为例》；福州大学"学科专业中的廉洁思想"课程思政主题微视频竞赛活动拍摄思政主题微视频并撰写《乡村振兴的廉政建设——以革命老村岩前村为例》；福州大学团委主办的"回顾革命历史，阅读红色经典，传承红色基因，勤奋努力成才"征文活动《岩前村乡村振兴启航南泥湾精神研究》；红土地杂志《岩前村乡村振兴启航南泥湾精神》征文投稿。

六、项目研究进度安排

（1）课题组在以《党建绿色"创新创业"产业帮扶助力乡村振兴实践初探——以革命老区某某村启航为例》作为切入点，以南泥湾精神作为指引，探讨研究南泥湾精神在乡村振兴中的商业模式，以安溪县参内镇岩前村乡村振兴为例进行了南泥湾精神的分析，将乡村振兴中南泥湾精神的体现进行有效探讨，并在一年内完成：

（2）2021.04 完成论文《岩前村乡村振兴启航南泥湾精神研究》初稿；

（3）2021.05 拍摄并制作相关视频，参加福州大学"学科专业中的廉洁思想"课程思政主题微视频竞赛和福州大学"学党史 守初心 担使命"微党课大赛，撰写论文《乡村振兴的廉政建设——以革命老村岩前村为例》和福州大学"学党史 守初心 担使命"微党课大赛；

（4）2021.05—2021.06 修改论文《岩前村乡村振兴启航南泥湾精神》，投稿红土地杂志；

（5）2021.11 参加福州大学"回顾革命历史，阅读红色经典，传承红色基因，勤奋努力成才"征文活动；

（6）2021.07—2022.04 以上论文投稿至各大平台；

（7）2022.05 撰写结题报告。

七、已有基础

参与《党建绿色"创新创业"产业帮扶助力乡村振兴实践初探》孵化的大学生创业公司福州农帮科技有限公司主办的《乡村振兴之"揭榜挂帅"南泥湾精神进课堂》活动。

指导老师苏世彬副教授2020年新冠疫情期间，福州大学教工党员苏世彬响应习近平同志提出的"全党全社会必须关注乡村振兴"的伟大号召，从理论角度提出了《党建绿色"创新创业"产业帮扶助力乡村振兴》模式，并以志愿者的身份选择了革命老区泉州市安溪县参内镇岩前村进行系列帮扶，在岩前村创办"大众创业万众创新"助力乡村振兴展示馆，协助岩前村进行景点设计，协助岩前村召开首届乡村振兴研讨会，并根据岩前村的实际情况设计了认种桃树巩固精准扶贫并助力乡村振兴的公益活动，围绕该活动先后举办了"南方慧"（福建）信息技术有限公司助力乡村振兴协议签署暨2021年植树节认种桃树巩固精准扶贫与助力革命老区岩前乡村振兴公益活动现场调研、《党建绿色"创新创业"产业帮扶助力乡村振兴实践初探——以革命老区岩前村为例》专著学术研讨会等多场福州市和岩前村融合发展的活动取得一系列成果。

2021年，在十九届五中全会精神和省委"再学习、再调研、再落实"精神指导下，召开闽台认种桃树巩固拓展脱贫攻坚成果并与乡村振兴有效衔接调研座谈；协助设计和推广岩前村闽南家庭原生态食材大礼包，提高乡村坚守者（贫、病、老、妇）增收，巩固拓展脱贫攻坚成果并与乡村振兴及大健康事业有效衔接；依托岩前村的乡村振兴启航样本启动乡村振兴"南泥湾计划"高校"揭榜挂帅"项目招募与征集。真正打造高校教师党员、热心公益事业的企事业单位或个人、精准扶贫资助的生态循环种养殖基地和低保户村民横向联动、纵向贯通、多方协同的乡村振兴绿色创新创业服务新模式，书写了绿色脱贫攻坚"高校样本"。

6.2.3 乡村振兴中的大别山精神研究——以革命老区岩前村启航为例

一、研究目的

1.1 学术目标

中共十九届五中全会通过的《中共中央关于制定国民经济和社会发展

第十四个五年规划和二〇三五年远景目标的建议》中提出要优先发展农业农村，全面推进乡村振兴。坚持把解决好"三农"问题作为全党工作重中之重，走中国特色社会主义乡村振兴道路，提出农业农村农民问题是关系国计民生的根本性问题，乡村振兴作为全党工作的重要内容，作为国家和党建设的伟大工程，需要坚持把推进党的建设伟大工程同党的领导的伟大事业紧密结合起来。党领导的伟大事业需要党史教育作为基础和探索改造主观世界的精神源泉，历史是最好的教科书，也是最好的清醒剂，党史作为党领导中华民族走向复兴和实现中国梦的历史，具有重要的研究与学习要求。大别山地区是土地革命时期的第二大根据地、抗日战争时期的游击区和解放战争的主要战场。因而大别山具有其他地域所不具备的历史背景和文化精神内涵，大别山精神作为党史教育的一部分，可以通过大别山精神的研究拓展到党史教育研究的大领域。见微知著，细处着手，从而将党史教育和乡村振兴从细枝末节处连接起来，研究大别山精神在乡村振兴中的应用，从而让优秀的精神成为乡村振兴中所必备的精神力量。

1.2 应用目标

为了贯彻落实十九大五中全会精神和省委"再学习、再调研、再落实"，以革命老村岩前村为例，从岩前村的乡村振兴启航过程之中探求其内在所蕴含的大别山精神和大别山精神在乡村振兴之中所提供的精神思考和精神力量。岩前村在党的领导下，乡贤学者的顶层设计助力之下和企业群众的共同努力之下，积极探索，不断发展。从中可以看出大别山精神潜移默化的影响。"大别山精神"作为党史教育中的优秀精神力量，为巩固拓展脱贫攻坚成果和促进乡村振兴提供巨大的精神力量。从而将党史精神和党史教育拓展使用到乡村振兴的各个方面和各个层次，加快推进乡村振兴。

二、研究内容

2.1 本课题的研究对象

为了响应十九届五中全会中所提出的巩固拓展脱贫攻坚成果和乡村有效衔接的精神，在省委"再学习、再调研、再落实"精神的指导下，以党史精神作为指引，以"大别山精神"研究作为突破口，以革命老区岩前村的乡村振兴启航为例，积极探索我国乡村振兴中的"大别山精神"的作用和意义。

2.2 总体框架

第一，乡村振兴中的"大别山精神"探究的必要性研究

"大别山精神"作为具有优秀引领能力的党的精神，作为党史教育中的优秀精神，是促进人们改造主观世界进而改造客观世界的有力推手，而众多大别山精神的研究仅将其作为党史教育中的优秀精神进行研究，尽管有为"大别山精神"加入新的时代力量，但是在运用方面的研究范本还是特别稀少的。而中共十九届五中全会已经提出全面 推进乡村振兴，但是乡村振兴方面的研究不足是明显的，只是注重乡村振兴高屋建瓴的理论指导，而没有将乡村振兴中的个例研究和精神助推结合起来。尤其是目前在全国如火如荼开展党史教育，更是给乡村振兴中的优秀精神研究提供了一个难得的切入点，因此本项目着重探讨以下几个问题：

（1）乡村振兴案例中"大别山精神"的体现研究

（2）"大别山精神"在乡村振兴中的助推作用研究

（3）乡村振兴中的"大别山精神"机制的拓展使用

第二，乡村振兴之"大别山精神"的商业模式研究

乡村振兴之"大别山精神"项目商业模式研究探寻需要一个实实在在的样本，经过长期的实践之后产生了革命老区岩前村这样一个具有自身特色并且具有理论成果和实践成果的这样一个范本，因而研究革命老区岩前村的乡村振兴历程之中所体现出的大别山精神及商业模式对于其他需要进行乡村振兴的乡村提供了一个有力的范本。并且"大别山精神"研究作为精神指引和改造主观世界的动力源泉，具有重要的研究价值和研究意义。因而在乡村振兴中的"大别山精神"之商业模式研究则是急需探讨的内容，现将所需要探讨的内容做如下概括：

（1）乡村振兴的商业模式机制进行研究

（2）乡村振兴机制中所体现出的"大别山精神"进行探讨

（3）乡村振兴商业模式中所体现的"大别山精神"的范本作用

第三，乡村振兴中的"大别山精神"研究以岩前村的乡村振兴启航为例内容进行研究

中共十九届五中全会中提出要优先发展农业农村，全面推进乡村振兴。因而乡村振兴是如今全党全国工作的重要领域。发展乡村振兴要着力

调动人民的积极性和进行主观内在的改造，重视用优秀的精神去指引人，"大别山精神"作为优秀的精神，能够促进人民改造主观世界进而形成精神动力，来改造客观世界。为了促进乡村振兴中的"大别山精神"研究的顺利进行，因而需要进行如下几个方面的重点研究和思考：

（1）"大别山精神"内涵的分析及其具体体现

（2）乡村振兴所取得的成果分析

（3）乡村振兴成果中"大别山精神"作为精神指引的体现及思考

第四，以"大别山精神"视角研究岩前村乡村振兴中的"廉政思想"

廉政建设是关系着我党和国家的生死存亡的重要环节。党风、政风的好坏，事关人心向背，我党执政兴衰，党风、政风出现问题会导致一个国家走向灭亡，导致我党执政之基动摇。在乡村振兴之中也需要进行廉政建设，从"大别山精神"视角研究"乡村振兴"中的"廉政思想"，为廉政建设提供精神支持，因而需要对以"大别山精神"视角研究岩前村乡村振兴中的"廉政思想"需要进行如下内容：

（1）"大别山精神"视角下研究岩前村乡村振兴中的"廉政思想"的体现和内涵探寻

（2）"大别山精神"视角研究岩前村乡村振兴中的"廉政思想"进行机制研究

（3）"大别山精神"视角研究岩前村乡村振兴中的"廉政思想"进行"廉政思想"的拓展性应用

第五，政策建议

根据以上实践，在总结凝练出乡村振兴的"大别山精神"研究的内涵及其扩散意义之后，顺便把党建绿色"创新创业"产业帮扶中的"大别山精神"研究进行思考和总结，并且提出相应的政策建议推动"大别山精神和乡村振兴有效衔接"的深入开展，并为我国乡村振兴和党建绿色"创新创业"产业帮扶提供新鲜经验。

2.3 重点难点

重点：

乡村振兴是我国建设社会主义道路的必由之路，是我国实现中华民族伟大复兴和共产主义的重要工作中共十九届五中全会中提出要优先发展农业农村，全面推进乡村振兴，坚持把解决好"三农"问题作为全党工作的重中之重，走中国特色社会特色乡村振兴之路，乡村振兴问题作为中共十九届五中全会中提出的重要需要解决的问题，需要物质基础的同时，最重要的是需要精神基础，"大别山精神"这种优秀的精神在党史教育中占据着重要的地位，对于改造主观世界，提升精神动力具有重要的作用。以乡村振兴中的"大别山精神"研究成为重要的研究内容，探索乡村振兴过程之中所蕴含的"大别山精神"以及"大别山精神"在乡村振兴之中的指导作用，凝练优秀文化的精神内涵，作为其他乡村振兴的精神力量，拓展乡村振兴中"大别山精神"的应用范围，促进全面实施乡村振兴战略，强化以工补农、以城带乡，推动形成工农互促、城乡互补、协调发展、共同繁荣的新型工农城乡关系，加快农业农村现代化。

难点：

如何深入探寻乡村振兴之中的"大别山精神"，将"大别山精神"如何广泛并且具有针对性的应用于"乡村振兴"的各个过程之中，千村千面，"大别山精神"能否在其自身基础上拓展出新的内涵以适应各地乡村振兴的不同，具有针对性的展开乡村振兴工作。本项目的难点研究需要依托福州大学团委主办的"回顾革命历史，阅读红色经典，传承红色基因，勤奋努力成才"征文活动撰写论文《党史教育之大别山精神助力乡村振兴——以革命老村岩前村为例》、福州大学第十一届大学生节能减排社会实践与科技竞赛撰写论文、福州大学举办的"学党史 守初心 担使命"微党课大赛拍摄微党课视频并撰写论文《党建绿色创新创业产业帮扶之大别山精神研究——以革命老区岩前村为例》、福州大学"学科专业中的廉洁思想"课程思政主题微视频竞赛活动拍摄思政主题微视频并撰写《乡村振兴中的廉政建设——以革命老村岩前村为例》、参加大学生乡村振兴"三下乡"暑期社会研习活动深入实地了解岩前村乡村振兴的各个历程和进行感悟分析，更加深入的对本项目进行研究和分析。

三、国内外研究现状和发展动态

3.1 现实背景

《中共中央关于制定国民经济和社会发展第十四个五年规划和二〇三五年远景目标的建议》通过，建议提出，优先发展农业农村，全面推进乡村振兴。坚持把解决好"三农"问题作为全党工作重中之重，走中国特色社会主义乡村振兴道路，全面实施乡村振兴战略，强化以工补农、以城带乡，推动形成工农互促、城乡互补、协调发展、共同繁荣的新型工农城乡关系，加快农业农村现代化。农村地区能否优质发展对于实现共同富裕至关重要，实施乡村振兴战略，农业农村农民问题是关系国计民生的根本性问题，乡村振兴战略是实现"两个一百年"奋斗目标的一项重大战略举措。 党史记录了中国共产党带领中华民族在革命、建设和改革进程中艰苦卓绝、波澜壮阔的奋斗发展历程，具有历史学研究和历史教育的巨大价值。因而进行党史教育是学习了解中共共产党的发展史，并且从中汲取能量的优秀教育。

3.2 文献综述

目前学术界针对乡村振兴和大别山精神的研究内容如下：

（1）关于乡村振兴方面有众多的研究文献

贺雪峰（2019）《大国之基：中国乡村振兴诸问题》以全局视角解读乡村振兴战略，以实地案例审视乡村未来发展；张晓山《乡村振兴战略》从城乡融合发展的视角，深入研究怎样贯彻实施乡村振兴发展战略；蒋高明（2019）《乡村振兴 选择与实践》从生态学角度探讨乡村振兴需要从哪里入手发展什么样的产业能否留住人；傅春、唐安来、吴登飞（2017）《乡村振兴：江西美丽乡村建设的路径与模式》在总结国内外乡村建设的经典理论以及阐释国内外乡村振兴的经典案例的基础上，提出江西省美丽乡村建设要遵循四结合路径和模式；尚道文《脱贫攻坚与乡村振兴衔接：生态》对乡村生态的深入调查，总结了生态环境保护与脱贫攻坚、乡村振兴的关系，研判了乡村当前存在的突出生态问题；吴维海（2018）《新时代乡村振兴战略规划与案例》从各方面进行因地制宜地编制和实施乡村振兴战略规划；刘畅（2020）《乡村振兴背景下农民工返乡创业研究》从乡村振兴视角入手，针对中国农村经济社会特殊主体农民工返乡创业问题进行全面论述，梳理国外经典就业与创业理论，构建研究理论平台。

（2）关于党大别山精神的研究文献

《略论李先念与大别山精神》：李先念曾长期担任大别山地区党政军的重要职务，在为大别山地区的革命、建设和改革事业建立功勋的同时，也

为大别山精神的培育、践行和弘扬做出了杰出贡献。（范伟，2021）

《大别山红色文化的形成与发展》：悠久的文化传统、特殊的自然环境，以及不惧强暴的抗争精神和近代新思想新文化，是大别山红色文化形成的历史渊源和思想基础。（夏慧、汪季石，2020）

《大别山对"四个自信"的彰显和促进》：大别山精神是"四个自信"的重要体现，它在历史上证明了"四个自信"，也必然在促进"四个自信"传播和弘扬上发挥重大作用。（汪季石、陈永典，2021）

《让大别山精神在新时代焕发新光彩》：大别山精神所蕴含的精神特质和品格仍然有着穿越时空的伟大力量，具有重要的时代价值。坚定中国特色社会主义共同理想大别山精神最核心的特质是对理想的追求和对信念的坚守。（孙伟，2020）

《习近平总书记关于大别山精神的重要论述研究》大别山精神具有新的时代内涵并且习近平新时代中国特色社会主义思想的指导下，大别山精神的研究还需进一步深化。（夏慧、张钦华，2021）

3.3 文献述评

中共十九届五中全会中提出要优先发展农业农村，全面推进乡村振兴。坚持把解决好"三农"问题作为全党工作重中之重，走中国特色社会主义乡村振兴道路，全面实施乡村振兴战略，强化以工补农、以城带乡，推动形成工农互促、城乡互补、协调发展、共同繁荣的新型工农城乡关系，加快农业农村现代化。乡村振兴作为全党工作的重要内容，作为国家和党建设的伟大工程，有众多关于乡村振兴方面的文献。

第一，关于乡村振兴方面的研究为其他乡村振兴提供了诸多的理论指导和现实视角，但是不足也是明显的，乡村振兴必须依靠和坚持党的领导，以具体党建来推动乡村振兴的研究成果很少出现；乡村振兴需要亿万人民群众的积极性和主动性，但是有关调动人民群众积极性，促进将精神力量改造主观世界从而改造客观世界方向的研究很少。

第二，关于大别山精神的研究是对大别山精神进行定义从而确定大别山精神的内涵及其在各个时代所体现出的时代内涵，但是其中的不足也十分明显，仅是将大别山精神作为一种党史教育的优秀精神进行研究，而缺少将大别山精神运用于社会的各个方面，成为促进乡村振兴的精神动力和力量源泉。当大别山精神成为束之高阁的精神文化而不能合理运用于类似乡村振兴等之中，大别山精神就会缺少实际用处和真正的时代内涵。

3.4 本课题相对于已有研究的独到学术价值和应用价值等

目前，乡村振兴作为学术界的前沿学科受到广泛的关注，可是乡村振兴的实例过少，对于需要进行振兴的其他乡村参考意义不大，因而关于推动乡村振兴和城乡融合，一二三产业融合的范本过于稀少，岩前村为例的乡村振兴研究就成为了能够弥补当今不足的重要范本，为促进岩前村及周边村镇发展的基础上研究其发展机制为其他乡村提供可视化的数据和范例。乡村振兴之中较少研究主观精神力量对于乡村振兴所提供的动力问题，从小的方向着手，从党史教育中的大别山精神在岩前村的体现和助力的角度，见微知著拓展为党史教育对于乡村振兴的重要意义。选择的样本——安溪县岩前村具有重大的研究价值。安溪县岩前村在缺少政府资金技术帮扶和没有支柱性产业的情况下，能够逐渐探索出"因地制宜、就地取材、顺势而为"的发展路径，并且能够转变发展思路，变劣势为优势。并且探索"闽台融合"发展的新路径。

四、创新点与项目特色

4.1 在学术思想、学术观点、研究方法等方面的特色

乡村振兴作为全党工作的重要内容，作为国家和党建设的伟大工程，需要坚持把推进党的建设伟大工程同推进党领导的伟大事业紧密结合起来，保证党始终成为社会主义事业的坚强领导核心。这条经验，反映了党的建设必须服从服务于党的历史任务这一根本指导原则，揭示了党的建设伟大工程同党领导的伟大事业之间紧密联系、相互促进、相辅相成的互动关系。中国共产党的领导是推进革命、建设、改革最根本的政治保证和组织保证，党的建设是党领导的伟大事业不断取得胜利的重要法宝。多年来，我们党坚持运用这个法宝，始终把对客观世界的改造同对主观世界的改造结合起来。因而探索改造主观世界的精神源泉成为乡村振兴方面十分重要和有力的推手。大别山精神也可以作为乡村振兴方面人才培养的精神内涵。从而探索培养乡村振兴人才的新路径和新方法，依托福州大学，通过参与乡村振兴和自身专业进行结合从而培养具有自身特色，适应乡村振兴各个方面的优质人才。

4.2 在学术思想、学术观点、研究方法等方面的创新

本项目不同于其他乡村振兴研究只重视乡村振兴高屋建瓴的总体规划，而忽视了乡村振兴个体案例内在的研究和探寻，本项目在选取革命老区作为研究的内容和对象，针对革命老区乡村振兴过程之中所体现的"大别山精神"进入深入挖掘，进而探索出优秀精神对于乡村振兴的重要影响，并将"大别山精神"的影响能力进行扩散，使其成为助力乡村振兴的有力推手，从小的方向着手，从党史教育中的大别山精神在乡村振兴的体现和助力的角度，见微知著拓展其重要意义。

五、技术路线、拟解决的问题及预期成果

5.1 技术路线

（1）参加福州大学"学科专业中的廉洁思想"课程思政主题微视频竞赛，撰写论文《乡村振兴的廉政建设——以革命老区岩前村为例》。

（2）参加福州大学"学党史 守初心 担使命"微党课大赛，录制视频撰写论文《党史研究之大别山精神助力乡村振兴——以革命老区岩前村为例》。

（3）撰写论文《党史教育之大别山精神助力乡村振兴——以革命老区岩前村为例》，参加福州大学"回顾革命历史，阅读红色经典，传承红色基因，勤奋努力成才"征文活动。

（4）红土地杂志投稿《岩前村乡村振兴启航之大别山精神研究》。

（5）将论文投稿至社会杂志。

（6）撰写结题报告。

5.2 拟解决的问题

乡村振兴必须依靠和坚持党的领导，但是以具体党建来推动乡村振兴的研究成果很少出现；乡村振兴需要亿万人民群众的积极性和主动性，但是有关调动人民群众积极性，促进将精神力量改造主观世界从而改造客观世界方向的研究很少。需要通过主观精神方面的引领和塑造，使得乡村振兴的精神力量成为重要促进乡村振兴的推手。并且结合具体的个例，从小及大，将"大别山精神"拓展使用到乡村振兴的各个方面。

5.3 预期成果

（1）学术论文3篇

《党建绿色创新创业产业帮扶之大别山精神研究——以革命老区岩前

村为例》；《乡村振兴中的商业模式研究——以革命老区岩前村为例》；红土地杂志投稿《岩前村乡村振兴启航之大别山精神研究》。

（2）参加相关竞赛

①福州大学团委主办的"回顾革命历史，阅读红色经典，传承红色基因，勤奋努力成才"征文活动《党史教育之大别山精神助力乡村振兴——以革命老区岩前村为例》；②福州大学第十一届大学生节能减排社会实践与科技竞赛《党建绿色创新创业产业帮扶之大别山精神研究——以革命老区岩前村为例》；③福州大学举办的"学党史 守初心 担使命"微党课大赛拍摄微党课视频并撰写论文《党史研究之大别山精神助力乡村振兴——以革命老区岩前村为例》；④福州大学"学科专业中的廉洁思想"课程思政主题微视频竞赛活动拍摄思政主题微视频并撰写《乡村振兴中的廉政建设——以革命老区岩前村为例》

（3）相关视频两个

"学科专业中的廉洁思想"

"学党史 守初心 担使命

六、项目研究进度安排

在省委"再学习、再调研、再落实"精神的指导下，以党史精神作为指引，课题组以大别山精神作为指引，探讨研究大别山精神在乡村振兴中的商业模式，以安溪县参内镇岩前村乡村振兴为例进行了大别山精神的分析，将乡村振兴中大别山精神的体现进行有效探讨，并在一年内完成：

2021.04 完成论文《岩前村乡村振兴启航之大别山精神研究》初稿；参加福州大学第十一届大学生节能减排社会实践与科技竞赛撰写论文《党建绿色创新创业产业帮扶之大别山精神研究——以革命老区岩前村为例》。

2021.05 拍摄并制作相关视频，参加福州大学"学科专业中的廉洁思想"课程思政主题微视频竞赛和福州大学"学党史 守初心 担使命"微党课大赛，撰写论文《乡村振兴的廉政建设——以革命老区岩前村为例》和撰写论文《党史研究之大别山精神助力乡村振兴——以革命老区岩前村为例》。

2021.05—2021.07 修改论文《岩前村乡村振兴启航大别山精神》，投稿《红土地》杂志。

2021.07—2021.08 参加福州大学暑期"三下乡"社会实践活动实地调研岩前村并撰写相关论文等。

2021.08 参加福州大学"回顾革命历史，阅读红色经典，传承红色基因，勤奋努力成才"征文活动《党史教育之大别山精神助力乡村振兴——以革命老区岩前村为例》。

2021.08—2022.04 以上论文投稿至社会杂志。

2022.05 撰写结题报告。

七、已有基础

7.1 负责人前期基础

项目负责人袁佳敏是苏世彬老师通过大学生乡村振兴"揭榜挂帅"招募进来的第一批人才，目前已经完成了《岩前村乡村振兴启航之大别山精神研究》并参与福州大学节能减排竞赛、由福州大学团委主办的"回顾革命历史，阅读红色经典，传承红色基因，勤奋努力成才"征文活动、福州大学"学科专业中的廉洁思想"课程主题微视频竞赛活动、"红土地"征文比赛，拟参加第十七届"挑战杯"全国大学生课外学术科技作品竞赛红色专项活动、福州大学校长杯创新创业大赛、筑梦红色之旅等各种创新创业大赛。

（1）已投稿福州大学第十一届大学生节能减排社会实践与科技竞赛中《党史教育研究之大别山精神助力乡村振兴——以福建省安溪县岩前村为例》。

（2）参与《党建绿色"创新创业"产业帮扶助力乡村振兴实践初探》孵化的大学生创业公司福州农帮科技有限公司主办的《乡村振兴之"揭榜挂帅"南泥湾精神进课堂》活动，并分享加入"南泥湾计划"的体会。

（3）参与"闽台大学生创新创业乡村振兴'三下乡'暑期社会研学实践活动筹备会预备会暨青春特派员助力乡村振兴动员会"。

7.2 指导老师的前期基础

指导老师苏世彬副教授2020年新冠疫情期间响应"全党全社会必须关注乡村振兴"的伟大号召，从理论角度提出了"党建绿色'创新创业'产业帮扶助力乡村振兴"模式，并以志愿者的身份选择了革命老区泉州市安溪县参内镇岩前村进行系列帮扶，在岩前村创办"大众创业万众创新"助力乡村振兴展示馆，协助岩前村进行景点设计，协助岩前村召开首届乡村振兴研讨会，并根据岩前村的实际情况设计了认种桃树巩固精准扶贫并助力乡村振兴的公益活动，围绕该活动先后举办了"南方慧"（福建）信息技术有限公司助力乡村振兴协议签署暨2021年植树节认种桃树巩固精准扶贫与助力革命老区岩前乡村振兴公益活动现场调研、《党建绿色"创新创业"产业帮扶助力乡村振兴实践初探——以革命老区岩前村为例》专著学术研讨会等多场福州市和岩前村融合发展的活动取得了以下成果：（1）认种了5棵桃树，推动岩前村与福州市的城乡融合；（2）孵化了4家岩前村农民经营实体，帮扶两家岩前村经营实体协助注册"叶惠治"农产品商标一个，协助岩前村及周边7个乡村生态农产品超过10万元，助力30多人乡村坚守者（贫、老、病、妇）在疫情期间的增收，推动岩前村一二三产业融合；（3）助力岩前村获得入选山旅岩田幸福兜岭省级乡村振兴示范线、岩前村被评为2020年度安溪县县级乡村振兴实绩突出村名单第一名，获得100万奖励；（4）教育了一批学生党员团员超过1000人，引起兄弟院校的教师党员、挂职第一书记、媒体党员的高度关注；（5）引起了中国网、新浪网、今日头条、东南网、红土地、闽商文化研究、乡村科技、泉州晚报、安溪报，财富海西等诸多媒体的关注与报道；（6）完成多份政策建议以及（《专家学者为乡村振兴战略建言献策》、《鼓励"新乡贤"创新创业助力乡村振兴若干建议》）两份乡村振兴成果要报初稿；（7）获得福建省脱贫攻坚专项奖励嘉奖；（8）引发省农业农村厅、福建省港澳台办公室等的高度关注，正在积极探索海峡两岸融合发展新模式、新思路，并且助力地方经济高质量发展。

2021年，在十九届五中全会精神和省委"再学习、再调研、再落实"精神指导下，召开闽台认种桃树巩固拓展脱贫攻坚成果并与乡村振兴有效衔接调研座谈；协助设计和推广岩前村闽南家庭原生态食材大礼包，提高乡村坚守者（贫、病、老、妇）增收，巩固拓展脱贫攻坚成果并与乡村振兴及大健康事业有效衔接；依托岩前村的乡村振兴启航样本启动乡村振兴"南泥湾计划"高校"揭榜挂帅"项目招募与征集。真正打造高校教师党员、热心公益事业的企事业单位或个人、精准扶贫资助的生态循环种养殖基地和低保户村民横向联动、纵向贯通、多方协同的乡村振兴绿色创新创业服务新模式，书写了绿色脱贫攻坚"高校样本"。

6.2.4 共同富裕乡村振兴实践：从安溪县岩前村启动到以闽清县竹岭"中心村"党委碳中和乡村振兴示范带

一、项目简介

2020年在我国决战脱贫攻坚、决胜全面建成小康社会关键时期，组建校社党建联合打造提高低收入人群收入共同富裕乡村振兴课题组，提出了党建创新创业产业帮扶，以岩前村为例，通过推动城乡融合、农村一二三产业融合为手段，以提高岩前村以及周边乡村的低收入人群收入共同富裕乡村振兴，进入2021年"巩固拓展脱贫攻坚成果同乡村振兴有效衔接"的启动元年，课题组不断持续发力，经过一年多的努力，取得了一系列的社会实效、学术实效和培养新农人实效。在2021年9月，校社党建联合打造提高低收入人群收入共同富裕乡村振兴课题组与中核集团福清核电驻竹岭村第一书记经过多方的联合，在原有课题组基础上提出了央校地社党建联合打造竹岭村碳中和共同富裕乡村振兴课题组，结合竹岭村的现实情况（1996年习近平总书记莅临竹岭村指导、两万亩林地等），全力打造碳中和共同富裕乡村振兴，试图打造中核集团社会责任的标杆工程，为巩固拓展脱贫攻坚成果同乡村振兴有效衔接提供新鲜经验，目前该课题组的工作正在有条不紊的展开中。

二、社会价值

1. 助力岩前村入选山旅岩田幸福兜岭省级乡村振兴示范线、岩前村被评为2020年度安溪县县级乡村振兴实绩突出村名单第一名，获得100万奖励，2020年泉州市乡村振兴实绩突出村名单，获得150万奖励。

2. 福州公司认种了5棵岩前村桃树，推动岩前村与福州市的城乡融合。

3. 孵化和帮扶6家岩前村农民经营实体，协助注册商标近10个、智慧农业专利5个，开发了腌制藠头、腌制萝卜、腌制油柑、冬菜等四个农产品初级加工品，协助设计和推广岩前村闽南家庭原生态食材大礼包，推动岩前村及周边地区一二三产业融合，巩固拓展脱贫攻坚成果并与乡村振兴及大健康事业有效衔接，协助岩前村、南安小眉村外寨、南安九畹村销售土猪肉、土黄牛肉等生态农产品超过 10 万元，助力 30 多人乡村坚守者（贫、老、病、妇）在疫情期间的增收。

4. 获得人民日报、人民网、中国新闻网、中国网、福建日报，学习强国、新浪网、今日头条等近 20 家媒体报道。

5. 福州大学教工党员苏世彬获得福建省脱贫攻坚专项奖励嘉奖、福州大学优秀共产党员（福州大学"两优一先"表彰对象），在 2021 年福建省"互联网＋"大学生创新创业大赛青年红色筑梦之旅启动仪式上福州大学工商管理教工支部与参内修缘农场被授予联建党支部牌匾。

6. 福州大学教工党员苏世彬在福建江夏学院创新创业论坛、西安交大北京校友会全球交流中心 2021 年第十七期周五论坛、福州大学"乡村振兴社 会实践"主题报告会上，开设党建绿色创新创业产业帮扶助力乡村振兴实践初探——以革命老区岩前村启航为例讲座，并且获得福州大学庆祝中国共产党成立 100 周年理论研讨征文论文三等奖。

7. 福州大学教工党员苏世彬指导学生取得了一系列的成果，包括三个党史精神本科生科研计划、创办一家公司、获得 2021 年 iCAN 全国大学生创新创业大赛江西福建赛区选拔赛优胜奖、福州大学第七届"互联网＋"大学生创新创业大赛铜奖、2021—2022 中国宁波青年大学生创业大赛海曙区智慧生活行业赛优秀参赛选手、省级重点团队、"请党放心 强国有我"2021 年全国大学生"千校千项"奖（中国青年报）等。

8. 福州大学教工党员苏世彬，并担任国家林业重点龙头企业和农业产业化河南省重点龙头企业信阳市十里岗林产品开发有限公司乡村振兴项目导师、群英众创空间（省级众创空间）乡村振兴项目导师、竹岭村乡村振兴学术指导顾问等职位。

9. 即将出版两部专著，校社党建联合打造提高低收入人群收入共同富裕乡村振兴课题组（执笔人：苏世彬）；央校地社党建打造竹岭村碳中和共同富裕乡村振兴课题组（执笔人：苏世彬、何阳）

三、实践过程

1. 2020 年 5 月 1 日举行岩前村乡村振兴研讨会

2. 2020 年 10 月 2 日 "南方慧（福建）信息技术有限公司助力乡村振兴协议签署暨 2021 年植树节认种桃树巩固精准扶贫与助力乡村振兴公益

活动现场调研"

3. 2020 年 12 月 20 日《党建绿色"创新创业"产业帮扶助力乡村振兴实践初探——以革命老区岩前村为例》专著学术研讨会

4. 在阳光控股有限公司、中海创科技集团、福建省农业农村厅以《党建绿色创新创业产业帮扶助力乡村振兴实践初探——以革命老区岩前村启航为例》课题进行交流探讨，都引起了大家的兴趣，得到了大家的大力支持。

5. 围绕"三下乡"活动，以"庆祝中国共产党建党 100 周年"为主题，以"七一"重要精神为灵魂，开展了"革命老区岩前村乡村振兴党史精神大学生研讨会、福州大学赴安溪县参内镇岩前村乡村振兴党史精神调研实践队、"七一"重要讲话精神座谈会"三场活动。

6. 2021 年 10 月 14 日赴闽清县东桥镇竹岭村开展"乡村振兴"交流与调研、团队指导导师受聘成为竹岭村乡村振兴学术指导顾问。

7. 2021 年 10 月 18 日课题组赴中核集团福清核电有限公司调研、拜访中核集团福清核电有限公司党建工作室、成立央校地社党建课题组。

8. 2021 年 10 月 24 日举办乡村振兴"南泥湾计划"高校"揭榜挂帅"研习项目见面会。

9. 2021 年 11 月 4 日举办"央校地社党建打造竹岭村碳中和共同富裕乡村振兴，助力幸福福核建设"课题组竹岭村现场调研会。

四、创新意义

1. 2021 年是"巩固拓展脱贫攻坚成果同乡村振兴有效衔接"的启动元年，我们通过对岩前村和竹岭村乡村振兴的探索，为我省及我国巩固拓展脱贫攻坚成果同乡村振兴有效衔接探索一条新鲜经验。

2. 从两个乡村不同的视角来探索共同富裕，为乡村振兴提供不同的范本，共同富裕是社会主义的本质要求，是中国式现代化的重要特征；促进共同富裕，最艰难最繁重的任务仍然在农村。

3. 为我国实现碳达峰、碳中和、碳交易积极探索，提供新鲜经验。

五、发展前景

1. 2021 年是"巩固拓展脱贫攻坚成果同乡村振兴有效衔接"的启动元年，"巩固拓展脱贫攻坚成果同乡村振兴有效衔接"必须依靠全党全社会共同助力乡村振兴，遵循"绿水青山就是金山银山"可持续发展理念。

2．实施乡村振兴战略是十九大提出的报道，是决胜全面建成小康社会、全面建设社会主义现代化国家的重大历史任务。

3．中央财经委员会第九次会议习近平强调"实现碳达峰、碳中和是一场广泛而深刻的经济社会系统性变革，要把碳达峰、碳中和纳入生态文明建设整体布局，拿出抓铁有痕的劲头，如期实现2030年前碳达峰、2060年前碳中和的目标。

4．碳中和是未来做乡村振兴的一个亮点工程。

六、团队协作

2020年，福州大学教工党员苏世彬组建了校社党建提高低收入人群收入共同富裕乡村振兴课题组。高校部分：福州大学、福建江夏学院、福州职业技术学院，2020级福州大学远志实验班部分同学、2018级福州大学工商管理专业部分学生，2019、2020、2021部分福州大学学术型研究生、2021年福州大学赴安溪县岩前村乡村振兴党史精神调研三下乡活动全体同学、2020级福州大学则徐人才实验班部分同学、福州职业技术学院2020级和2021级部分学生。社会力量：安溪县、参内镇、岩前村部分干部、福建省部分省直机关、社会热心人士、五个认种桃树的企业、各个参与主办、承办和协办会议的相关单位。

2021年9月，福州大学教工党员苏世彬联合中核集团福清核电有限公司驻竹岭村第一书记联合组建央校地社党建打造竹岭村碳中和共同富裕乡村振兴课题组，具体成员如下：央企：中核集团福清核电有限公司工会、设计处、党建处等各个部门的领导。高校：福州大学、福建江夏学院老师、2021级福州大学政治经济学研究生、2020级福州大学则徐人才实验班部分同学、福州职业技术学院2021级部分学生地方：闽清县委组织部、闽清县农业农村局、闽清县东桥镇、闽清县东桥镇竹岭村社会力量：信阳市十里岗林产品开发有限公司（全国林业重点企业）、省公安厅、福州市科技局、福建省农业科学院、福州市热衷乡村振兴的省级众创空间负责人、其他企业单位共10家。在两个课题组中，福州大学教工党员苏世彬都是发起者、组织者和实践者，学生主要根据活动需要撰写策划书、新闻稿件、论文、抖音、视频以及申请学校各种训练计划并参与各种竞赛为乡村振兴注入新动力。

6.2.5 红色印记：基于庆祝中国共产党建党100周年主题活动育人实践

一、项目简介

为依托高校（尤其是非农院校）大规模培养乡村振兴所急需的创新创业人才，乡村振兴"南泥湾计划"之高校"揭榜挂帅"应运而生。2021年3月至9月，围绕乡村振兴"南泥湾计划"项目组织了研学实践、"揭榜挂帅"进课堂、"南泥湾计划"之高校"揭榜挂帅"进展、主题报告会、青年红色筑梦之旅、大学生研讨会、经验交流会七场活动。在这过程中，取得了以下优异成果：成立了乡村振兴"南泥湾计划"高校"揭榜挂帅"研习会筹备组；孵化了福州农帮科技有限公司乡村振兴学生创业团队；产生了三个福州大学SRTP创新训练项目申请团队；两篇有关党建绿色"创新创业"产业帮扶助力乡村振兴的论文参加福州大学第十一届大学生节能减排社会实践与科技竞赛；参加了微视频竞赛活动、征文活动、挑战杯竞赛、论文投稿、中国国际"互联网＋"大学生创新创业大赛"青年红色筑梦之旅"活动、优秀选手组建实践团队前往岩前村实地考察等等活动。2021年9月开始，央校地社党建打造竹岭村碳中和共同富裕乡村振兴课题组成立，在此基础上，乡村振兴"南泥湾计划"之高校"揭榜挂帅"研习队开始走进竹岭村与岳秀村，参与了竹岭村碳中和研讨会、岳秀脐橙文化节研讨会、乡村振兴中创新创业训练与竞赛的机会与方法讲座三场活动，研习团队成员基本均已进入论文撰写阶段。截止至目前，乡村振兴"南泥湾计划"高校"揭榜挂帅"研习项目初步完成，未来将依托竹岭村与岩前村乡村振兴计划，由研习项目形成研习联盟，吸引除了福州大学以外的更多大学生党员、团员加入乡村振兴"南泥湾计划"高校"揭榜挂帅"研习项目之中。

二、社会价值

1. 该项目价值在于，引导和团结更多大学生党员、团员关注和参与乡村振兴。项目开始至今，吸引了福州大学远志创业实验班部分同学、福州大学经济与管理学院、紫金矿业学院等来自各专业（包含台湾籍）的同学、福州大学选修《创业管理》和《我国企业科技创新资助政策体系》的同学、福州大学土木、建筑两个学院的同学、福建江夏学院部分同学、福州职业技术学院部分同学关注并参与乡村振兴"南泥湾计划"之高校"揭榜挂帅"项目。

2．该项目价值在于，培养乡村振兴创新创业领军人才。通过该项目，培养了以下领军人才：郑秋婷同学（论文：乡村振兴商业模式九要素研究——以革命老区岩前村社会创业为例）、王云涛同学（"挑战杯"：党建绿色"创新创业"产业助力乡村振兴实践初探调研——以连江县横村为例项目负责人）、赖馨同学（"青年红色筑梦之旅"比赛、注册公司：智慧助农——闽台融合发展的新型乡村振兴模式项目负责人）、吴佳颖同学（《乡村振兴中的党史精神研究——以革命老区岩前村启航为例》SRTP 创新训练项目团队负责人、福州大学赴福建省安溪县岩前村乡村振兴党史精神调研暑期"三下乡"实践队队长）、袁佳敏同学（《乡村振兴中的大别山精神研究——以革命老区岩前村为例》SRTP 创新训练项目团队负责人）、许梦婕同学（《岩前村乡村振兴启航南泥湾精神研究》SRTP 创新训练项目团队负责人）、杜秋宇同学（论文：《岩前村乡村振兴共同富裕思想探索》）、周丙丁同学（论文：《岩前村乡村振兴商业模式九要素研究》）

3．该项目价值在于，将先前所探索出的乡村振兴宝贵经验：岩前村——校社党建提高低收入人群收入、竹岭村——打造碳中和共同富裕思想，使学生通过学习和研究，将乡村振兴继承和弘扬下去，为实现"巩固拓展脱贫攻坚成果同乡村振兴有效衔接"贡献新鲜的经验。

三、实践过程

1. 2021 年 3 月 25 日，福州大学工商管理教工党支部党员苏世彬组织开展"闽台大学生创新创业乡村振兴'三下乡'暑期社会研学实践活动筹备会预备会暨青春特派员助力乡村振兴动员会"。首次提出"揭榜挂帅"研究机制并付诸实践。

2. 2021 年 3 月 31 日和 4 月 1 日，由《党建绿色"创新创业"产业帮扶助力乡村振兴实践初探》孵化的大学生创业公司福州农帮科技有限公司主办的《乡村振兴之"揭榜挂帅"南泥湾精神进课堂》活动分别进入福州大学校选课《创业管理》和《我国企业科技创新资助政策体系》的课堂上。

3. 2021 年 5 月 5 日，乡村振兴"南泥湾计划"高校"揭榜挂帅"研习会筹备组举办《乡村振兴"南泥湾计划"之高校"揭榜挂帅"进展——党建绿色创新创业船业帮扶助力乡村振兴党史精神及推广研讨会》。

4. 2021年7月14日下午，举办革命老区岩前村乡村振兴党史精神大学生研讨会。

5. 2021年7月，开展福州大学赴安溪县岩前村乡村振兴党史精神调研暑期"三下乡"社会实践活动。实践队分赴岩前村原生态食材调研、岩前村原生态景点设计调研、岩前村返乡入乡创业者与乡村坚守者（贫、老、病、妇）调研以及南安市小眉村外寨乡村坚守者（贫、老、病、妇）调研、南安市九畹村返乡入乡创业者调研。

6. 2021年8月17日，乡村振兴"南泥湾计划"高校"揭榜挂帅"研习队与福建省享业生态集团举行"巩固拓展脱贫攻坚成果同乡村振兴有效衔接"经验交流会暨"七一"重要讲话精神座谈会。

7. 2021年10月24日举办乡村振兴"南泥湾计划"高校"揭榜挂帅"研习项目见面会。

8. 2021年11月27日，在福州举办"央校地社党建助力岳秀脐橙文化节，推进乡村振兴共同富裕"研讨会。

四、创新意义

1. 为闽台乡村振兴融合发展提供新思路、新视角。党的十九届五中全会明确提出"支持福建积极探索海峡两岸融合发展新路"，依托党建绿色"创新创业"产业帮扶助力乡村振兴模式实践，对于引导和团结更多闽台大学生关注、参与闽台乡村振兴起到了良好的示范作用，"揭榜挂帅"研究机制的提出和实践，更是为闽台大学生主动投入闽台乡村振兴的研究提供了机制保障。

2. 培养城乡融合复合人才，促进农村一二三产业融合发展。目前，乡村振兴人才主要来源于农林院校。农林院校培养的大多是农村技术人才，这对于促进农村第一产业的发展具有一定作用，但乡村振兴需要的不只是农村技术人才，农村第二、第三产业也亟需发展。通过乡村振兴"南泥湾计划"之高校"揭榜挂帅"项目培养一批未来五到十年的促进城乡融合、农村一二三产业融合发展的乡村振兴人才，对于乡村振兴可持续发展具有重要意义。

3．对于中国乡村振兴的发展具有示范作用。岩前村的校社党建提高低收入人群共同富裕乡村振兴与竹岭村碳中和共同富裕乡村振兴，都是对于如何依托全党全社会助力乡村振兴的探索。通过将其探索的经验凝练出来，为未来指导巩固脱贫攻坚成果同乡村振兴有效衔接提供新鲜经验。尤其是针对竹岭村提出的碳中和思想，对于在农村实施低碳策略、绿色发展、生态文明等等具有引导作用，并且对于中国乡村可持续性发展具有重要意义。

五、发展前景

1．十四五期间的经济高质量增长需要与人才高质量培养相匹配。我国目前虽然大学生数量庞大，但依然面临人才质量的短板问题。通过乡村振兴"南泥湾计划"之高校"揭榜挂帅"项目，优胜劣汰，选拔创新创业领军人才，也是针对高等教育高质量人才培养的一种探索。

2．乡村振兴亟需大批量人才的支撑，但目前我国农林院校数量少，难以满足当前人才的需求。因此，可以通过乡村振兴"南泥湾计划"之高校"揭榜挂帅"项目，让更多的大学生（尤其是非农院校）关注并参与到乡村振兴，为乡村振兴注入新的力量。

3．乡村振兴需要千村千面，避免乡村振兴"同质化"现象。通过乡村振兴"南泥湾计划"之高校"揭榜挂帅"，从校社党建提高低收入人群收入共同富裕乡村振兴课题组和央校地社打造竹岭村碳中和共同富裕乡村振兴课题组的实践中凝练经验，供给其他乡村参考，避免将乡村振兴简单的当成"美丽乡村"或脱贫攻坚。

六、团队协作

第一批研习队伍的形成过程：

2021年3月25日，闽台大学生乡村振兴"揭榜挂帅"研究预备会时，正在实施的创新创业项目如下：

《党建绿色"创新创业"产业助力乡村振兴实践初探调研——以连江县横村为例》（第十七届"挑战杯"全国大学生课外学术科技作品竞赛红色专项活动）

成员：王云涛、陈星、郭鹏

《乡村振兴商业模式九要素研究——以革命老区岩前村社会创业为

例》——郑秋婷

《智慧助农——闽台融合发展的新型乡村振兴模式》——负责人：赖馨（拟申请福州大学校长杯创新创业大赛、青年红色筑梦之旅等各种创新创业比赛、2021年3月7日在群英众创空间注册公司）

2021年3月31日和4月1日，乡村振兴之"揭榜挂帅"南泥湾精神进课堂活动：

参与者：郑秋婷、王云涛、吕漫俐、赖馨、袁佳敏、胡熙文

2021年5月5日，乡村振兴"南泥湾计划"之高校"揭榜挂帅"进展：

《乡村振兴中的党史精神研究——以革命老区岩前村启航为例》SRTP创新训练项目：

成员：2019级物流管理吴佳颖，2019级社会学林茜雨，2019级金融学黄敏璇，2019级物流管理郑景元。

《乡村振兴中的大别山精神研究——以革命老区岩前村为例》SRTP创新训练项目：

成员：2019级汉语言文学袁佳敏，2020级汉语言文学廖佳磊。

《岩前村乡村振兴启航南泥湾精神研究》SRTP创新训练项目：

成员：2019级经济统计学许梦婕，2019级财政学黄舒涵，2020级金融学陈婧。

2021年7月14日，革命老区岩前村乡村振兴党史精神大学生研讨会上，经过"揭榜挂帅"机制的选拔，研习队伍由省级创新创业项目（项目号：S202110386101X）《智慧助农》创业项目、校级SRTP项目组（项目号：27322）《乡村振兴中的党史精神研究——以革命老区岩前村启航为例》、校级SRTP项目组（项目号：27318）《乡村振兴中的大别山精神研究——以革命老区岩前村为例》核心成员构成。

第一批研习队伍在2021年暑期通过"揭榜挂帅"机制全员淘汰。2021年9月竹岭村碳中和共同富裕乡村振兴课题组成立后，第二批研习队伍开始形成。

第二批研习队伍形成过程：

2021年11月27日"央校地社党建助力岳秀脐橙文化节，推进乡村振兴共同富裕"研讨会上，福州职业技术学院李云同学、福州大学林佳同

学、福州职业技术学院周丙丁同学、福州大学许雪倩同学、福州大学杜秋宇同学、福州职业技术学院陈舒怡同学先后在会上发言，第二批乡村振兴"南泥湾计划"之高校"揭榜挂帅"项目拉开帷幕。

2021年12月17日，在福建江夏学院的"乡村振兴中创新创业训练与竞赛的机会与方法"讲座中，福州大学大二学生杜秋宇分享了《岩前村乡村振兴共同富裕思想探索》论文、福州职业技术学院大一学生周丙丁分享了《岩前村乡村振兴商业模式九要素研究》论文，福州大学2021级工商管理本科同学许雪倩、张子扬、赖立新、李娜鋆、李雨晴、李佳怡分享了参与撰写活动的感受，同学开始陆续加入"揭榜挂帅"项目。

预计在2022年3月举行的乡村振兴大学生论坛，通过"揭榜挂帅"机制，以下成果将参与分享：《岩前村乡村振兴共同富裕思想探索》（林佳）、《岩前村乡村振兴商业模式研究》（周丙丁）、《竹岭村乡村振兴SWOT分析及对策》（许雪倩）、《竹岭村乡村振兴商业模式研究》（张子扬）、《共同富裕乡村振兴社会创业实践：从安溪县岩前村启航到以闽清县竹岭村为核心的两个乡村振兴示范带》项目路演（杜秋宇）、《乡村振兴"南泥湾计划"高校"揭榜挂帅"研习项目商业模式研究》（李娜鋆）。

6.2.6 以党建力量推动乡村振兴共同富裕——从岩前村"提低"到竹岭村"双碳"志愿服务项目

一、项目源起

2020年是决胜全面建成小康社会、决战脱贫攻坚之年，团队成立校社党建提高低收入人群收入共同富裕乡村振兴课题组，以党建绿色创新产业帮扶助力乡村振兴为模型，对岩前村进行城乡产业一二三产业融合；2021进入到"巩固拓展脱贫攻坚成果同乡村振兴有效衔接"的开元之年，课题组不断的升级改造，最终在社会实效、人才培养、学术研究方面取得一系列的成就。2021年9月份，课题组与中核集团福清核电有限公司以及省派第六批驻闽清县竹岭村第一书记何阳联合提出"央校地社党建竹岭村碳中和共同富裕乡村振兴"课题组，该课题组已经进入实践环节，团队将积极探索新能源，为巩固拓展脱贫攻坚成果同乡村振兴有效衔接提供新鲜经验。

二、实施成效

1. 助力岩前村入选山旅岩田幸福兜岭省级乡村振兴示范线、岩前村被评为2020年度安溪县县级乡村振兴实绩突出村名单第一名，获得100万奖励，2020年泉州市乡村振兴实绩突出村名单，获得150万奖励。

2. 孵化和帮扶6家岩前村农民经营实体，协助注册商标近10个、智慧农业专利5个，开发了腌制藠头、腌制萝卜、腌制油柑、冬菜等四个农产品初级加工品，协助设计和推广岩前村闽南家庭原生态食材大礼包，推动岩前村及周边地区一二三产业融合，巩固拓展脱贫攻坚成果并与乡村振兴及大健康事业有效衔接，协助岩前村、南安小眉村外寨、南安九晼村销售土猪肉、土黄牛肉等生态农产品超过10万元，助力30多人乡村坚守者（贫、老、病、妇）在疫情期间的增收。

3. 在岩前村开展3场庆祝中国共产党建党一百周年主题活动，并与福州5家公司达成合作，认种5棵岩前村桃树，推动岩前村与福州市的城乡融合。

4. 苏世彬老师获得福建省脱贫攻坚专项奖励嘉奖、《党建绿色"创新创业"产业帮扶助力乡村振兴实践初探——以革命老区岩前村启航》荣获福州大学庆祝中国共产党成立100周年理论研讨征文论文三等奖，被评为福州大学优秀共产党员（福州大学"两优一先"表彰对象）。

5. 苏世彬被聘为福建省品牌文化发展研究会城乡融合发展中心专家顾问团队成员、国家林业重点龙头企业和农业产业化河南省重点龙头企业信阳市十里岗林产品开发有限公司乡村振兴项目导师、群英众创空间（省级众创空间）乡村振兴项目导师、竹岭村乡村振兴学术指导顾问、广州松田职业学院乡村振兴创新创业指导老师、《财富海西》杂志乡村振兴栏目学术顾问。

6. 校社党建联合打造提高低收入人群收入共同富裕乡村振兴课题组（执笔人：苏世彬），党建绿色"创新创业"产业帮扶助力乡村振兴实践初探——以革命老区岩前村为例和央校地社党建打造竹岭村碳中和共同富裕乡村振兴课题组（执笔人：苏世彬，何阳），庆祝中国共产党建党100周年主题活动实践育人初探——基于岩前村与竹岭村乡村振兴创新创业教育新文科探索两本专著与厦门大学出版社签订出版合同。

7. 撰写《乡村振兴中的景点设计研究——以安溪县参内镇岩前村为例》论文发表于闽商文化研究;《乡村振兴规划及其实施策略研究——以安溪县参内镇岩前村为例》论文发表于乡村科技。

8. 活动引起人民日报、人民网、中国新闻网、中国网、福建日报,学习强国、新浪网、今日头条等近20家媒体报道。

9. 课题组由校社党建提高低收入人群收入共同富裕乡村振兴课题组提升至央校地社党建打造碳中和共同富裕乡村振兴课题组。

10. 围绕竹岭村展开系列的城乡融合活动,推动乡村振兴共同富裕,吸引南方慧(福建)信息技术有限公司、群英众创空间、虹明德康中医馆、福建誉神医学科技有限公司、聚能簧科技有限公司、中康体检网等十多家企业。

13. 促进一二三产业融合,例如开展"共同富裕中国梦,振兴乡村我有责—中南大学福建校友会助力乡村振兴系列活动之竹岭村",研讨依靠竹岭村的千亩毛竹林,打造红色党性党史爱国主义教育＋体验基地、策划岳秀脐橙文化节等。

三、运营管理

2020年在相关学者的支持下,团队组建社党建提高低收入人群收入共同富裕乡村振兴课题组,并深入岩前村开展调研帮扶:

1. 2020年5月1日举行岩前村乡村振兴研讨会。

2. 2020年10月2日"南方慧(福建)信息技术有限公司助力乡村振兴协议签署暨2021年植树节认种桃树巩固精准扶贫与助力乡村振兴公益活动现场调研"。

3. 2020年12月20日《党建绿色"创新创业"产业帮扶助力乡村振兴实践初探——以革命老区岩前村为例》专著学术研讨会。

4. 2021年3月围绕筹备植树节认种桃树巩固精准扶贫并助力乡村振兴公益活动,先后拜访省农业厅、阳光控股集团等。

5. 2021年7、8月举办庆祝中国共产党建党100周年三大主题活动——革命老区岩前村乡村振兴党史精神大学生研讨会、开展革命老区岩前村乡村振兴党史精神大学生研讨会、开展"巩固拓展脱贫攻坚成果同乡村振兴有效衔接"经验交流会暨"七一"重要讲话精神座谈会。

2021 年，团队上升至央校地社党建竹岭村碳中和共同富裕乡村振兴课题组：

1. 2021 年 10 月 14 日赴闽清县东桥镇竹岭村开展"乡村振兴"交流与调研、团队指导导师受聘成为竹岭村乡村振兴学术指导顾问。

2. 2021 年 10 月 18 日课题组赴中核集团福清核电有限公司调研、拜访中核集团福清核电有限公司党建工作室、成立央校地社党建竹岭村碳中和共同富裕乡村振兴课题组。

3. 2021 年 10 月 24 日举办乡村振兴"南泥湾计划"高校"揭榜挂帅"研习项目见面会。

4. 2021 年 11 月 2 日举办"央校地社党建打造竹岭村碳中和共同富裕乡村振兴，助力幸福福核建设"课题竹岭村现场调研会。

5. 2021 年 11 月 23 日，展开对中康体检网和福建省享业生态科技有限公司的"万企兴万村"暨扎实推进共同富裕田野调查。

6. 2021 年 11 月 28 日，与中南大学福建校友会展开乡村振兴共同富裕交流。

7. 2021 年 11 月，《林果竹》村集体商标注册提交国家知识产权局商标局。

8. 2021 年 11 月，建立乡贤乡绅理事会。

9. 2021 年 12 月 4 日，中南大学福建校友会开展"共同富裕中国梦，振兴乡村我有责"助力乡村振兴系列活动之竹岭村党建活动。

10. 2021 年 12 月 5 日，福建省环境教育学会苏玉萍会长到竹岭村展开调研交流。

11. 2021 年 12 月 18 日，福州大学工商管理研究院院长王益文教授和中康体检网林其峰董事长考察竹岭村。

12. 2021 年 12 月策划竹岭村两委考察福安岳秀村脐橙文化节。

13. 2021 年 12 月央校地社党建联合打造碳中和共同富裕乡村振兴课题组村外调研（赴宁德占西坑村开展竹筒酒调研学习、中国传统古村落－宁德南岩村调研学习《全员经济合作社》。

14. 2021 年 12 月，启动福建森林村建设，推动森林步道建设，争创中国森林村。

15. 2021 年 12 月 25—26 日，调研"南岩村"学习全员经济合作社 12 项制度情况，及"占西坑村"开发竹筒酒、铁皮石斛等农村一二产业发展情况。

16. 2021 年 12 月 29 日，到闽清县农业农村局、闽清县林业局、闽清县乡村振兴办公室、闽清县三农服务超市展开调研与交流。

17. 2022 年 1 月 4 日，到闽清县生态环境局、水利局、档案馆、图书馆、县志办等单位汇报交流学习。

18. 2022 年 1 月 7 日，在福清核电承办"推进乡村振兴，建设美丽福建"央校地社党支部共建活动，扩大东桥竹岭社会影响，推进乡村振兴、生态文明建设工作。

19. 2022 年 1 月 8—9 日，赴深圳参加"西安交大深圳校友会乡村振兴主题论坛"，课题组作专题报告，力争为县镇引进优质农村一二三产开发资源。

20. 2022 年 1 月 10 日，赴福建省生态环境厅交流学习"绿盈乡村""碳交易"相关政策，到福建省发明家协会就碳汇小镇、纳米银耳凝胶等主题展开深入调研。

21. 2022 年 1 月 13 日，接待福建省发明家协会陈鼎凌会长、侯梦斌副会长到竹岭村现场考察。

22. 2022 年 1 月 13 日，协调市水务投资集团化验拱桥坑水井水质。

23. 2022 年 1 月 19 日，赴闽侯县归农书院温铁军团队学习乡村振兴良好实践。

24. 2022 年 1 月 20 日，赴福州市农业农村局向林正鹃副局长汇报工作，争取 2023 年市级乡村振兴试点村；赴市委组织部汇报工作。

25. 2022 年 1 月 21 日，赴闽清县委组织部向余传庆部长汇报工作；赴闽清县乡村振兴办公室向郑祥磊主任汇报竹岭乡村振兴试点村的述求。

26. 2022 年 1 月 24 日，赴闽清县移动公司协调建设竹岭基站网络事宜；协调三农超市上报住建厅"闽台设计团队"服务竹岭乡村规划设计事宜。

27. 2022 年 1 月 25 日，参加林海涛副县长组织的竹岭旧村基站网络建设专项协调会。

28. 2022 年 1 月 26 日，赴省委组织部、省农业农村局汇报工作。

29. 2022年1月28日，参加福州市委组织部召开的省市驻村第一书记座谈会，向刘毅宙副部长汇报竹岭旧村建设网络基站事宜。

30. 2022年1月29日，陪同福建省发明家协会参观福清核电，交流座谈纳米银耳凝胶、热干岩等科技创新项目及乡村振兴合作意向。

四、创新能力

1. 乡村振兴与共同富裕的实践研究：现有关于乡村振兴的实践研究主题主要集中在区域化的乡村振兴思想对策上，针对个案农村的实践研究比较稀少，导致乡村振兴的现实指导性较弱，针对乡村振兴实践指导性的缺失。随着共同富裕思想的提出，如何在乡村进行有效实施的实践研究还比较缺失，团队通过岩前村与竹岭村的探索，特提出岩前村校社党建到竹岭村央校地社党建碳中和的实践研究课题，为乡村共同富裕提供新鲜的借鉴经验。

2. 助力乡村振兴发展，解决共同富裕问题。以岩前村为帮扶对象，通过探索乡村振兴共同富裕思路，以原生态食材为核心提高低收入群体（老、弱、病、残）收入，调节岩前村二次分配以及其社会辐射效应，开展公益捐赠活动实施三次分配等措施，推动岩前村实现共同富裕，最后得出以打造校社党建提高低收入人群收入共同富裕的乡村振兴模式。随着课题的不断深入，在闽清县竹岭村与中核集团共同合作，以央校地社党建碳中和，为实践村庄进行造血，打造乡村振兴的标杆工程，不仅在实现双碳战略上为国家提供强劲的清洁能源供应和环境保护外，也是中核集团在实现乡村振兴和共同富裕的国策上展现央企的责任与担当，为"巩固脱贫攻坚成果与乡村振兴成果有效衔接"提供新鲜经验。

五、社会影响

1. 最终目标：实现岩前村的低收入人群增收以及通过党建助力乡村振兴，为巩固拓展脱贫攻坚成果同乡村振兴有效衔接提供新鲜经验。团队通过岩前村"三次分配"乡村振兴模式的探索以及竹岭村"碳中和"乡村振兴模式的探索，同时与社会人士进行头脑风暴，如福建省享业生态集团做"巩固拓展脱贫攻坚成果同乡村振兴有效衔接"实践经验分享、中核集团福清核电有限公司省派竹岭村第一书记进行有效合作沟通致力于将本项目打造成巩固拓展脱贫攻坚成果同乡村振兴有效衔接的样本房，为乡村振兴注入新鲜血液。

2.活动得到人民日报、人民网、中国新闻网、中国网、福建日报，学习强国、新浪网、今日头条等近20家媒体报道，体现社会三次分配模式，以无偿的方式对岩前村、竹岭村进行宣传报道，吸引更多的社会人士参与了解课题组的乡村振兴共同富裕。

3.各类群体参与到乡村振兴共同富裕：（1）央企力量：中核集团福清核电有限公司工会、设计处、党建处等各个部门的领导。（2）社会力量：安溪县、参内镇、岩前村部分干部，福建省部分省直机关、闽清县委组织部、闽清县农业农村局、闽清县东桥镇、闽清县东桥镇竹岭村、社会热心人士、五个认种桃树的企业、各个参与主办、承办和协办会议的相关单位、信阳市十里岗林产品开发有限公司（全国林业重点企业）、省公安厅、福州市科技局、福建省农业科学院、福州市热衷乡村振兴的省级众创空间负责人、其他企业单位共10家。（3）高校学生：福州大学、福建江夏学院、福州职业技术学院,2020级福州大学远志实验班部分同学、2018级福州大学工商管理专业部分学生,2019、2020、2021部分福州大学学术型研究生、2021年福州大学赴安溪县岩前村乡村振兴党史精神调研三下乡活动全体同学、2020级福州大学则徐人才实验班部分同学、福州职业技术学院2020级和2021级部分学生。

6.2.7 乡村振兴"南泥湾计划"之高校"揭榜挂帅"志愿服务项目

一、项目源起

为依托高校（尤其是非农院校）大规模培养乡村振兴所急需的创新创业人才，鼓励越来越多的大学生志愿者关注并参与到乡村振兴中；为十四五中的人才高质量培养与实现"巩固拓展脱贫攻坚成果同乡村振兴有效衔接"积累新鲜经验，乡村振兴"南泥湾计划"之高校"揭榜挂帅"应运而生。2021年3月至9月，围绕乡村振兴"南泥湾计划"项目组织了研学实践、"揭榜挂帅"进课堂、"南泥湾计划"之高校"揭榜挂帅"进展、主题报告会、青年红色筑梦之旅、大学生研讨会、经验交流会七场活动。在这过程中，取得了以下优异成果：成立了乡村振兴"南泥湾计划"高校

"揭榜挂帅"研习会筹备组；孵化了福州农帮科技有限公司乡村振兴学生创业团队；产生了三个福州大学SRTP创新训练项目申请团队；两篇有关党建绿色"创新创业"产业帮扶助力乡村振兴的论文参加福州大学第十一届大学生节能减排社会实践与科技竞赛；参加了微视频竞赛活动、征文活动、挑战杯竞赛、论文投稿、中国国际"互联网+"大学生创新创业大赛"青年红色筑梦之旅"活动、优秀选手组建实践团队前往岩前村实地考察等等活动。2021年9月开始，央校地社党建打造竹岭村碳中和共同富裕乡村振兴课题组成立，在此基础上，乡村振兴"南泥湾计划"之高校"揭榜挂帅"研习队开始走进竹岭村与岳秀村，参与了竹岭村碳中和研讨会、岳秀脐橙文化节研讨会、乡村振兴中创新创业训练与竞赛的机会与方法讲座三场活动，研习团队成员基本均已进入论文撰写阶段。截止至目前，乡村振兴"南泥湾计划"高校"揭榜挂帅"研习项目初步完成，未来将依托竹岭村与岩前村乡村振兴计划，由研习项目形成研习联盟，吸引除了福州大学以外的更多大学生党员、团员加入乡村振兴"南泥湾计划"高校"揭榜挂帅"研习项目之中。

二、实施成效

1. 福州大学赴福建省安溪县岩前村乡村振兴中的党史精神调研队在"请党放心，强国有我"2021全国大学生"千校千项"网络展示活动中表现优异，团队成果有：（1）刊登《建立健全城乡融合发展体制机制的地方回应——基于南平市巨口乡与安溪县岩前村的田野调查》论文1篇；（2）根据调研内容制作相关思政微课《岩前村乡村振兴中的党史精神调研主题思政微课》1个；（3）带动团队成员以及其他非团队成员（大学生、研究生以及社会上其他专家、学者）一起撰写活动心得（一共9篇）；（4）2个活动视频（《从群众中来，到群众中去》、《"巩固拓展脱贫攻坚成果同乡村振兴有效衔接"中"七一"重要讲话精神实践探索》）；（5）孵化3个活动视频；（6）发布6篇大学生网报感想作品；（《生态培育优良产品，种养助力产业振兴》、《来到田野乡间，扎根祖国大地》等）；（7）依托团队调研成果参加2021~2022年宁波青年大学生创业大赛获得行业赛福州赛区优秀参赛选手；（参赛作品：助力乡村振兴的高校样本——以革命老区岩前村巩固拓展脱贫攻坚成果同乡村振兴有效衔接社会创业实践为例）

2.《党建绿色"创新创业"产业助力乡村振兴实践初探调研——以连江县横村为例》(第十七届"挑战杯"全国大学生课外学术科技作品竞赛红色专项活动);

3. 成立乡村振兴"南泥湾计划"高校"揭榜挂帅"研习会筹备组;

4. 孵化福州农帮科技有限公司乡村振兴学生创业团队;

5. 福州大学第二十七期本科生科研训练计划《乡村振兴中的党史精神研究——以革命老区岩前村启航为例》SRTP创新训练项目、《乡村振兴中的大别山精神研究——以革命老区岩前村为例》SRTP创新训练项目、《岩前村乡村振兴启航南泥湾精神研究》SRTP创新训练项目三申请团队;

6.《党建绿色"创新创业"产业帮扶助力乡村振兴大别山精神研究》、《党建绿色"创新创业"产业帮扶助力乡村振兴党史精神研究》两篇论文参加福州大学第十一届大学生节能减排社会实践与科技竞赛;

7.《智慧助农》团队被推荐作为福州大学唯一学生创业团队参加第七届福建省"互联网+"大学生创新创业大赛"青年红色筑梦之旅"启动仪式,并被授予青年红色筑梦之旅科技中国小分队荣誉称号;

8. 福州大学赴福建省安溪县岩前村乡村振兴党史精神调研暑期"三下乡"实践队为省级重点团队;

9. 福州大学2021年赴福建省安溪县岩前村乡村振兴党史精神调研实践队调研视频在学习强国等视频网站上发布并取得广泛关注;

10.《党史教育之大别山精神助力乡村振兴——以革命老区岩前村为例》、《岩前村乡村振兴启航南泥湾精神研究》、《党建绿色创新创业产业帮扶之大别山精神研究——以革命老区岩前村为例》、《党建绿色产业帮扶助力乡村振兴》、《乡村振兴的廉政建设——以革命老区岩前村为例》、《党史研究之大别山精神助力乡村振兴——以革命老区岩前村为例》、《党史研究之南泥湾精神助力乡村振兴——以革命老村岩前村为例》参加了各类征文比赛;

11. 两个以竹岭村为核心的乡村振兴示范带:一个是以竹岭"中心村"党委涵盖的7个行政村和包含关圳村、北洋村、溪芝村、义由村、大溪村组成的东桥镇乡村振兴示范带;另外一个是由安溪县岩前村、闽清县竹岭村、福安市岳秀村等组成的跨市县乡村振兴示范带,围绕两个乡村振兴示范带成立了乡村振兴"南泥湾计划"高校"揭榜挂帅"研习项目（联盟）；

12.如今，形成竹岭村乡村振兴团队和乡村振兴"南泥湾计划"之高校"揭榜挂帅"团队两个学生团队，正在有条不紊的开展着一系列工作。

三、运营管理

乡村振兴"南泥湾计划"之高校"揭榜挂帅"通过志愿者活动的方式，团结更多的大学生党员、团员关注并参与到乡村振兴，为助力乡村振兴，实现"巩固拓展乡村振兴同脱贫攻坚成果有效衔接"贡献新鲜力量。

1.在2020年"决战脱贫攻坚，决胜全面小康"期间，志愿者同学们的主要工作在于围绕岩前村提高低收入人群共同富裕课题，撰写相关感受及材料。

2.在2021年庆祝中国共产党建党100周年的主题下，通过2021年3月25日的闽台大学生乡村振兴"揭榜挂帅"研究预备会、2021年3月31日和4月1日的乡村振兴之"揭榜挂帅"南泥湾精神进课堂活动、2021年5月5日的乡村振兴"南泥湾计划"之高校"揭榜挂帅"进展这三场活动后，在2021年7月14日初步形成由省级创新创业项目（项目号：S202110386101X）《智慧助农》创业项目、校级SRTP项目组（项目号：27322）《乡村振兴中的党史精神研究——以革命老区岩前村启航为例》、校级SRTP项目组（项目号：27318）《乡村振兴中的大别山精神研究——以革命老区岩前村为例》核心成员构成的研习团队。研习团队组建成后，陆续开展了基于安溪县岩前村乡村振兴的庆祝中国共产党建党100周年主题活动：革命老区岩前村乡村振兴党史精神大学生研讨会、福州大学赴安溪县岩前村乡村振兴党史精神调研实践、"巩固拓展脱贫攻坚成果同乡村振兴有效衔接"经验交流会暨习近平同志"七一"重要讲话精神座谈会。

3.在深刻学习贯彻党的十九届六中全会精神后，成立"央校地社党建打造竹岭村碳中和共同富裕乡村振兴，助力幸福核建设"课题组，目的在于将岩前村成功经验拓展到竹岭村中去。在此基础上，开始募集第二支大学生志愿者队伍，这支队伍将围绕岩前村、竹岭村、岳秀村三个村的乡村振兴主题，参加创青春全国大学生创业大赛、中国"互联网 "大学生创新创业大赛之"青年红色筑梦之旅"以及2022年暑期社会实践活动等等。这支队伍目前已有以下成果：《岩前村乡村振兴共同富裕思想探索》——

林佳同学、《岩前村乡村振兴商业模式研究》——周丙丁同学、《竹岭村乡村振兴SWOT分析及对策》——许雪倩同学、《竹岭村乡村振兴商业模式研究》——张子扬同学、《共同富裕乡村振兴社会创业实践：从安溪县岩前村启航到以闽清县竹岭村为核心的两个乡村振兴示范带》项目路演——杜秋宇同学、《乡村振兴"南泥湾计划"高校"揭榜挂帅"研习项目商业模式研究》——李娜鋆同学

四、创新能力

1.岩前村通过打造校社党建提高低收入人群收入共同富裕乡村振兴课题组，为乡村坚守者和返乡创业者提供了实质性的帮助，也为农村人口空心化和产业发展问题提供了新鲜经验。

2.竹岭村的打造碳中和共同富裕乡村振兴，对于在农村实施低碳策略、绿色发展、生态文明等等具有引导作用，并且对于中国乡村可持续性发展具有重要意义。

3.企校地社增加中等收入人群收入共同富裕乡村振兴课题组等方式实现城乡融合，通过植入农产品精深加工产业，倍增在地化资源的价值、吸引外出人才的回流；通过六产融合的途径，将旧村改造成城里人向往的森林康养、养生、养老基地，用大自然资源延伸城市人的生活、就地消纳农村物产。

五、社会影响

1.闽台大学生乡村振兴"揭榜挂帅"研究预备会正式启动（媒体：今日头条、新浪福建、海峡导报）

2.乡村振兴之"揭榜挂帅"南泥湾精神进课堂（媒体：今日头条、新浪福建）

3.乡村振兴"南泥湾计划"之高校"揭榜挂帅"进展（媒体：福建农村网、新浪福建、财富海西、今日头条）

4."乡村振兴社会实践"主题报告会在福州大学取得圆满成功（媒体：新浪福建、财富海西、福建农村网、今日头条、媒体福大）

5.党建乡村振兴"高校样本"助力"青年红色筑梦之旅"（媒体：财富海西、福建农村网、今日头条）

6.革命老区岩前村乡村振兴党史精神大学生研讨会（媒体：今日头

条、人民网、媒体福大、网易、新浪网、人民资讯、福建学校思政、新浪网、财富海西、大学生网报、青春福大）

7. 福州大学师生赴乡村调研（媒体：中国新闻网、今日头条、福建日报、媒体福大）

8. 海洋学院：乡村振兴党史精神调研实践（媒体：学习强国）

9. "巩固扩展脱贫攻坚成果同乡村振兴有效衔接"经验交流会暨习近平同志"七一"重要讲话精神座谈会——庆祝中国共产党建党100周年主题活动（媒体：今日头条、财富海西）

10. 赴闽清县东桥镇竹岭村开展"乡村振兴"交流与调研（媒体：新浪网、财富海西）

11. 课题组赴中核集团福清核电有限公司调研（媒体：今日头条、中核集团福清核电有限公司内部网、工会网）

12. "央校地社党建打造共同富裕乡村振兴"课题调研会顺利举办（媒体：福州大学经济与管理学院网站、新浪网、财富海西、中核集团福清核电站有限公司内部网、工会网、闽清电视台）

13. "企校地社党建助力岳秀脐橙文化节，推进乡村振兴共同富裕"研讨（媒体：今日头条、享业供销公众号、新华网、网易）

6.3 2021年福州大学赴福建省安溪县岩前村乡村振兴党史精神调研实践

6.3.1 申请书

一、队伍组成

为了从众多学生中选出能力出众的将才、帅才，围绕本项目已经开展了一系列活动：2021年3月25日，举办了《闽台大学生创新创业乡村振兴'三下乡'暑期社会研学实践活动筹备会预备会暨青春特派员助力乡村振兴动员会》；2021年3月31日~4月1日，举办了《乡村振兴之"揭榜挂帅"南泥湾精神进课堂》活动；2021年5月1日，开展了《南泥湾计划"高校"揭榜挂帅"进展研讨会》活动。以上各种活动和科研训练也引起新浪网、今日头条、福建农村网、财富海西等诸多媒体的广泛关注，同时通过以上活动和训练注册了福州农帮科技有限公司，组建了一个省级创新创业训练项目和两个大学生本科科研训练项目，本次暑期社会实践活动就是以以上三个项目的人员为核心，并且增加少数几个对乡村振兴研究感兴趣的同学参加。具体成员15人：

（1）省级创新创业项目（项目号：S202110386101X）组3人——《智慧助农》创业项目：人文学院2019级汉语言文学 赖馨，外国语学院2019级英语专业 吕漫俐，经管学院2019级物流管理专业 张佳卉。

（2）校级SRTP项目组（项目号：27322）2人——《乡村振兴中的党史精神研究——以革命老区岩前村启航为例》SRTP项目组：海洋学院2019级物流管理 吴佳颖，经管学院2020级金融学 陈靖。

（3）校级SRTP项目组（项目号：27318）3人——《乡村振兴中的大别山精神研究——以革命老区岩前村为例》SRTP项目组：人文学院2019级汉语言文学 袁佳敏，人文学院2019级社会学 林茜雨，2020级人文学院汉语言文学 廖家磊。

（4）其他人员6人：海洋学院2020级水利水电工程，陈锐；海洋学院2020级物流管理，黄柳婷；海洋学院2020级物流管理，罗楠；海洋学院2019级物流管理，王婧雯；海洋学院2020级电子信息工程，吴欣蔚；海洋学院2020级电子信息工程，任心力。

二、服务及调研对象

2.1 调研目的

（1）现场考察岩前村乡村振兴十大景点，体验"因地制宜，就地取材"的原生态景点设计理念。

（2）亲身体验岩前村原生态食材，了解原生态食材在我国健康中国2030中的重要作用，也因此深入了解岩前村乡村振兴的切入点，从而更好地宣传岩和推广岩前村乡村振兴提供直接素材。

（3）访谈《党建绿色创新创业产业帮扶助力乡村振兴实践初探——以革命老区岩前村启航为例》的参与者，为完善《岩前村乡村振兴启航中的党史精神研究》、《岩前村乡村振兴启航的大别山精神研究》、《岩前村乡村振兴中的廉政思想研究》提供直接素材。

（4）调研岩前村返乡入乡创业者和乡村坚守者（贫、老、病、妇），为参与实践活动的同学将来更好地开展乡村振兴党史精神研究、乡村振兴研究、乡村振兴创新创业提供第一手资料。

基于上述调研目的，本次调研活动的服务对象主要有两个：

（1）服务于同学乡村振兴科研训练以及创新创业竞赛参与：参与本次调研的同学大部分有科研项目支撑，并且有明确的依托岩前村乡村振兴的科研训练和竞赛计划，但是目前所有同学都只是参考《党建绿色"创新创业"产业帮扶助力乡村振兴实践初探——以革命老区岩前村为例》专著新闻报道汇总，都没有到岩前村考察，通过本次调研活动，一方面完善已有的各种科研成果和竞赛项目，另外一方面也为未来更好地开展乡村振兴创新创业科研训练和竞赛寻找更多的灵感。

（2）服务于岩前村的乡村振兴。通过同学们实地考察岩前村的乡村振兴状况，一方面增强同学们与岩前村的感情联络，从而在日常生活和工作中成为岩前村的宣传员，助力岩前村乡村振兴；另外一方面也可以把感知到的岩前村的乡村振兴经验运用于其他乡村振兴，带动全国其他农村的乡村振兴，真正发挥《党建绿色"创新创业"产业帮扶助力乡村振兴实践初探——以革命老区岩前村为例》"高校样本"功能。

2.2 调研对象

（1）岩前村乡村振兴十大景点

（2）岩前村生态食材体验

（3）《党建绿色创新创业产业帮扶助力乡村振兴实践初探——以革命老区岩前村启航为例》的参与者主要参与者（安溪县原政协主席苏宇霖、村支部书记苏银海等等）

（3）岩前村乡村坚守者（贫、老、病、妇）

（4）岩前村返乡入乡创业者

（5）南安市小眉村、九宛村乡村坚守者（贫、老、病、妇）与返乡入乡创业者

三、活动特色

（1）坚实的前期基础。本项目是在指导老师《党建绿色创新创业产业帮扶助力乡村振兴实践初探——以革命老区岩前村启航为例》一年多理论研究和实践帮扶的基础上提取出来了，该项目取得了一系列的成果，包括

助力岩前村获得 2020 年度安溪县县级乡村振兴实绩突出村名单第一名，获得 100 万奖励，并于 2021 年 5 月底入选泉州市 2020 年度市级乡村振兴实绩突出村名单，获得 150 万奖励，孵化和帮扶 10 家农民经营实体等等，也即将在厦门大学出版社出版学术专著等等，前期基础非常坚实。

（2）各级媒体的加持。在《党建绿色创新创业产业帮扶助力乡村振兴实践初探——以革命老区岩前村启航为例》实践中，已经有中国网、海峡导报、新浪网、今日头条、东南网、福建农村网、泉州晚报、安溪报、财富海西等媒体的报道宣传，本次暑期社会实践活动会继续联系以上媒体加以新闻报道，并且目前正在联系人民网、新华网，中国新闻网等权威媒体，同时也准备主动投稿其他新闻媒体。

（3）强有力的政策支撑。响应党的十九届五中全会提出的"巩固拓展脱贫攻坚成果同乡村振兴有效衔接"、中共中央办公厅、国务院办公厅印发了《关于加快推进乡村人才振兴的意见》、《中共中央 国务院关于实现巩固拓展脱贫攻坚成果同乡村振兴有效衔接的意见》，在省委"再学习、再调研、再落实"以及中共中央印发《关于在全党开展党史学习教育的通知》精神指导下，践行中共中央国务院《关于进一步加强和改进大学生思想政治教育的意见》和团中央、教育部制定的《关于进一步加强和改进大学生社会实践的意见》中有关三下乡活动的文件精神。

（4）充分的实践准备。本项目通过活动举办（见队伍组成说明）以及"揭榜挂帅"机制，扩大本项目在同学中的影响，注册福州农帮科技有限公司，撰写岩前村乡村振兴党史精神的论文，参加了学科中的廉政建设视频比赛等，同时获得了一个省级创新创业训练项目和两个大学生本科科研训练项目立项。在提交完申请书之后，就开始分配参与实践的同学要撰写自己研究内容与调研大纲、投稿省教育工委《党史学习教育专栏征稿》与红土地举办的"喜迎建党百年·福建老区故事大赛"，在此基础上拟在 7 月 14 日举办岩前村乡村振兴党史精神大学生研讨会。

（5）调研地被官方授予福州大学工商管理教工支部联建党支部：调研地岩前村的参内修缘农场在第七届福建省"互联网 +"大学生创新创业大赛"青年红色筑梦之旅"启动仪式，被官方授予福州大学工商管理教工支部联建党支部，并授予《智慧助农》项目（本次暑期社会实践团队成员）

青年红色筑梦之旅科技中国小分队旗帜，本次活动也为该项目参加福州大学第七届"互联网+"大学生创新创业大赛做好田野调查。

（6）详细的调研计划。为了更加有效开展本次暑期社会实践活动，我们制定了详细的调研活动以及相应的活动流程，具体见后面"拟开展活动"以及"日程安排"。

（7）良好的未来研究和参赛规划。通过本次暑期社会实践活动，我们规划完善现有的各种科研成果，同时要积极参与各类的征文、竞赛以及投稿，具体见预期成果。

（8）本次三下乡活动主要由两场正式活动组成：为更好依托岩前村乡村振兴党史精神调研深入研究乡村振兴提供更加全面的资料。从而有效地把岩前村乡村振兴成功经验及党史精神传播到祖国各地，真正助力巩固拓展脱贫攻坚成果同乡村振兴有效衔接，本项目的开展主要分成两个部分：它们分别是7月14日：大学生乡村振兴研讨会；7月18日：实地调研活动；此外，每次活动前后本项目同学需根据相应的内容做资料的分析与整理；7月18日以后，团队各成员根据自己的研究成果撰写论文、参加各类征文比赛，并有部分同学返乡做补充乡村振兴田野调研。

（9）庆祝中国共产党建党100周年实践金课。本项目是在举国庆祝中国共产党建党100周年之际，响应习近平总书记提出的"全党与全社会都必须关注乡村振兴"的伟大号召，以岩前村乡村振兴党史精神研究与实践为主线，真正融合思政、党史、创业、乡村振兴、红色筑梦5门大课为一体的，是有温度、有深度、有广度、有高度、有气度、叫得响大学生暑期社会实践金课，通过对岩前村乡村振兴党史精神的研究与调研，不但深刻了解我国乡村振兴的现状，也把长征精神、延安精神、南泥湾精神、红旗渠精神、大别山精神等诸多中国党史精神融合贯通，真正做到对乡村振兴与党史精神的入耳、入眼、入脑、入心，触及灵魂，从而团结和引导更多的大学生党员团员关注并参与乡村振兴。

四、拟开展活动

4.1 庆祝中国共产党建党100周年主题活动——岩前村乡村振兴党史精神大学生研讨会

（1）从6月3日—7月14日，每个人撰写相应的研究内容以及对应的调研大纲；

（2）6月16日《智慧助农》项目参与福建省红色筑梦之旅签约仪式。

（3）6月20日之前将福州大学主办的"学党史""悟思想""办实事""开新局"主题征文活动的比赛征文修改好并提交。

（4）6月25日之前将红土地举办的"喜迎建党百年·福建老区故事大赛"修改完成并提交。

（5）7月14日举办庆祝中国共产党建党100周年主题活动——岩前村乡村振兴党史精神大学生研讨会。

（6）7月14日到参加暑期社会实践活动，每个人完善自己的研究内容以及对应的调研大纲；

4.2 实地调研活动：

（1）参观"地老天荒"景点（"三生三世"树，老人会）、金婚钻石婚树、"有情人终成眷属"树）。

（2）通过午餐与晚餐体验岩前村原生态食材。

（3）通过岩前村返乡入乡创业者与乡村坚守者（贫、老、病、妇）的自述初步了解岩前村乡村振兴的初步概况。

（4）访谈《党建绿色创新创业产业帮扶助力乡村振兴实践初探——以革命老区岩前村启航为例》的参与者（安溪县政协原主席苏宇霖、村支部书记苏银海、其它返乡入乡创业者与乡村坚守者）。

（5）调研竹林七贤园，并且现场查看即将种桃树的现场，生态循环种养殖基地，百草园到三味书屋，双创助力乡村振兴展示馆。

（6）参观访谈南安市小眉村观看散养黄牛基地以及九宛村生态山鸡养殖基地、生态循环养猪基地返乡入乡创业者与乡村坚守者。

4.3 后期活动

（1）根据调研内容撰写活动新闻稿，并在第一时间发布至人民网、中国网、海峡导报、新浪网、今日头条、东南网、泉州晚报等新闻媒体，并且向其他新闻媒体主动投稿。

（2）每个人根据自己的调研情况撰写调研心得感想。

（3）《福州大学赴安溪县岩前村乡村振兴中的党史精神调研》视频。

（4）根据调研内容，完善现有的论文并参加各类征文、竞赛以及投稿。

（5）本项目部分同学在活动结束后，回到自己的家乡做补充田野调查与资料总结，为未来的研究做好前期准备。

参加的竞赛：福州大学第七届"互联网+"大学生创新创业大赛等。

投稿期刊：《乡村科技》、《老区建设》、《闽商文化研究》等。

建言献策成果要报至少1份。

五、日程安排

5.1 庆祝中国共产党建党100周年主题活动——岩前村乡村振兴党史精神大学生研讨会（2021年7月14日）

（1）活动简介（开新局——乡村振兴"南泥湾计划"高校"揭榜挂帅"项目实践初探）及嘉宾介绍（5分钟）（14点开始）

（2）福建省筑梦红色之旅签字视频（赖馨团队提供）（10分钟）

（3）福州大学学科中的廉政建设视频比赛作品观看（2个视频，15分钟，袁团队5分钟+吴团队10分钟）、苏宇霖点评（20分钟）

（4）福州大学赴安溪县岩前村乡村振兴党史精神研究暑期社会三下乡活动申请书介绍（海洋学院19级物流管理 吴佳颖）、陈少平点评（15分钟）

（5）成果简介及调研大纲介绍

5.1《乡村振兴中的大别山精神研究——以革命老区岩前村为例》介绍及调研大纲设计（袁佳敏），嘉宾点评；（10分钟）

5.2《岩前村乡村振兴启航廉政思想研究》介绍及调研大纲设计（人文学院2019级社会学 林茜雨），嘉宾点评；（10分钟）

5.3《岩前村乡村振兴启航中的党史精神研究》介绍及调研大纲设计（海洋学院2019级物流管理 吴佳颖），嘉宾点评；（10分钟）

5.4《我国乡村振兴廉政思想探析——以革命老区岩前村启航为例》介绍及调研大纲设计（经管学院2020级金融学 陈靖），嘉宾点评；（10分钟）

5.5《智慧助农》创业项目简介及调研大纲设计（2020级远志实验班赖馨），嘉宾点评（10分钟）

（6）"悟思想"栏目成果分享——省教育工委《党史学习教育专栏征稿》（15分钟）

（7）嘉宾感受分享

（8）领导总结发言，活动结束。（17：00之前结束）

5.2 暑期社会实践活动安排（2021 年 7 月 18 日）

（1）7 点从福州出发，约 10 点左右到岩前村。

（2）庆祝中国共产党建党 100 周年主题活动（二）——福州大学赴安溪县岩前村乡村振兴党史精神调研暑期社会实践大学生"三下乡"活动启动仪式（岩前村乡村振兴简介，大学生廉政建设视频和党史精神论文简介）。

（3）参观"地老天荒"景点。

（4）午餐（生态食材体验 1）

（5）调研仪式（主持人：苏世彬）

5.1 安溪县政协原主席苏宇霖致辞。

5.2 岩前村返乡入乡创业者与乡村坚守者（贫、老、病、妇）。

5.3 各自调研（苏宇霖，苏银海（村支部书记），苏水生，苏国彬等岩前村返乡入乡创业者与乡村坚守者（贫、老、病、妇））活动。

（6）参观竹林七贤园，种桃树的现场，生态循环种养殖基地，百草园到三味书屋，双创助力乡村振兴展示馆，乡村坚守者农场。

（7）晚餐（生态食材体验 2）。

（8）到隔壁南安市小眉村观看散养黄牛基地以及九宛村生态山鸡养殖基地、生态循环养猪基地并做相应的田野调研。

（9）活动结束返回福州。

5.3 后期活动 2021 年 7 月 24 日之后

参与实践的同学根据自己选择的研究方向和课题，展开相应研究，并参加各类征文、竞赛、投稿等。

六、预期成果

6.1 各级新闻报道

本次调研活动将会在第一时间将活动有关新闻报道发布至各一级、二级、三级新闻媒体。

6.2 各种活动视频

（1）福建省筑梦红色之旅签字视频 1 个。

（2）岩前村乡村振兴党史精神大学生研讨会视频 1 个。

（3）《福州大学赴福建省安溪县岩前村乡村振兴党史精神调研》视频

1个。

（4）综合视频1个。

6.3 完善、完成学术论文至少5篇

（1）《乡村振兴中的党史精神研究——以革命老区岩前村乡村振兴启航为例》

（2）《乡村振兴的廉政思想建设——以革命老村岩前村为例》（2篇）

（3）《乡村振兴中的大别山精神研究——以安溪县岩前村为例》

（4）《延安精神的商业模式分析》

（5）《岩前村乡村振兴中的4P分析》

（6）《岩前村乡村振兴启航商业模式研究》

6.4 各种征文

（1）《西部》杂志举办的"不忘初心·庆祝中国共产党成立100周年"征文活动

（2）《贵州档案方志》举办的"庆祝中国共产党成立100周年"征文活动

（3）由中国作家协会主管、中国作家出版集团主办的《作家文摘》报联合上海东方证券资产管理有限公司共同举办的"恰是百年风华——庆祝中国共产党成立100周年"主题征文活动

（4）省教育工委《党史学习教育专栏征稿》

（5）红土地举办的"喜迎建党百年·福建老区故事大赛"

（6）福州大学团委主办的"回顾革命历史，阅读红色经典，传承红色基因，勤奋努力成才"征文

（7）《中共福建省委组织部办公室关于做好讲党课和优秀党课展播活动有关工作的通知》

6.5 创新创业大赛

福州农帮科技有限公司《智慧助农》项目参加福州大学第七届"互联网＋"大学生创新创业大赛

六、建言献策成果要报（至少1份）

（1）鼓励"新乡贤"创新创业助力乡村振兴若干建议

（2）完善党建创新创业产业帮扶助力乡村振兴"高校样本"若干建议

6.3.2 新闻稿汇总

一、一类媒体

人民网：福州大学实践队深入安溪县岩前村助力乡村振兴（people.com.cn）

中国新闻网：福建高校师生赴乡村调研 聆听乡村坚守者的奋斗故事（chinanews.com）

福建日报（纸媒）：福州大学师生赴乡村调研（fjdaily.com）

二、二类媒体

中国共产党网：福州大学赴安溪：来到田野乡间，扎根祖国大地 https://tougao.12371.cn/gaojian.php?tid=4075769

三、三类媒体

新浪网：弘扬伟大建党精神，助力革命老区乡村振兴 大学生研讨助力革命老区乡村振兴_手机新浪网（sina.cn）

网易新闻：（福州大学实践队深入安溪县岩前村 助力乡村振兴）网易新闻（163.com）

今日头条：从群众中来，到群众中去（toutiao.com）；革命老区岩前村乡村振兴党史精神大学生研讨会（toutiao.com）；校企共话乡村振兴中的"七一"重要讲话精神（toutiao.com）

青春福大：三下乡青年行｜传承红色基因，传播红色文化，感悟百年风雨（qq.com）

学习强国：https://article.xuexi.cn/articles/index.html?art_id=10289105759892529216&item_id=10289105759892529216&study_style_id=video_default&pid=&ptype=-1&source=share&share_to=wx_single（从群众中来，到群众中去·暑期三下乡调研视频）

大学生报：1.生态培育优良产品，种养助力产业振兴 http://www.dxswb.com/shijian/372665.html；2.来到田野乡间，扎根祖国大地 http://www.dxswb.com/shijian/372662.html；3.以青春之力，助乡村振兴 http://www.dxswb.com/shijian/372659.html；4.回望百年建党路，共筑百年乡村梦 http://www.dxswb.com/shijian/372651.html；5.寻梦乡村，助力振兴 http://www.dxswb.com/

shijian/372650.html；6.以公益之力,助乡村振兴http://www.dxswb.com/shijian/372624.html.

四、其他媒体

财富海西：福州大学赴岩前村乡村振兴党史精神调研暑期"三下乡"实践启动；财富海西杂志社 财富海西官网 (sslbk.com)；"巩固拓展脱贫攻坚成果同乡村振兴有效衔接"经验交流会在榕举行；财富海西杂志社 财富海西官网 (sslbk.com)。

福大先进制造学院：我院师生赴安溪县岩前村开展暑期"三下乡"社会实践活动—先进制造学院 (fzu.edu.cn)。

6.3.3 实践工作总结

十九大以来，全党围绕打赢脱贫攻坚战，实行乡村振兴战略，做出了一系列重大部署、同时出台了众多的相关政策。2021年既是"巩固拓展脱贫攻坚结果同乡村振兴有效衔接"的关键之年，更是中国共产党建党100周年。在这个特殊的时期，乡村振兴与党史精神都受到了全党全社会的密切关注。中国的革命始于乡村，党史精神也来源与乡村，同时，党史精神的形成与乡村振兴的发展历程都不是一蹴而就的，它们都是在不断稳扎稳打，不断攻坚克难中产生，正因如此，党史精神对于乡村振兴的意义举足轻重。而目前大众关于党史精神的认识更多地停留在思想教育层面，缺乏在乡村振兴层面的实际运用，为扩大党史精神在乡村的影响力，帮助更多的基层群众认识到党史精神在乡村振兴领域的指导作用，同时依托个案乡村整理出乡村振兴中的党史精神应用的现实范本，福州大学先进制造学院与海洋学院团委特开展本次暑期三下乡社会实践活动。

本次活动由福州大学先进制造学院与海洋学院团委书记顾训明老师带队，经管学院工商管理教工支部党员苏世彬作为学术指导，福州大学海洋学院2019级物流管理专业的吴佳颖同学作为队长，其他队员由来自海洋学院的其他6名同学、来自经管学院的2名同学、来自人文学院的4名同学以及来自外语学院的1名同学（共13名）组成；

本次三下乡社会实践活动主要由三部分组成：

第一部分：岩前村乡村振兴党史精神大学生研讨会——庆祝中国共产

党成立 100 周年主题活动（一）；在研讨会期间实践队的同学们分享自己关于党史精神与乡村振兴的研究成果以及调研大纲，在场参会嘉宾针对同学们的分享给予相应的意见与建议，通过开展本次乡村振兴研讨会成功贯彻学习习近平同志在"七一"重要讲话"历史川流不息，精神代代相传。我们要继续弘扬光荣传统、赓续红色血脉，永远把伟大建党精神继承下去、发扬光大！"精神，同时为接下来的下乡调研活动提供把关与论证。

第二部分：7 月 18 日福州大学赴安溪县参内镇岩前村乡村振兴党史精神调研实践队——庆祝中国共产党建党 100 周年主题活动（二）；在本次活动中，实践队的老师与同学下乡调研，一共走访了 3 个乡村，在宣扬党史精神与"七一重要讲话"精神的同时，了解了乡村民情，加深了对乡村振兴的认识和理解；通过本次下乡调研活动成功加深了同学们对"七一"重要讲话提出"人民是历史的创造者，是真正的英雄"、"江山就是人民、人民就是江山，打江山、守江山，守的是人民的心。中国共产党根基在人民、血脉在人民、力量在人民。中国共产党始终代表最广大人民根本利益，与人民休戚与共、生死相依，……"等著名论断的理解。

第三部分：联合福建省享业生态集团召开"巩固扩展脱贫攻坚成果同乡村振兴有效衔接"经验交流会暨习近平同志"七一"重要讲话精神座谈会——庆祝中国共产党建党 100 周年主题活动（三）；为认真贯彻落实"七一"重要讲话精神中的"群众论"，把乡村振兴这个利国利民的大事做好，真正贯彻落实好"七一"重要讲话精神，不断推进乡村振兴战略的贯彻落实，特举办本次座谈会；在本次活动中，实践队的苏世彬老师向来自各界的乡村振兴学者、企业家、基金会主席分享了实践队的下乡调研成果，在场嘉宾也对实践队的下乡调研情况提出了一些中肯的意见，其中福州大学原党委副书记、福州大学关工委常务副主任陈少平表示：在福州大学任职党委副书记期间，他主管每年的暑期三下乡社会实践活动，他很高兴能看到同学们下乡调研，了解乡村民情，同时他也对此感到可惜：如果同学们在当地能调研更长的时间，或许可以看到更多的东西。

通过开展本次座谈会，将乡村振兴领域各成绩斐然的专家学者聚集到一起，共同学习"七一"重要讲话精神、总结"巩固拓展脱贫攻坚成果同乡村振兴有效衔接"实践经验、探索实现共同富裕的有效途径；本场座谈会活动既是对前面两场活动的把关与论证，更是对未来活动开展的积淀与延续；

完成了以上三项主要活动之后，本次的三下乡暑期社会实践活动也正式落下了帷幕，在活动期间，实践队取得成果如下：（1）实践过程先后被人民网、福建日报、中国新闻网、人民网、共产党员网、今日头条等媒体报道；（2）在'乡村科技'上发表《建立健全城乡融合发展体制机制的地方回应——基于南平市巨口乡与安溪县岩前村的田野调查》论文一篇；（3）实践队调研视频在学习强国上发布；（4）依托团队调研成果参加2021~2022年宁波青年大学生创业大赛获得行业赛福州赛区优秀参赛选手；（参赛作品：助力乡村振兴的高校样本——以革命老区岩前村巩固拓展脱贫攻坚成果同乡村振兴有效衔接社会创业实践为例）；（5）制作思政微课《岩前村乡村振兴中的党史精神调研主题思政微课》。

本次三下乡社会实践活动以"巩固拓展脱贫攻坚成果同乡村振兴有效衔接"中的"七一"重要讲话精神为灵魂主线，团结和引导更多的大学生党员团员、社会人士关注并参与乡村振兴，打造融合思政、党史、创业、乡村振兴、红色筑梦5门大课为一体的，有温度、有深度、有广度、有高度、有气度、叫得响的大学生三下乡活动暑期社会实践金课，使之成为一门能够入耳、入眼、入脑、入心，触及灵魂的庆祝中国共产党成立100周年实践课，真正做到学史明理、学史增信、学史崇德、学史力行，学党史、悟思想、办实事、开新局，以昂扬姿态奋力开启乡村振兴学习与工作的新征程，以优异成绩迎接建党一百周年。

6.3.4 千校千项团队资料

一、团队简介

本团队是理论宣讲团，以各种乡村振兴、党史教育以及三下乡活动政策为依据，以庆祝中国共产党建党100周年系列主题活动为主线，以"巩固拓展脱贫攻坚成果同乡村振兴有效衔接"中的"七一"重要讲话精神为灵魂。通过开展研讨会、座谈会、并带领青年大学生上山下乡，深入基层，了解基层人民的生活情况从而实现以下几个目的：

（1）理解岩前村景点设计中"因地制宜，就地取材，顺势而为"的精神内涵，以及岩前村生态循环种养殖的核心理念，为实现双碳目标总结人本解决方案；

（2）通过调研岩前村的乡村坚守者与入乡返乡创业者，加深青年大学生对于共同富裕内涵的理解；

（3）亲身体验岩前村原生态食材，了解原生态食材在我国健康中国2030中的重要作用；

（4）最终，通过党史精神的实践育人来实现立德树人；

基于以上四个目的，本团队先后举办了三场庆祝中国共产党建党100周年主题活动。活动具体内容如下：

二、团队开展活动

2.1 革命老区岩前村乡村振兴党史精神大学生研讨会

时间：2021年7月14日

地点：福州大学经济与管理学院中楼会议室307

参会人员：

（1）嘉宾

（2）岩前村认种桃树巩固精准扶贫并助力乡村振兴公益活动认种代表

（3）福州大学赴安溪县岩前村乡村振兴党史精神调研实践队全体同学

活动目的：

通过开展乡村振兴研讨会贯彻学习习近平同志在"七一"重要讲话"历史川流不息，精神代代相传。我们要继续弘扬光荣传统、赓续红色血脉，永远把伟大建党精神继承下去、发扬光大！"精神，同时为接下来的下乡调研活动提供把关与论证；

活动内容：

1. 福州大学学科中的廉政建设视频比赛作品观看。

2. 福州大学赴安溪县岩前村乡村振兴党史精神研究暑期社会三下乡活动申请书介绍。

3. 成果简介及调研大纲介绍

3.1《乡村振兴中的大别山精神研究——以革命老区岩前村为例》介绍及调研大纲设计；

3.2《岩前村乡村振兴启航廉政思想研究》介绍及调研大纲设计；

3.3《岩前村乡村振兴启航中的党史精神研究》介绍及调研大纲设计

3.4《我国乡村振兴廉政思想探析——以革命老区岩前村启航为例》介绍及调研大纲设计

4.“悟思想”栏目成果分享

2.2 福州大学赴安溪县参内镇岩前村乡村振兴党史精神调研

时间：7月18日

地点：安溪县岩前村、南安市外寨小眉村、天山村九宛

带队老师：福州大学海洋学院团委书记顾训明

学术指导：福州大学工商管理教工支部党员苏世彬

主要参与人员：福州大学赴福建省安溪县岩前村乡村振兴中的党史精神调研实践队全体成员

其他参与人员：福建省农汇冠通助农公益基金会代表、台湾同胞胡文丽女士

活动目的：

通过带领青年大学生下乡调研；加深对“七一”重要讲话提出“人民是历史的创造者，是真正的英雄”“江山就是人民、人民就是江山，打江山、守江山，守的是人民的心。中国共产党根基在人民、血脉在人民、力量在人民。中国共产党始终代表最广大人民根本利益，与人民休戚与共、生死相依，……”等著名论断的理解。

经过了前期研讨会的把关与论证，本次下乡调研活动的调研内容最终如下：

活动内容：

（1）现场考察岩前村乡村振兴十大景点，体验“因地制宜，就地取材”的原生态景点设计理念。

（2）亲身体验岩前村原生态食材，了解原生态食材在我国健康中国2030中的重要作用，也因此深入了解岩前村乡村振兴的切入点，从而更好地宣传岩和推广岩前村乡村振兴提供直接素材。

（3）访谈《党建绿色创新创业产业帮扶助力乡村振兴实践初探——以革命老区岩前村启航为例》的参与者，为完善《岩前村乡村振兴启航中的党史精神研究》、《岩前村乡村振兴启航的大别山精神研究》、《岩前村乡村

振兴中的廉政思想研究》提供直接素材。

（4）调研岩前村返乡入乡创业者和乡村坚守者（贫、老、病、妇），为参与实践活动的同学将来更好地开展乡村振兴党史精神研究、乡村振兴研究、乡村振兴创新创业提供第一手资料。

2.3 联合福建省享业生态集团召开"巩固扩展脱贫攻坚成果同乡村振兴有效衔接"经验交流会暨习近平同志"七一"重要讲话精神座谈会

时间：2021 年 8 月 17 日

地点：福建省享业生态集团

参加人员：福州大学原党委副书记、福州大学关工委常务副主任陈少平、福建农林大学原副校长林思祖等，以及福州大学赴安溪县岩前村部分成员。

活动目的：

通过开展座谈会，将乡村振兴领域各成绩斐然的专家学者聚集到一起，共同学习"七一"重要讲话精神、总结"巩固拓展脱贫攻坚成果同乡村振兴有效衔接"实践经验、探索实现共同富裕的有效途径。

本场座谈会活动既是对前面两场活动的把关与论证，更是对未来活动开展的积淀与延续。

三、团队成果

3.1 育人成果

刊登《建立健全城乡融合发展体制机制的地方回应——基于南平市巨口乡与安溪县岩前村的田野调查》论文 1 篇；根据调研内容制作相关思政微课《岩前村乡村振兴中的党史精神调研主题思政微课》1 个；带动团队成员以及其他非团队成员（大学生、研究生以及社会上其他专家、学者）一起撰写活动心得（一共 9 篇），共同领悟'"巩固拓展脱贫攻坚成果同乡村振兴有效衔接"中"七一"重要讲话精神实践'的精神内涵；2 个活动视频（《从群众中来，到群众中去》、《"巩固拓展脱贫攻坚成果同乡村振兴有效衔接"中"七一"重要讲话精神实践探索》）；孵化 3 个活动视频；发布 6 篇大学生网报感想作品；（《生态培育优良产品，种养助力产业振兴》、《来到田野乡间，扎根祖国大地》等）；(7) 依托团队调研成果参加2021~2022 年宁波青年大学生创业大赛获得行业赛福州赛区优秀参赛选手；（参赛作品：助力乡村振兴的高校样本——以革命老区岩前村巩固拓展脱贫攻坚成果同乡村振兴有效衔接社会创业实践为例）。

3.2 社会影响

团队实践成果先后被人民网、福建日报、中国新闻网、人民日报、新浪网、今日头条、网易新闻网、青春福大、媒体福大等媒体报道；实践队调研视频在学习强国等视频网站上发布并取得广泛关注；指导老师先后被聘请为"福建省文化改革发展项目专家库"成员、国家林业重点龙头企业和农业产业化河南省重点龙头企业信阳市十里岗林产品开发有限公司和福建省享业生态集团乡村振兴项目导师、广州松田职业学院乡村振兴创新创业指导老师，《财富海西》杂志乡村振兴栏目学术顾问，群英众创空间（省级）乡村振兴项目导师；举办"七一"讲话精神座谈会，提升了前期党史精神实践的社会影响力；指导老师所著的《创业管理》（第二版）荣获福州大学"三全育人"优秀研究成果一等奖，未来依托这本教材准备参加的各类竞赛活动。

四、总结

本团队以"巩固拓展脱贫攻坚成果同乡村振兴有效衔接"中的"七一"重要讲话精神为灵魂主线，团结和引导更多的大学生党员团员、社会人士关注并参与乡村振兴，打造融合思政、党史、创业、乡村振兴、红色筑梦5门大课为一体的，有温度、有深度、有广度、有高度、有气度、叫得响的大学生三下乡活动暑期社会实践金课，使之成为一门能够入耳、入眼、入脑、入心，触及灵魂的庆祝中国共产党成立100周年实践课，真正做到学史明理、学史增信、学史崇德、学史力行，学党史、悟思想、办实事、开新局，以昂扬姿态奋力开启乡村振兴学习与工作的新征程，以优异成绩迎接建党一百周年。

6.3.5 优秀团队申报表

一、主要事迹

本团队作为校社（高校、社会）党建打造提高低收入人群收入共同富裕乡村振兴课题组高校团队以各种乡村振兴、党史教育以及三下乡活动政策为依据，以庆祝中国共产党建党100周年系列主题活动为依托，以

"七一"重要讲话精神为灵魂主线，针对安溪县岩前村乡村振兴创新创业教育新文科实践探索进行了一系列的实践创新：以举办庆祝中国共产党建党100周年系列主题活动来开展三下乡活动：先后开展了三场庆祝中国共产党建党100周年主题活动，他们分别为党史精神大学生研讨会、乡村振兴党史精神调研活动、"七一"重要讲话精神座谈会；创新理论宣讲模式；本团队采取"实地调研＋理论研讨"的新型理论宣讲模式，通过开展一次实地下乡调研活动（岩前村乡村振兴中的党史精神调研）以及两次理论研讨会（革命老区岩前村乡村振兴大学生研讨会、"七一"重要讲话精神座谈会）实现，通过理论＋实践的完美组合，在宣扬党史精神、"七一"重要讲话精神与乡村振兴理论的同时，实现实践育人的成效；人员选用、奖励机制采取揭榜挂帅制度；本团队采用揭榜挂帅的机制来选用人员与分配奖励（即按个人对团队的贡献度来分配最终的奖励与表彰）；事实证明这种机制的确很大程度上带动了参与同学们的积极性，也让其更多的同学在三下乡的实践中通过自己的努力收获了知识与经验；建立校内校外的联合桥梁；本团队一共举办两场理论研讨会以及一场实地调研活动，并邀请了许多在乡村振兴领域有所建树的企业家前来共讨。他们的加入极大地增加了本团队的社会影响力、与理论宣传效力。此外，团队队员都根据活动内容撰写了相关的感想与感悟，并据此带动了一批没有参加过本次暑期三下乡的青年们（本科生、研究生）一起撰写感悟、共同领悟三下乡活动的精神内涵；活动核心内容获得2021年福州大学党建立项：以本次三下乡活动为核心内容的《庆祝中国共产党建党100周年系列主题活动育人实践初探——基于岩前村乡村振兴创新创业教育新文科探索》获得2021年福州大学党建研究课题立项；由校社（高校、社会）党建打造提高低收入人群收入共同富裕乡村振兴课题组顺利晋升央校社地党建竹岭村碳中和共同富裕乡村振兴课题组。本暑期社会实践引起中核集团福清核电有限公司省派竹岭村第一书记的高度关注，并联手校社（高校、社会）党建打造提高低收入人群收入共同富裕乡村振兴课题组、中核集团福清核电有限公司、闽清县东桥镇竹岭村联手打造央校社地党建竹岭村碳中和共同富裕乡村振兴课题组，目前已经开始正式工作。

二、主要成果

2.1 育人成果

在《乡村科技》上刊登《建立健全城乡融合发展体制机制的地方回应——基于南平市巨口乡与安溪县岩前村的田野调查》论文1篇；根据调研内容制作相关思政微课《岩前村乡村振兴中的党史精神调研主题思政微课》1个；开展《三下乡实践归来话家常活动》；通过开展三下乡专题讲座，分享三下乡的实践心得，让三下乡的实践经验惠及、影响更多的青年大学生；撰写调研感想，并参加各类征文，同时带动其他非实践队成员（大学生、研究生以及社会上其他专家、学者）一起撰写活动心得，共同领悟'"巩固拓展脱贫攻坚成果同乡村振兴有效衔接"中"七一"重要讲话精神实践'的精神内涵；2个活动视频（《从群众中来，到群众中去》、《"巩固拓展脱贫攻坚成果同乡村振兴有效衔接"中"七一"重要讲话精神实践探索》）；孵化3个活动视频；发布6篇大学生网报感想作品。

2.2 社会影响

实践队实践成果先后被人民日报、人民网、福建日报、中国新闻网、网易新闻网、新浪网、今日头条、青春福大、媒体福大等媒体报道；本项目与中核集团福清核电有限公司共同组建央校地社党建竹岭村碳中和共同富裕乡村振兴课题组；入选千校千项评选，排名位列福建省第14名，全国排名494名；实践队调研视频在学习强国等视频网站上发布并取得广泛关注；指导老师先后被聘请为"福建省文化改革发展项目专家库"成员、国家林业重点龙头企业和农业产业化河南省重点龙头企业信阳市十里岗林产品开发有限公司和福建省享业生态集团乡村振兴项目导师、广州松田职业学院乡村振兴创新创业指导老师，《财富海西》杂志乡村振兴栏目学术顾问；竹岭村乡村振兴顾问；举办"七一"讲话精神座谈会，并邀请了诸多在乡村振兴领域成就斐然的专家学者、企业家以及社会各界人士共同总结"巩固拓展脱贫攻坚成果同乡村振兴有效衔接"实践经验，探索共同富裕实现途径。

三、宣传成果

本团队的实践过程先后被众多家新闻媒体报道，具体媒体宣传成果如下：一类媒体4篇，二类媒体1篇，三类媒体16篇，其他媒体2篇。

6.3.6 不同同学的贡献

一、活动前集体成果

赖馨团队：校级铜奖，省创 1 个，注册公司 1 个，联建党支部 1 个，共计 12 分。

袁佳敏团队：一个 SRTP 项目，共计 3 分。

吴佳颖团队：一个 SRTP 项目，一个视频奖，共计 6 分。

（注：以上按低于三类媒体计算分数，这些都要写进总结中，但不属于团委的算分范畴，拍摄、视频、抖音一样，如果在社会实践中获奖，按照获奖算分。）

二、活动期间成果

2.1 集体成果

（三类）（等待团委认定）：1.生态培育优良产品，种养助力产业振兴（张佳卉、陈婧）（5 分或 3 分，待团委认定）；2.来到田野乡间，扎根祖国大地（张佳卉、陈婧）（5 分或 3 分，待团委认定）；3.以青春之力，助乡村振兴（罗楠、陈婧）（5 分或 3 分，待团委认定）；4.以公益之力，助乡村振兴（陈锐、陈婧）（5 分或 3 分，待团委认定）；5、罗楠，吴欣蔚：7 月 14 日和 7 月 18 日两场视频拍摄（两次）（6 分）；6、2021—2022 中国宁波青年大学生创业大赛海曙区智慧生活行业赛中（福州）赛区优秀参赛作品（吴佳颖，林茜雨）（3 分）；7、从群众中来，到群众中去 视频（吴佳颖等）（3 分）；8、总视频（吴佳颖等）（3 分）；集体成果可以算某个同学，也可以平均到每个同学，具体由成员商议决定。

2.2 个人成果

实践队成员：

一、吴佳颖（29 分）：1.队长吴佳颖同学这次组织和协调人员做了大量工作，按照 1 篇一类媒体计算其对团队的贡献；2.青春福大（三类）：三下乡青年行⑩传承红色基因，传播红色文化，感悟百年风雨；3.我院师生赴安溪县岩前村开展暑期"三下乡"社会实践活动——先进制造学院；4.革命老区岩前村乡村振兴党史精神大学生研讨会抖音；5.胜非其难也，持之者其难也感悟 1 篇。

二、罗楠：7月14日和7月18日两场拍摄照片，赴岩前村实践抖音1个，共3次，共计9分。

三、任心力：8月17日活动照片与视频拍摄（两次），共计6分。

四、吴欣蔚：8月17日抖音制作，1次，共计3分。

五、陈婧：（10分或6分，待团委认定）：1.寻梦乡村，助力振兴（大学生网报）（三类）（等待团委认定）；2.回望百年建党路，共筑百年乡村梦（三类）（等待团委认定）。

六、黄柳婷，合格感想1份，共计3分。

实践队外成员：1.苏水良，3篇1类媒体，财富海西报道2篇，共计51分；2.梁先旭，3篇合格感想，共计9分；3.张睿，合格感想1份，共计3分；4.郑秋婷，论文1篇，共计3分；5.石婧霖，合格感想1份，共计3分。

核心作品要紧紧围绕团委对三下乡活动的评价指标来确定等级和分数，与团委评价指标不相关但是与乡村振兴相关的作品将来也可以作为考核内容，但是分值要低于三类媒体，与乡村振兴无关的成果不计算分，根据以上的内容来计算每个同学对整个团队的贡献程度及各种荣誉分配。

2.3 成果计算设想

分值计算依据：一般成果3分，三类媒体5分，二类媒体9分，一类媒体15分；成果获得国家级、省级和校级实践成果奖分别转化为一类媒体（15分）、二类媒体（9分）、三类媒体（5分）。

1.等同一类媒体成果：实践成果获得地方处级以上单位批示、全国"千校千项"表彰、全国优秀队伍表彰。

2.等同二类媒体成果：实践成果获得地方副处级以上单位批示、省级优秀队伍表彰。

3.等同三类媒体成果：实践成果获得地方科级以上单位批示、校级优秀队伍表彰。

2.4 表彰设想

每写一篇合格的感想获得3分，总共3次，对团队贡献超过9分的个人确定优秀参与者，超过24分的为杰出贡献参与奖，少于9分的同学没有奖，实践队外成员的表彰也参考以上标准。

三、媒体成果汇总

福州大学实践队深入安溪县岩前村 助力乡村振兴（一类）（苏水良）人民网：http://fj.people.com.cn/n2/2021/0719/c181466-34827450.html；福建高校师生赴乡村调研 聆听乡村坚守者的奋斗故事（一类）中国新闻网：http://www.fj.chinanews.com/news/2021/2021-07-21/487676.html（苏水良）

福州大学师生赴乡村调研（一类）；福建日报：https://fjrb.fjdaily.com/pc/con/202107/26/content_95296.html（苏水良）

海洋学院：乡村振兴党史精神调研实践；学习强国：https://article.xuexi.cn/articles/index.html?art_id=10289105759892529216&item_id=10289105759892529216&study_style_id=video_default&pid=&ptype=-1&source=share&share_to=wx_single（顾训明）；革命老区岩前村乡村振兴党史精神大学生研讨会今日头条 https://www.toutiao.com/i6985320652811010597/（三类）（苏世彬）；弘扬伟大建党精神，助力革命老区乡村振兴 大学生研讨助力革命老区乡村振兴（三类）

新浪网：https://fj.sina.cn/news/2021-07-15/detail-ikqciyzk5659744.d.html（苏世彬）；从群众中来，到群众中去——记福州大学赴安溪县岩前村乡村振兴党史精神调研实践（三类）今日头条：https://www.toutiao.com/i6989033458815222304/（苏世彬）；校企共话乡村振兴中的"七一"重要讲话精神（三类）（今日头条）：https://www.toutiao.com/i6999813502164566541/（苏世彬）；福州大学赴岩前村乡村振兴党史精神调研暑期"三下乡"实践启动；财富海西：http://www.sslbk.com/view/gqxx/6102（苏水良）；"巩固拓展脱贫攻坚成果同乡村振兴有效衔接"经验交流会在榕举行财富海西：http://www.sslbk.com/view/gqxx/6116（苏水良）；校企共话乡村振兴中的"七一"重要讲话精神（三类）（今日头条）：https://www.toutiao.com/i6999813502164566541/（苏世彬）；福州大学海洋学院乡村振兴中的党史精神调研实践活动先后被中国新闻网、福建日报报道

福州大学晋江科教园管委会网站：http://jjkjy.fzu.edu.cn/html/xqdt/xqxw/2021/08/09/63dd545a-a85f-4c4b-895d-89fa78ebd479.html。

6.3.7 实践成果汇总

荣誉证书
CERTIFICATE OF HONOR

助力乡村振兴·弘扬红色精神 "出新村乡风振兴成设攻坚成果同乡村振兴
有效衔接" 社会创业
在2021—2022中国宁波青年
大学生创业大赛海曙区智慧生活
行业赛中，获得（ 福州 ）赛区

优秀参赛选手

特发此证，以资鼓励

2021-2022海曙区青年大学生创业大赛组委会办公室
年 月 日

福州大学工商管理教工党支部与参内修缘农场

联建党支部

附件：

2021年福州大学学生志愿者
暑期文化科技卫生"三下乡"社会实践活动
先进集体及个人名单

二、优秀团队（共38支）

电气工程与自动化学院

赴武夷山"追寻足迹·赓续精神·助力振兴——闽北新发展观察"实践队

"斑斑繁星，筑梦岚海"社会实践队

赴福建省宁德市屏南"青春心向党，奋斗报祖国"实践队

机械工程及自动化学院

赴三明泰宁"党建引领助力乡村振兴"实践队

赴台江区"推进盲道优化建设，爱心助盲志愿服务"实践队

环境与安全工程学院

赴长汀"八闽觅红印，青春担使命"实践队

经济与管理学院

赴福清特教学校"溯百年光芒，扬十载风帆"实践队

海峡两岸暨港澳学生赴宁德、福州"见证建档百年，追寻习总足迹"实践队

实创山海江田乡村振兴实践队

赴漳州市隆教畲族乡"致敬百年路，畲乡新发展"实践队

生物科学与工程学院

赴三明市沙县区"追溯百年老记忆，探索小吃大产业"实践队

外国语学院

赴福州市"语筑世遗魅力，译承中华血脉"实践队

计算机与大数据学院

"重温党史百年，展望乡村振兴"实践队

紫金地质与矿业学院

赴上杭"传承红色文化，沐浴非遗芳华"实践队

厦门工艺美术学院

赴安溪县湖头镇艺术乡村振兴实践队

材料科学与工程学院

赴宁化"追寻足迹，赓续百年红色精神；情暖中华，材子助"

先进制造学院与海洋学院

赴安溪县岩前村乡村振兴党史精神调研实践队

马克思主义学院

赴长汀"星火相传"党史宣讲实践队

人文社会与科学学院

赴福州永泰"乡村振兴视域下村庄新型治理主体调研——以青年村干部及返乡创业青年群体为例"实践队

多元联袂，共赏芳华——"社工+志愿者"社区居家养老志愿服务实践队

中 国 青 年 报 社

"请党放心 强国有我" 2021 全国大学生
"千校千项"网络展示活动证明材料

兹证明，以下团队、个人（合作品）在"请党放心 强国有我"2021 全国大学生"千校千项"网络展示活动中表现优异，申报材料紧扣活动主题，内容真实详尽，形式新颖、有案例、有数据、有感悟，充分展现了青年一代有理想、有担当、有作为的良好精神面貌。

2021年11月

6.3.8 活动小视频汇总

活动视频

6.4 学术论文

6.4.1 党建绿色"创新创业"产业帮扶助力乡村振兴实践初探——以革命老区岩前村启航为例

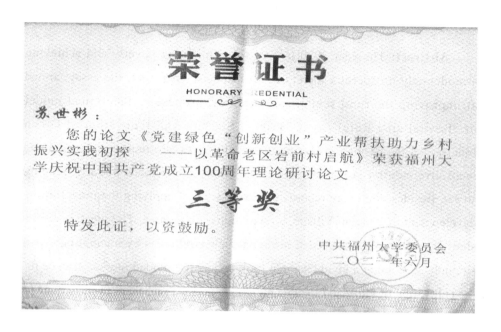

苏世彬

（福州大学经济与管理学院，福建福州，350108）

摘要： 在决战脱贫攻坚、决胜全面建成小康社会及乡村振兴即将全面展开的2020年，针对现有创新创业产业帮扶助力乡村振兴研究不足，本文在分析乡村振兴与创新创业、乡村振兴创新创业与党建成果的基础上提出了党建绿色"创新创业"产业帮扶助力乡村振兴的理论模式，并以革命老区岩前村乡村振兴启航为例对该模式展开实践。结果表明，该模式不但是一次城乡融合助力乡村振兴的典范，更是一堂生动的实践党课，为教育培养更多的党员、团员投身乡村振兴建设大潮提供了难得的教学素材。

关键字： 党建；绿色"创新创业"；乡村振兴；岩前村

Party's Initial Practice on Revitalizing Rural Areas Through Startups and Innovation of Green Industry

—Exemplified by Development of a Revolutionary Base Area of Yanqian Village

Su Shibin

(Fuzhou University, Fuzhou, 350108, China)

Abstract: The year 2020 is vital for eliminating poverty and achieving a moderately prosperous society in all respects. Therefore, the essay, aimed at improving the rural revitalization policy, proposes a theoretical model of "Revitalizing Rural Areas Through Startups and Innovation of Green Industry"on the basis of analyzing the relation between rural revitalization and innovative industry growth as well as the achievements made in Party building so far. Besides, the essay records the experience of applying the model in the development of Yanqian Village, a revolutionary base area. The practice results show that the model succeeded in revitalizing rural areas by integrating urban strengths, becoming a vivid example for practice. It provided rare experience for the cultivation of Party and League members, encouraging them to participate in rural revitalization.

Keyword: Party Construction; Green innovative and venture; Rural Revitalization; Yanqian Village

一、引言

十九大以来，党中央围绕打赢脱贫攻坚战、实施乡村振兴战略作出了一系列重大部署，出台了一系列政策举措，2020 年是"十三五"的收官之年，也是全面建成小康社会目标实现之年和全面打赢脱贫攻坚战收官之年，同时是中共中央、国务院印发"健康中国 2030"规划纲要第五年，国家发展改革委等六部门印发《生态扶贫工作方案》和教育部实施《高等学校乡村振兴科技创新行动计划（2018—2022 年）》第三年，更是脱贫攻坚与乡村振兴战略衔接的关键时期，还是我国第二个百年奋斗目标进军的宏伟蓝图以及全面建设社会主义现代化国家新征程的新起点。乡村振兴是现代化的必然要求，没有乡村振兴，全面建设社会主义现代化国家就是一句空话，因此乡村振兴的主题也引起了学术界的广泛关注。针对乡村振兴，学界提出了"产学研""师傅带徒弟""创新创业"三种帮扶模式，目前相关成果较少，本研究就"创新创业"产业帮扶助力乡村振兴模式展开研究，旨在为我国更好地开展乡村振兴提供理论指导与实践借鉴。

二、党建绿色"创新创业"产业帮扶助力乡村振兴模式

（一）乡村振兴与创新创业

乡村振兴要遵守"产业兴旺、生态宜居、乡风文明、治理有效、生活富裕"，其中，"产业兴旺和生活富裕"意味着不能把乡村振兴做成少部分人的振兴，而要通过激发亿万乡民的积极性和主动性来实现共同富裕，这就离不开亿万乡民的创新创业行为，学术界也意识到了这一点，皮大旺、张旭（2020）认为乡村振兴战略的实施要激发农村创新创业活力；[1]周婕（2019）探讨了农村创新创业助力乡村振兴路径；[2]韩长赋（2017）提出了通过农村创新创业来推动乡村振兴战略的实施；[3]周为友 等（2019）探讨了苏州农村创新创业实践；[4]杨秀丽（2019）探讨了乡村振兴下的农民创新创业生态系统；[5]范千千、陈松奕（2018）探讨了支持返乡下乡人员创业创新助力乡村振兴。[6]改革开放40多年来，随着我国工业化、城镇化的快速发展，农村常住人口逐渐减少，造成农村人走房空，大量"空心村"产生、空心村的出现就引发了一个突出问题，即贫困户、留守老人、妇女、病患者等乡村坚守者数量增长，农村主体老弱化严重，那么面对着这种现状，如何激活乡村的"大众创业、万众创新"，相关成果很少。

"生态宜居"这一要求对农村的创新创业提供了方向，也提出了更高的要求，这就要求农村的创新创业不是一种破坏式的，而要强化人与自然的和谐统一，是一种绿色创新创业行为，要以"绿水青山就是金山银山"为思想指导，即在开展乡村规划的时候一定要根据自身乡村的特点特色，要作乡村建设的雕刻师或修葺者，而不是创造者或损毁者，要采取"因地制宜、就地取材、顺势而为"的方式，而不要把乡村振兴搞成造房运动。

目前，我国由于人口众多，为满足众多人口的生存问题，种植业、养殖业源头污染严重，尽管短期内获得了一定的经济效益，但是从长期来看国人的健康问题存在很大隐患，国家、社会和个人也纷纷意识到这个问题

的重要性，于是"健康中国2030"国策应运而生，该国策涉及的范围非常广，其中，源生态食材的需求急剧增加，这就为乡村振兴的"产业兴旺、生态宜居、生活富裕"提供了难得的发展机遇，乡村坚守者（贫、病、老、妇）对通过传统的耕作方式提供原生态食材具有良好的技术优势，只是苦于市场不足而纷纷放弃，如果能够把城镇一大批对原生态食材有强烈需求的企事业单位和个人对接到乡村，不但能部分解决城镇食材安全问题，也能为乡村坚守者（贫、病、老、妇）提供一次通过自身绿色创新创业而实现所在乡村的"产业兴旺、生态宜居、生活富裕"。

（二）乡村振兴创新创业与党建

乡村振兴创新创业必须坚持与依靠党的领导，这点得到学术界的一致认可，为此，余存娟（2020）研究了"党建引擎"激活乡村振兴；[7]孙本良（2020）探讨了党建引领打造乡村振兴新样板；[8]梅立润，唐皇凤（2019）研究了基层党建如何助力乡村振兴；[9]饶晓娜（2020）探索了党建引领乡村振兴经济发展；[10]周辉（2018）认为乡村振兴需要夯实基层党建；[11]陶芝兰（2020）探讨了乡村振兴背景下基层党建创新模式。[12]以上研究党建有一个共同点，都是基层党建，即立足乡村自身的党建建设，乡村振兴创新创业除了依靠自身的一二三产业融合外，还需要城乡融合，而基层党建在城乡融合这块就显得势单力薄，而如何发挥城市党建来助力或推动乡村党建，进而助力乡村振兴创新创业的成果基本没有，这是现有党建乡村振兴创新创业研究的一个不足之处。

（三）党建助力乡村振兴新模式

截至2019年年底，中国共产党党员总数为9191.4万名（大部分出生于农村或者与农村有千丝万缕的联系），党的基层组织468.1万个，而且数量每年还在不断增长，同年我国城镇化水平超过60%，大部分党员和党组织都分布在城镇。习近平同志曾说过，乡村振兴必须依靠和坚持党的领导。如果能够发动与乡村具有千丝万缕关系的城镇党组织党员和乡村党组织党员形成有效互动，尤其是通过城镇党建发动乡村坚守者（贫、病、老、妇）通过生态循环种养殖的创新创业行为方式来促进城乡融合，并且因此带动乡村一二三产业发展乡村振兴模式，一定能够推动部分村庄实现"产业兴旺、生态宜居、生活富裕"，而党建的主要任务就是进行相应的策划与资源对接，这就是党建绿色"创新创业"产业帮扶助力乡村振兴模式。

三、党建绿色"创新创业"产业帮扶助力乡村振兴模式实证研究——以革命老区岩前村启航为例

（一）岩前村样本确定

岩前村又名仙人村、悟空成长村，位于参内镇东南方向，距镇区约13公里，东与南安眉山乡接壤，耕地面积250亩，山地面积2000多亩，全村人口948人，村民以务农务工为主。2016年该村被列入县级贫困村，同时也是革命老区村。据不完全统计，村里百年古树超过15棵，存在仙脚印、仙棋盘、仙石、仙景岩、灵仙堂等景观，并存在仙人井等诸多与仙命名的仙物。村中企业众多，有福建岩前水表有限公司、泉州厚载集团有限公司、福建苏氏阀门科技有限公司、年年香茶园（岩前）、安溪亿源泉休闲农庄等，岩前村"老人会"也闻名遐迩。近年来，岩前村紧抓乡村振兴发展契机，充分发挥本村的地理优势，立足村情民情，按照"村庄有规划、环境美如画、产业特色化、生活传佳话"的原则，梯度实施，连片推进，不断加大美丽乡村建设力度。2018年岩前村入选全省"千村整治，百村示范"美丽乡村示范村，2019年获评省级美丽乡村示范村。目前，邻村已经规划筹建动车站，预计两年内可以通车，这使得岩前村的乡村振兴面临着难得的发展机遇。但由于该村没有产业支撑，乡村振兴面临重重困难，为此选择该村的乡村振兴作为党建绿色"创新创业"产业帮扶对象，这不但是该村急需解决的问题，对于国内其他乡村也具有很强的示范作用。[13]

（二）党建绿色"创新创业"产业帮扶助力乡村振兴实践

1. 准备工作

2020年年初，福州大学工商管理教工支部党员以志愿者的身份协助岩前村申请了"叶惠治"商标，该商标在2020年12月获得商标号；组建"大众创业、万众创新"助力乡村振兴展示馆；凝练"生态循环种养殖基地"、"百草园到三味书屋"、"悟空成长（仙人环村）游"、"地老天荒"等岩前村的十大景点；[13-15]孵化仙景农业技术开发服务中心，帮扶苏水生中医经络康复中心；提出岩前村乡村振兴规划。[16]

2.岩前村首届乡村振兴规划研讨会

2020年5月1日，党建绿色乡村振兴项目组与岩前村两委发起召开岩前村首届乡村振兴规划研讨会，邀请海西创业大学相关人员8人，以及安溪县政协原主席苏宇霖，安溪县农民讲师团团长、福建省人大代表、儒家茶业张顺儒，和合之道创业孵化器首席顾问陈鸿滨先生，泉州党校吴志南副教授，泉州师范学院彭振龙博士（副教授），福建省价格协会专家林清风主任，福建商学院金融学院教研室主任林秀清副教授等；协助销售乡村坚守者（贫、病、老、妇）农产品若干；训练了第一支乡村振兴餐饮服务小分队，并把研讨会内容在大学课堂上进行传授，影响了一批在读大学生和社会人士，推动岩前村入选"山旅岩田幸福兜岭省级乡村振兴示范线"。[17][18]

3."南方慧"（福建）信息技术有限公司助力乡村振兴协议签署暨2021年植树节认种桃树巩固精准扶贫与助力革命老区岩前乡村振兴公益活动现场调研

2020年10月2日，笔者组织"南方慧"（福建）信息技术有限公司助力乡村振兴协议签署暨2021年植树节认种桃树巩固精准扶贫与助力革命老区岩前乡村振兴公益活动现场调研，参与人员近40人，主要来自福州、厦门和泉州，其间孵化了参内修缘农场，获得了4棵桃树认种，引发多家媒体关注，影响了驻村第一书记、高校教师党员、媒体工作者、在校大学生等，并助力岩前村获得2020年度安溪县级乡村振兴实绩突出村第一名，协助销售乡村坚守者（贫、病、老、妇）农产品若干，训练了第一支乡村振兴餐饮服务小分队，并且促进了福州与岩前村的有效融合。[19-26]

4.《党建绿色"创新创业"产业帮扶助力乡村振兴实践初探——以革命老区岩前村为例》专著学术研讨会

2020年12月20日下午，召开《党建绿色"创新创业"产业帮扶助力乡村振兴实践初探——以革命老区岩前村为例》专著学术研讨会，会议邀请了周小亮教授（民建中央经济委员会副主任、福州大学民建经济研究院院长、福州市政协常委、博士生导师）、陈少平研究员（福州大学原党委副书记，福建省乡村振兴研究专家）、江北（福建省亚太科学院院长）、吴伯增（原民盟省委会副秘书长兼政策研究室主任）、苏宇霖（安溪政协原主席）、郑寿平（福州市科技局原副局长）、苏水良（财富海西社长）、王婷教授（福州大学经济贸易系支部书记）、阳成虎教授（福州大学公共管理系教工支部书记）等，孵化了安溪宇豪家庭农场，让岩前村的乡村振兴餐饮服务小分队第一次走进福州。[27-29]

（三）党建绿色"创新创业"产业帮扶助力乡村振兴成效

通过前面三次实践帮扶，取得了显著成效：[30-31]

（1）认种了5棵桃树，4个单位和个人明确表示会对活动给予赞助，这表明2021年植树节认种桃树巩固精准扶贫并助力乡村振兴公益活动获得了一定的社会认可。

（2）孵化了3家岩前村农民经营实体，帮扶两家岩前村经营实体，协助注册"叶惠治"农产品商标一个，开发了腌制藠头、腌制萝卜、腌制油柑、冬菜等四个农产品初级加工品，训练了一支岩前乡村振兴餐饮服务队伍（10～20人），协助岩前村、南安小眉村、南安九呈村销售土猪肉、土黄牛肉等生态农产品超10万元，助力30多人乡村坚守者（贫、老、病、妇）在疫情期间的增收，推动岩前村一二三产业融合。

（3）助力岩前村入选"山旅岩田幸福兜岭省级乡村振兴示范线"、"2020年度安溪县县级乡村振兴实绩突出村"名单第一名。

（4）通过三次活动，团结社会上不同单位及党员关注乡村振兴，响应党的号召，同时扩大了岩前村在福州市的影响，有力推动了岩前村与福州市的互动，助力岩前乡村振兴。

（5）形成对岩前周边村庄（安溪墩板村、田底村、南安九埕村、南安市省新满山红下割山村、南安小眉村、南安单坑村、南安高田村）的辐射效应，引起寿宁县细浦村、漳州市香蕉创业园等县外乡村与农业从业者的高度关注，并在福建江夏学院分享扩大该模式的社会影响，同时也在闽侯县孵育"宜景星创天地"，乡村振兴现实影响与日俱增。

（6）教育了一批学生党员团员超500人，同时引起兄弟院校的教师党员、挂职第一书记、媒体党员的高度关注。未来教学中笔者将继续输送学生党员团员，为我国源源不断地培育乡村振兴创新创业生力军，体现福州大学创新创业教育在我国乡村振兴国家战略中的社会担当。

（7）引起了中国网、今日头条、东南网、红土地、闽商文化研究、乡村科技、福州大学经济与管理学院新闻网、西安工程大学管理学院校友网、泉州晚报、安溪报，财富海西等诸多媒体的关注与报道。其中，岩前村的十大景点设计、岩前村乡村振兴及其实施策略为岩前村乡村振兴提供了方向性指导。

（8）完成多份政策建议以及《专家学者为乡村振兴战略建言献策》、《鼓励"新乡贤"创新创业助力乡村振兴若干建议》两份乡村振兴成果要报初稿，拟通过福州大学民建经济研究院提供给党中央决策参考，专著出版后，拟撰写《推广党建绿色"创新创业"产业帮扶助力乡村振兴模式建议书》成果要报，达到智库建设的目的。

（9）与厦门大学出版社达成出版《党建绿色"创新创业"产业帮扶助力乡村振兴实践初探——以革命老区岩前村为例》专著协议，真正贯彻落实教育部《高等学校乡村振兴科技创新行动计划（2018—2022年)》文件精神，打造高校教师党员、热心公益事业的企事业单位或个人、精准扶贫资助的生态循环种养殖基地和低保户村民横向联动、纵向贯通、多方协同的乡村振兴绿色创新创业服务新模式，书写了绿色创新创业脱贫攻坚"高校样本"，是中国共产党带领全国人民（尤其是农村贫、老、病、妇）走向共同富裕的一个过程标记。

（10）2021年1月8日苏世彬获得福建省脱贫攻坚专项奖励嘉奖。

四、总结

通过一年的理论提炼与实践，党建绿色"创新创业"产业帮扶助力乡村振兴实践初探显示出其强大的生命力，该模式不但是一次城乡融合助力乡村振兴的典范，更是一堂生动的实践党课，为教育培养更多的党员、团员投身乡村振兴建设大潮提供了难得的教学素材，但是还存在很多实践研究方向：第一，围绕着岩前村乡村振兴启航实践，还可以继续开展2021年植树节认种桃树巩固精准扶贫并助力乡村振兴的公益活动。目前，该活动也取得了一些进展，[32-33]但是社会的关注度还不够，因此在植树节之前，如何吸引更多人的关注与参与，是本实践需要进一步完善的地方。另外，2021年年初新冠疫情又有复苏的趋势，植树节的活动能否顺利开展，也有待时间的考验。第二，本模式以革命老区岩前村启航为例，该模式对其他乡村的适应性如何，有待验证。第三，党建绿色"创新创业"产业帮扶助力乡村振兴是否适应于"星创天地"、涉农企业及至大学生的"三下乡"活动，也有待于进一步探索。第四，目前党建绿色"创新创业"产业帮扶助力乡村振兴主要以大陆为主，能否把港澳台以及其他境外的单位个人也纳入进来，从而不断完善该模式，并且拓展该模式在境内外的现实影响，也是未来需要不断实践的方向。笔者，如何进一步完善并及时地向外推广本模式，也是今后应该不断实践的方向。

参考文献

[1]皮大旺，张旭．激发农村创新创业活力 引领乡村振兴战略实施[J].基层农技推广,2020(2):56-58.

[2]周婕．农村创新创业助力乡村振兴路径探析[J].广东蚕业,2019,53(8):59-60.

[3]韩长赋．围绕实施乡村振兴战略 深入推动农村创业创新[J].农村工作通讯,2017(24):5-7.

[4]周为友，等．乡村振兴背景下农村创业创新的苏州实践与思考[J].江苏农村经济,2019(11):23-25.

[5]杨秀丽．乡村振兴战略下返乡农民工创新创业生态系统构建[J].经济体制改革,2019(4):70-77.

[6]范千千，陈松奕．支持返乡下乡人员创业创新助力乡村振兴战略研究[J].

[7]余存娟．"党建引擎"激活乡村振兴[J].党的生活,2020(11):53.

[8]孙本良．党建引领 打造乡村振兴"新样板"[J].农村工作通讯,2020(20):5-57.

[9]梅立润，唐皇凤．党建引领乡村振兴：证成和思路[J].理论月刊,2019(7):5-12.

[10]饶晓娜．党建引领乡村振兴经济发展探索[J].经济研究导刊,2020,439(17):20-21.

[11]周辉．夯实基层党建 推动乡村振兴[J].人民论坛,2018(9):110-111.

[12]陶芝兰．乡村振兴背景下基层党建创新模式研究述评[J].吉林省教

育学院学报，2020，36（1）：159-162.

[13]苏世彬.乡村振兴中的景点设计研究——以安溪县参内镇岩前村为例[J].闽商文化研究，2020（1）：15-21.

[14]陈佳丽."大众创业 万众创新"助力乡村振兴展示馆在安溪开馆[N].东南网，2020-05-13.

[15]闽水.福州大学知名学者学术成果助力安溪乡村振兴[Z].财富海西，2020-05-14，http://www.sslbk.com/view/gqxx/5993.

[16]苏世彬.乡村振兴规划及其实施策略研究——以安溪县参内镇岩前村为例，乡村科技，2021（ ）： .

[17]苏连锦.参内岩前研讨乡村振兴之路[N].安溪报，2020-05-15.

[18]安溪县参内镇岩前村打响我国村级乡村振兴研讨第一枪，https://www.toutiao.com/i6914175458330378755/.

[19]党办.党员率先引领，助力乡村振兴[N].2020-10-06，http://jgxy.fzu.edu.cn/html/xwdt/db/2020/10/06/b87290c4-8841-49be-b629-660277c40fdd.html.

[20]苏水良.绿色党建助力乡村振兴[Z].财富海西，2020-10-08.

[21]西安工程大学管理学院校友风采.公益活动孵化乡村创新创业，助力岩前村乡村振兴——记优秀校友苏世彬[N].2020-10-20，https://guanlixy.xpu.edu.cn/info/1129/7191.htm.

[22]苏连锦，村企共建振兴岩前[N].安溪报，2020-10-16.

[23]傅书生.安溪岩前村：尝试打造乡村振兴"高校样本"[J].红土地，2020，247（11）：18.

[24]欧阳奭，姜春艳.党建绿色"创新创业"产业帮扶助力乡村振兴[J].乡村科技，2020，268（28）：7.

[25]城乡融合提高农村贫/困/老/妇就业率及增收能力[EB/OL].https://www.toutiao.com/i6914188280984715787/.

[26]罗剑生，苏连锦.村企携手共建 助力乡村振兴[N].泉州晚报，2020-10-16.

[27]苏水良.高校党员教师联合社会力量助力乡村振兴[N].中国网海峡频道，2020-12-22，http://fj.china.com.cn/p/414659.html.

[28]高校党员联合社会力量把教学科研谱写在祖国的乡间田野里 [EB/OL].
https://www.toutiao.com/i6908969476835000845/.

[29]党办.我院党员联合社会力量助力乡村振兴取得新进展,[N].2020-
12-23,http://jgxy.fzu.edu.cn/html/xwdt/db/2020/12/23/f23dac44-0614-43dc-
9c5b-a179c5a7b42a.html.

[30]乡村振兴助力新模式获得脱贫攻坚奖 [EB/OL].https://www.toutiao.
com/i6918980474765591054/.

[31]组织部.挂职干部新春慰问座谈会暨脱贫攻坚专项奖励表彰会召开
[N].福大要闻,2021.1.8,http://news.fzu.edu.cn/html/fdyw/2021/01/18/59ffe75
7-8e40-4ed1-9c8d-faede1fc0e88.html)

[32]苏水良.科技企业引领助力乡村振兴新方式 [N].2021-1-5,,http://
www.sslbk.com/view/gqxx/6042.

[33]认种桃树巩固精准扶贫并助力乡村振兴公益活动调研会取得圆满成
功 [EB/OL].https://www.toutiao.com/i6913790658763620872/.

6.4.2 党建绿色创新创业产业帮扶助力乡村振兴之党史精神研究

吴佳颖,郑景元

(福州大学,福建,362251)

摘要: 为响应党的第十九届五中全会的巩固脱贫攻坚成果与乡村振兴
衔接的伟大号召,在省委"再学习、再调研、再落实"精神指导下,本文
以革命老区岩前村以党史精神作为指引进行乡村振兴为例,对乡村振兴中
的党史精神进行深入探讨,阐明了党史精神与乡村振兴的关系,分析了延
安精神等党史精神在岩前村乡村振兴中的实际运用,并基于此总结了其党
史精神成功运用实现乡村振兴的经验,旨在为乡村振兴学术研究和广大乡
村振兴方面提供新思考、新思路。

关键词: 绿色党建;乡村振兴;党史精神;延安精神;红旗渠精神;
南泥湾精神

A Study on the Spirit of the History of the Communist Party of China in Rural Revitalization

—Take Yanqian Village, an old revolutionary base area, as an example

Wu Jiaying, Zheng Jingyuan

（ Fuzhou University, Quanzhou, 362251, China ）

Abstract: In response to the consolidation of poverty of the engines of the fifth plenary session of the party's 19 achievements and rural revitalization of the cohesion of the great, the provincial party committee "to study, research and implementation of"under the guidance of the spirit, based on the old revolutionary base areas rock hanging about in the spirit of party history as a guide to the revitalization of rural, for example, to delve into rural revitalization of the history of the party spirit, illustrates the history of the party spirit and rural revitalization of the relationship. This paper analyzes the practical application of the party history spirit such as Yan'an Spirit in the rural revitalization of Yanqian Village, summarizes the experience of the successful application of the party history spirit in the rural revitalization, and gives new thinking and new ideas for the academic research and the general rural revitalization.

Key words: Green Party Building; rural revitalization; Party history spirit; Yan'an spirit; Red Flag Canal Spirit; Nanniwan Spirit

1. 引言

十九届五中全会提出"巩固拓展脱贫攻坚成果与乡村振兴有效衔接"的会议精神，从而乡村振兴和党史精神的主题引起了学术界的广泛关注；岳佳、肖燕怜（2021）研究了"场景+"模式在乡村文化传播中的应用，文澄宇（2021）则从产业振兴角度探讨乡村振兴，陈明曼、郑国威、涂先莉（2021）探讨了乡村振兴战略背景下该如提质增速何乡村旅游路径，赵绍雄（2021）研究乡村振兴战略进展及未来发展，傅瑶（2021）研究了乡村振兴战略下乡村文化空间建设路径，蒋水全、周秉、孙芳城（2021）对乡村振兴战略下旅游发展专项资金绩效审计的体系进行了探讨。以上成果为乡村振兴的开展提供了良好的依据，但缺乏在党史精神层面的研究。

目前，全党正轰轰烈烈地开展党史教育，依托乡村振兴的新载体、新平台，让党史教育能够拥有更好地展示平台。这是目前党史教育必须去解决的一个重大的问题。但是目前为止，国内学术界关于党史教育的研究主要停留在思想教育层面，缺乏党史精神在乡村振兴场景下的研究。党史文化作为中国共产党百年精神风貌的集中体现，是中国共产党难能可贵的文化积淀；同时，党的前进历史与乡村的振兴之路有着广泛的一致性，不论是党还是乡村，其发展历程都不是一蹴而就的，都需要不断稳扎稳打，不断攻坚克难，所以党史文化对乡村振兴工作的开展与实施具有精神层面的指导意义。百年党史的精神火炬既能深刻影响乡村振兴的整体局面，也能在实践过程中具备更鲜明的时代意义。所以，目前乡村振兴亟须党史教育作为一个新的载体助力"巩固拓展脱贫攻坚成果并与乡村振兴有效衔接"，而党史教育也需要依托乡村振兴拓展它的应用范围。如何与党史精神更好结合，并使之助力于乡村振兴，便成为乡村振兴面临的一个既现实又紧迫的任务。

2. 党史精神与乡村振兴

2.1 党史精神与乡村振兴的关系

中国革命始于乡村，中国共产党之所以能够发展壮大，中国特色社会主义之所以能够不断前进，正是因为依靠了乡村。习总书记于2015年访问陕西群众时指出："革命老区是党和人民军队的根，我们永远不能忘记自己是从哪里走来的，永远都要从革命的历史中汲取智慧和力量。"乡村作为党史精神的源泉，也会是推动党史精神进步的动力。"所以，在乡村中推广党史精神，研究乡村振兴中的党史精神是至关重要的。

同时，党史精神对乡村振兴具有重大指导作用：党的前进历史与乡村的振兴之路有着广泛的一致性，不论是党和乡村的发展历程都不是一蹴而就的，所以党史文化对乡村振兴工作的开展与实施具有精神层面的指导意义。

2.2 党史精神的精神凝炼

党史精神是在中国共产党发展过程中形成的具有跨时代意义的伟大理念。党史精神蕴含着社会主义先进思想，承载着全民族的共同理想追求，凝结着社会主义的核心价值观，在今天实现两个一百年的重要发展进程中彰显着越来越重要的时代价值，能在实际工作中找到"最大公约数"，统一战线，在众志成城中不懈努力、开疆拓土。

在乡村振兴的实践过程中，有三大精神具有极大代表意义和促进作用，它们分别是延安精神、南泥湾精神和红旗渠精神。

（1）延安精神

延安精神是指中国共产党在抗日战争、解放战争期间于陕西延安诞生与发展的革命精神。延安精神的内涵与主要内容包括：坚持正确的政治方向；坚持解放思想，实事求是的思想路线；坚持自力更生，艰苦奋斗的创业精神；坚持为人民服务的根本宗旨。延安精神奠定了中国革命胜利的基石，是中国共产党的重要精神法宝。

延安精神的核心是坚持正确的政治方向。中国共产党作为乡村振兴的领导力量，必须坚持党代表广大人民群众根本利益的政治原则，以乡村人民对于美好生活的需要为己任，支持国家各大政策方针，积极贯彻落实一系列有利于乡村振兴的治理方法，形成指导思想、计划目标相同的统一行政管理集团，这样才能步调统一、协调一致，团结一心向前发展。可见，乡村振兴领域离不开延安精神的支撑。

（2）南泥湾精神

南泥湾精神是以八路军第三五九旅为代表的抗日军民在南泥湾大生产运动中创造的，在困境中奋起、在艰苦中发展的强大精神力量。南泥湾精神的内涵是自力更生、艰苦奋斗的创业精神，艰苦朴素、勤俭节约的道德品质和自强不息、奋发图强的实干精神。

在乡村振兴的实践当中，南泥湾精神同样激励着广大乡村人民。在自力更生、艰苦奋斗的创业精神鼓舞下，促进广大外出务工的乡村青年回乡创业奋斗、让乡村知识青年用所学支持乡村建设与发展，解决农村就业难、农业收入低、乡村空心化的问题，为乡村增添发展前途与动力。在乡村条件之下，基础设施薄弱，条件有限，艰苦朴素、勤俭节约的道德品质让乡村人民生产建设的环节自觉落实节约资源、保护环境的基本国策，提高有限资源的合理利用效率，实现高效率、高效益的健康发展，建立绿色发展的人才体系。而自强不息、奋发图强的实干精神则号召广大有志青年

"上山下乡"，在乡村天地绽放青春，促进乡村的振兴与进步。三管齐下，南泥湾精神切切实实影响了乡村的人才培养，为乡村振兴源源不绝地"造血"。可见，乡村振兴之路需要南泥湾精神的支撑。

（3）红旗渠精神

20世纪60年代，在中国共产党领导之下林县人民仅靠一锤一手，历时10年，艰苦卓绝地在太行山腰凿出了1500多公里的红旗渠，从根本上解决了林县的干旱问题和灌溉问题，孕育出了以"自力更生、艰苦创业、团结协作、无私奉献"为基本内涵的红旗渠精神。它是中国共产党奋力拼搏的丰碑，指引万千中华儿女不畏艰险，开拓向前。

乡村振兴的伟大实践离不开红旗渠精神。乡村振兴的过程，不仅是自力更生的努力过程，也是艰苦创业的拼搏过程，更是团结协作、无私奉献的奋斗过程。乡村要实现振兴，农村要得到发展，农民要得到幸福离不开乡村与城市、政府与人民、地方与社会各界、各部门、各团体、各组织的支持。各相关部门必须团结统一把农业农村优先发展落到实处，从而像开凿红旗渠一样，在一点一滴的脚踏实地中稳扎稳打地落实各项任务，助力乡村振兴进步。

（4）长征精神

长征精神是中国共产党在二万五千里长征中创造的革命精神。长征精神是中华民族百折不挠、自强不息的民族精神的最高表现，是保证我们革命和建设事业走向胜利的强大精神力量。

乡村振兴的伟大实践离不开长征精神。不论是红军的长征之路还是乡村振兴的过程，都充满了艰难险阻和未知的难题。为此习总书记表示：伟大的长征精神是中国共产党人革命风范的生动反映，我们要不断结合新的实际，传承好、弘扬好。结合乡村振兴背景，应用长征精神必将为乡村振兴之路带来重大的助力作用。

3. 乡村振兴样本的选择

2020年，在福州大学志愿者的理论提炼与实践帮扶下，革命老区安溪县参内镇岩前村开始了《党建绿色"创新创业"产业帮扶助力乡村振兴》理论模式实验，岩前村与中国众多普通村庄相同，它既没有优秀的自然资源，也没有政府的大力扶持，却能在一年的帮扶实践，在没有政府任何投入的前提下，取得一系列优秀的成果：目前，岩前村不仅与福州市初步形成城乡融合的格局并与多家福州企业达成了合作，同时孵化了 4 家岩前村农民经营实体，帮扶两家岩前村经营实体，并且帮助当地农民注册了商标，开发了一系列农产品初级加工品与特色农产品，助力 30 多人乡村坚守者（贫、老、病、妇）在疫情期间的增收，推动岩前村一二三产业融合；岩前村更是在 2021 年初入选"2020 年度安溪县县级乡村振兴实绩突出村"名单第一名，并获得 100 万奖励。

岩前村的乡村振兴之路是独特的、具有深刻借鉴意义的。借助党史精神角度对岩前村的发展历程进行深入分析，不仅对岩前村未来发展具有良好的总结指引作用，同时也为全中国众多的普通乡村提供了更为直观的参考样本。

4. 岩前村乡村振兴启航的党史精神研究

4.1 岩前村乡村振兴启航的延安精神——统一思想

岩前村党委在延安精神的指引下，确立了全新的领导方法，全村上下形成了统一的管理思想体系。在岩前村党委的全力支持下，岩前村乡贤针对岩前村现实情况，制定了岩前村乡村振兴发展战略及十大旅游景点、多个乡村文化节以及若干个全体村民参与的创业项目，并在共同努力下邀请到北京、福建省和泉州市的乡村振兴专家学者20多人"五一"期间齐聚岩前村研讨岩前村乡村振兴规划。通过这次乡村振兴研讨会，岩前村党委和基层群众自治组织引进"因地制宜、就地取材、顺势而为"的先进管理思想，明确统一了岩前村乡村振兴的基本原则，与中共中央《国务院关于实施乡村振兴战略的意见》的"坚持因地制宜、循序渐进的乡村振兴基本原则"精神相统一，步调一致，在治理思想层面保持了先进性。研讨会的开展为岩前村的乡村振兴之路明确了统一的发展方向，这也充分展现了岩前村在正确的政治方向上实现振兴与发展。在实践具体层面，研讨会发起人经过充分考察，与村干部深入研讨，结合岩前村实际，点明了"乡村为主，政府为辅，因地制宜，特色发展"的发展顶层设计，岩前村的实践过程也有了统一的思想指导。在坚持正确的理念与方向之下，岩前村不仅打破了曾经思想不齐、有力无处使、努力没方向的不良局面，与此同时也展现出了延安精神引领下统一思想的强大支持动力。这是岩前村成功的精神奥义，也在精神指导层面为全国其他广大乡村的振兴提供了可以借鉴的蓝图范本。

4.2 岩前村乡村振兴启航的南泥湾精神——培养人才

目前，岩前村依托南泥湾思想的精神内涵，在其指引之下实现了全方位的乡村振兴人才培养战略，以针对农村就业难、农业收入低、乡村空心化的问题。

（1）注册商标，孵化企业

岩前村秉承南泥湾精神"自力更生、艰苦奋斗"的精神要求，利用党建绿色"创新创业"产业帮扶助力乡村振兴的"高校样本"，在乡贤指导下，依据该"高校样本"，独立注册了"叶惠治"农产品初级品及深加工商标（根据当地农产品特点，生产出腌制藠头、腌制萝卜、冬菜、生态猪肉牛肉、山鸡、土姜和珍珠兔），村中孵化和帮扶了修缘农场、仙景农业技术开发服务中心、苏水生中医经络康复中心、安溪亿源泉休闲农庄 4 家涉农企业，使岩前村有了较为成熟的产业依靠和现代化的农业经营管理模式，在乡村提供了更多就业岗位，直接和间接带动了留守"贫困老妇"村民就业超过 30 人，同时也进一步带动了务工青年回乡就业、有志青年依据村中初步探索自由创业奋斗。这种将南泥湾的精神发扬光大的支持举措，不但在一定程度上解决了空心化问题，也在产业完善中逐步形成人才队伍。

（2）生态循环种植

南泥湾精神倡导"艰苦朴素，勤俭节约"，而岩前村也在全力践行当中。目前，岩前村依托"因地制宜、循序渐进"的指导思想，在农业基础设施不发达、农民人手不足（主要是老人、病人、妇女和贫困户）、产业配套不齐全的情形下，提出配合"健康中国 2030"的战略方针，主打健康有机食品提供方向，大力发展节约生产资源、提高资源利用率的生态循环种植，建立了岩前村生态循环种植基地。通过将绿色健康的蔬菜销往城市，让身处岩前村的坚守者们能利用自己的双手创造出可观的收益。项目实施以后，直接产生了近 8 万元的经济效益。不仅如此，岩前村的生态循环绿色农业与周围村落的产业有很强互补效应和带动效应。岩前村本村的生态猪肉、种萝卜、地瓜、包菜、芥菜、柿子、竹笋、腌菜等绿色农产品，与邻近村庄单坑村的土姜、小眉村的散养黄牛、高田村的百香果等产品各具特色，优势互补，易于形成聚集经济，创造了更大的经济效益，从而带动周围村庄的一系列农产品的销售，间接带动了周围村庄的乡村发展；还带动了周围村庄一系列农产品的销售，间接带动了周围村庄的乡村发展。除此之外，岩前村的乡贤们还专门针对这些特色农产品，秉承节约理念设计了一系列农产品广告袋：小包装袋设计精准，节约用料；大包装袋涵盖内容丰富且有针对性与目标性，精准投放，减少浪费，启发了岩前村及周围村庄的产品包装，影响了一批农民。在种种贯彻落实南泥湾精神的措施下，岩前村农业取得了进步，后方培养、储备了大量人才，为绿色农业发展增添了生机。

（3）揭榜挂帅、南泥湾计划

南泥湾精神"自强不息，奋发图强"的内涵离不开广大实干者。岩前村积极推动通过开展乡村振兴"南泥湾计划"高校"揭榜挂帅"项目，促进闽台大学生交流与合作，一批优秀的福州大学学子积极参与该项目，在南泥湾精神驱动和实际项目帮助之下，鼓励更多学子从各自专业视角为切入点参与乡村振兴活动，集思广益，为岩前村提供更多乡村振兴方案。而本次项目也同时培养了大学生学习岩前村乡村振兴的先进思维，接受党史精神在实践中的熏陶，有利于培养更多未来乡村振兴的人才，将岩前村的研究成果和成功经验辐射到其他乡村的振兴当中。

4.3 岩前村乡村振兴启航的红旗渠精神——具体落实

为加快补齐农业农村发展短板，不断缩小城乡差距，将农业农村优先发展落到实处，岩前村依托红旗渠精神的内涵，发扬红旗渠精神"团结协作"的伟大思想，岩前村上下团结一心，针对岩前村当前现状采取了一系列措施：

（1）积极实现城乡一体化发展

城乡是一个整体，乡村发展离不开城市。岩前村秉持红旗渠精神倡导团结的理念，通过开展《党建绿色"创新创业"产业帮扶助力乡村振兴》系列活动推动福州与岩前村的深度融合，实现城乡团结有序发展。同时，岩前村正在努力抓住机遇，如通过相邻的田底村规划筹建的动车站，希望在不远的将来与泉州、厦门等大城市融合，打通城乡联通格局，从而实现共同发展。为此。岩前村也在努力开创新做法、新制度，推动一体化进行，笔者确信此举能为全国提供城乡融合发展、城乡居民共同富裕的典型样本。

（2）依托企业力量发展乡村振兴

岩前村乡贤结合岩前村的实际情况设计了闽台认种桃树巩固精准扶贫并助力乡村振兴的公益活动方案，目前该方案已经获得了5个福州企业的认可，加强了村企联系，为岩前村带来潜在发展机会。此后乡贤通过与中海创集团、阳光控股有限公司取得合作，发挥企业现有优势，积极依托目前正在开展的乡村振兴实践，打通第一产业和二三产业的壁垒，抱团协作，积极落实中共中央办公厅国务院办公厅印发《数字乡村发展战略纲要》，发挥企业市场、科技优势，从而为农村现代化做出应有的贡献。这就是红旗渠精神的伟大力量的强大发挥。

（3）促进农村一二三产业融合

岩前村乡贤结合岩前村的生态状况，运用"团结协作"的红旗渠精神精髓，整合当地优质资源，进行了一系列旅游景观规划，鼓励开展乡村旅游服务，丰富了产业业态，使得第一产业的经营管理和第三产业的服务开发有机结合，促进农民增收。另外，企业孵化、村企合作、绿色农业等一些具体的其他正在实施的举措使得第一产业逐步向第二产业梯队靠拢，形成协作的经济体系，推动了岩前村的产业转型升级，实实在在地实现发展成果共享。

5. 结语

岩前村对党史精神的坚持是其能够成功的重要因素之一。延安精神指引下的种种努力，使得岩前村统一思想、砥砺前行；在南泥湾精神影响下，塑造、培养了一批乡村振兴人才队伍；通过红旗渠精神团结了许多力量助力乡村振兴。这些无疑是岩前村重要的成功实践，值得广大乡村借鉴学习，学术研究深入探讨。

然而，岩前村的振兴之路才刚刚开始。要完全实现岩前村的乡村振兴还需要十年甚至几十年的进程，万般成就皆只是长征的第一步。在未来的振兴道路上，岩前村必然会遇到众多艰难险阻，如基础设施发展不足、企业合作进驻有限等现实问题。在未来乡村振兴的路上，岩前村仍要学习党史精神的先进思想，坚持党史精神引领，持之以恒地走下去，才能真正实现乡村振兴的宏伟目标。

参考文献：

[1] 丁智刚．从延安精神中汲取斗争的力量——学延安时期党史有悟 [J]．政工学刊，2021（4）：13-14.

[2] 李英姿．南泥湾精神的时代内涵 [J]．人民论坛，2021（4）：83-85.

[3] 欧阳曦，姜春艳．党建绿色"创新创业"产业帮扶助力乡村振兴 [J]．乡村科技，2020，11（28）：7.

[4] 韩荣丽．弘扬南泥湾精神 建设现代化强国 [J]．党史博采（下），2020（9）：54-56.

[5] 毕明阳．论红旗渠精神的深刻内涵和时代价值 [J]．思想教育研究，2019（11）：111-115.

[6] 杨汉．延安精神的历史意蕴及当代价值研究 [D]．重庆师范大学，2016.

[7] 邓艳芳．论延安精神及其当代价值 [D]．湖北大学，2016.

[8] 郭洪亮．论红旗渠精神及其当代价值 [D]．西南政法大学，2015.

[9] 高飞．论延安精神及其时代价值 [D]．东北师范大学，2010.

[10] 郭叙编，马海涛．论南泥湾精神及其现实意义 [J]．求索，1997（1）：46-50.

[11] 苏世彬，乡村振兴中的景点设计研究——以安溪县参内镇岩前村为例 [J]．闽商文化研究，2020（1）：15-21.

[12] 苏世彬，陈朝晖．乡村振兴规划及其实施策略研究——以安溪县参内镇岩前村为例 [J]．乡村科技，2021，2（1）：32-35.

[13] 新浪网．闽台大学生乡村振兴"揭榜挂帅"研究预备会正式启动 [EB/OL]．http://fj.sina.com.cn/news/b/2021-03-26/detail-ikkntiam8434635.shtml，2021-03-26，2021-04-25.

[14] "大众创业 万众创新"助力乡村振兴展示馆在安溪开馆 [EB/OL]．http://qz.fjsen.com/2020-05/13/content_30302281.htm，2020-05-13，2021-04-25.

[15] 西安工程大学管理学院．公益活动孵化乡村创新创业，助力岩前村乡村振兴——记优秀校友苏世彬 [EB/OL]．http://qz.fjsen.com/2020-05/13/content_30302281.htm，2020-10-20，2021-04-25.

[16] 今日头条.党建乡村振兴模式福建省农业农村厅调查取得圆满成功 [EB/OL]. https://www.toutiao.com/i6931288800773784078/,2021-02-20,2021-04-25.

[17] 苏水良.绿色党建助力乡村振兴 [EB/OL]. http://www.sslbk.com/view/gqxx/6032,2020-10-08,2021-04-25.

[18] 牢牢把握农业农村现代化这个总目标——论学习习近平总书记关于实施乡村振兴战略重要讲话精神 [J].河南农业,2018(29):1.

6.4.3 党建绿色"创新创业"产业帮扶之大别山精神研究

袁佳敏,苏世彬

(福州大学,福建福州,350100)

摘要: 为响应十九届五中全会中所提出的巩固拓展脱贫攻坚成果和乡村有效衔接的精神,在省委"再学习、再调研、再落实"精神的指导下,以党史精神作为指引,以"大别山精神"研究作为突破口,全面分析"大别山精神"在党建绿色"创新创业"产业帮扶助力乡村振兴之中的体现,并以革命老区岩前村的乡村振兴启航为例,以"大别山精神"为依托,深入探讨岩前村党建绿色"创新创业"产业帮扶助力乡村振兴过程之中所体现的"大别山精神"

关键字: 乡村振兴 党建 绿色 岩前村 大别山精神 创新创业

一、引言

中共十九届五中全会提出"要优先发展农业农村,全面推进乡村振兴"。因此我们要深入贯彻落实党的十九届五中全会精神和习近平总书记在 2020 年 12 月 3 日中央政治局常务委员会会议上的重要讲话精神,善始善终,善作善成,巩固拓展脱贫攻坚成果,推动巩固拓展脱贫攻坚成果同乡村振兴有效衔接。到目前为止,许多专家学者对乡村振兴进行了深入的研究和思索,产生了大量关于乡村振兴方面的参考文献,主要有:贺雪峰(2019)以全局视角解读乡村振兴战略,以实地案例审视乡村未来发展;张晓山《乡村振兴战略》从城乡融合发展的视角,深入研究怎样贯彻实施乡村振兴发展战略；尚道文对乡村生态的深入调查，总结了生态环境保护与脱贫攻坚、乡村振兴的关系，研判了乡村当前存在的突出生态问题；吴维海（2018）从各方面进行因地制宜地编制和实施乡村振兴战略规划等。

以上关于乡村振兴方面的研究为其他乡村振兴提供了诸多的理论指导和现实视角，但是不足也是明显的。目前，全党全国正在轰轰烈烈地开展党史教育。乡村振兴必须依靠和坚持党的领导，但以具体党建和党史教育来推动乡村振兴的研究成果目前还很少。乡村振兴需要亿万人民群众的积极性和主动性，但是有关调动人民群众积极性，促进将精神力量改造主观世界从而改造客观世界方向的研究很少。党建绿色"创新创业"产业帮扶助力"乡村振兴"，需要坚持把推进党的建设伟大工程同推进党领导的伟大事业紧密结合起来，保证党始终成为社会主义事业的坚强领导核心。这条经验，反映了党的建设必须服从服务于党的历史任务这一根本指导原则，揭示了党的建设伟大工程同党领导的伟大事业之间紧密联系、相互促进、相辅相成的互动关系。中国共产党的领导是推进革命、建设、改革最根本的政治保证和组织保证，党的建设是党领导的伟大事业不断取得胜利的重要法宝。多年来，我们党坚持运用这个法宝，始终把对客观世界的改造同对主观世界的改造结合起来，因而探索改造主观世界的精神源泉就成为乡村振兴方面十分重要和有力的推手。

二、样本选择

福建省泉州市安溪县岩前村又名仙人村、悟空成长村，位于参内镇的东南方向，距镇区约 13 公里，东与南安眉山乡接壤，耕地面积 250 亩，山地面积 2000 多亩。全村人口 948 人，村民以务农务工为主。岩前村2016 年被列入县级贫困村，同时也是革命老区村，2018 年入选全省"千村整治，百村示范"美丽乡村示范村，2019 年获评省级美丽乡村示范村。

2020 年在福州大学工商管理教工支部和当地乡贤学者的理论研究和实践帮扶下，革命老区福建省安溪县参内镇岩前村形成了发动乡村"坚守者"通过生态循环种养殖的创新创业方式促进城乡融合，并且带动乡村一二三产业发展的党建绿色"创新创业"产业帮扶助力乡村振兴的模式，开始了乡村振兴启航。虽然岩前村的乡村振兴时间较短，但是收获颇丰。岩前村作为一个以传统种养殖为主的普通乡村，当地的中青年劳动力大多流失等，当地的劳动力主要以坚守乡村的贫、病、老、妇为主，因而人口空心化十分严重，且没有支柱性产业和资源，这与我国大多数乡村存在类似的问题，可是却能在短短一年之内产生巨大的经济效益和社会效益，这引起了我们的思考。岩前村的发展不仅仅是进行乡村振兴的过程，更是运用大别山精神进行主观世界改造的过程，将大别山精神融入乡村振兴的各个方面，不仅在促进岩前村未来的发展方面有着重要的作用，凝练出了精神动力，并且为其他乡村的发展提供了可以借鉴的成果。

三、大别山精神研究及其内涵

3.1 大别山精神内涵的探索

党建绿色"创新创业"产业帮扶助力"乡村振兴"需要坚持把推进党的建设伟大工程同推进党领导的伟大事业紧密结合起来，保证党始终成为社会主义事业的坚强领导核心。大别山精神作为土地革命时期、抗日战争时期和解放战争时期共同产生的重要精神，对于改造主观世界、促进党史教育助力乡村振兴实现推动巩固拓展脱贫攻坚成果同乡村振兴有效衔接具有重要的意义。

大别山位于我国安徽省、湖北省、河南省的交界处，属于华东地区，因靠近民国政府首都南京和湖北重镇武汉，所以具有独特的区位条件。大别山地区是土地革命时期的第二大根据地、抗日战争时期的游击区和解放战争的重要战场，因而大别山具有其他地域所不具备的历史背景和文化精神内涵。大别山精神是马克思主义的中国化，是一种具有中国特色的马克思主义理论成果。近几年来，关于大别山精神的研究有许多：夏慧、汪季石（2020）对大别山红色文化形成的历史渊源和思想基础进行了深入研究；汪季石、陈永典（2021）指出大别山精神是"四个自信"的重要体现，在历史上证明了"四个自信"，也在促进"四个自信"的传播和弘扬上发挥了重大作用；孙伟（2020）认为大别山精神所蕴含的精神特质和品格仍然有着穿越时空的伟大力量，具有重要的时代价值，因而对大别山精神的特质进行符合当今时代的思索；夏慧、张钦华（2021）认为大别山精神具有新的时代内涵并且认为在习近平新时代中国特色社会主义思想的指导下，大别山精神的研究还需进一步深化。

3.2 大别山精神的内涵与实质

通过参考大量的文献，可将大别山精神可概括为"坚守信念、胸怀全局、团结一心、勇当前锋"。

（1）大别山精神内涵之坚守信念

习近平总书记曾经谈到"理想信念就是共产党人精神上的'钙'，没有理想信念，理想信念不坚定，精神上就会'缺钙'，就会得'软骨病'"。因而坚守信念是共产党人安身立命的根本。

大别山共产党人和革命群众始终坚守着对马克思主义的信仰，对社会主义和共产主义的信念，不管在任何时间都坚信中国革命必胜，中国人民必胜。刘邓挺进大别山中第六纵队和中原局等到达汝河北岸时，前来截击的国民党军队已经占据了众多渡口，且后有追兵，仅距二十公里。然而如此危机时刻，中国共产党人毫不畏惧，坚信一定能够挺进大别山，刘伯承、邓小平临危不惧亲自察看渡口，指挥部队强度汝河。

（2）大别山精神之胸怀全局

不谋万世者，不足谋一时；不谋全局者，不足谋一域。1947年，国民党军进占延安，为了打破敌人的重点进攻，转入战略进攻，毛泽东选择将战略进攻的主要方向定在中原地区。中原地区战略地位极为重要，并且是蒋介石国民党统治的重要地区，因而需要将战争引向国民党统治区，这是挺进大别山就成为战争转折的重要节点。谋而后动，胸怀全局，这是大别山精神的一个重要组成部分。挺进大别山成功可以造成更加有利的局面，可是挺进大别山的过程可想而知并不是十分容易的。可是邓小平明确提出："我们在大别山背重些……对全局则极有利。"面对荆棘满布，无数的共产党人面对未知的大别山不是选择望而却步，而是不畏艰险始终忠诚于党，勇当前锋去完成历史使命。

（3）大别山精神之团结一心

大别山作为革命老区，在大别山革命斗争时期，涌现出了无数军民一家亲的事迹。正如长征组歌四渡赤水中的歌词所言："天如火来水似银，亲人送水来解渴，军民鱼水一家人。"确实是军民团结一心，共同战胜敌人。当时大别山的很多老百姓自己生活还十分的困苦，但他们帮助大别山的红军却是忘记自身处境，宁愿自己忍饥挨饿，也不愿红军缺衣少食。

他们很多老百姓家灶前挂着一个"拥军袋"，每当做饭时，都从自己准备下锅的米之中抓一些积攒起来，送给红军。"大别山团结一心的精神无所谓任何强大的敌人，更不惧任何困难的环境，只要团结一心，同心同德，任何困难都会向我们投降。

（4）大别山精神之勇当前锋

面对大别山地区重要的地理位置和战略位置，大别山人民和军队在土地革命时期、抗日战争时期和解放战争时期都是重要的战场，因而发生的无数场战争和改革的过程之中，大别山地区总是处于重要或者超前的地位。大别山地区的人民与军队勇当前锋，甘做试验田，为后来的无数胜利打下了坚实有力的基础。

浩浩汤汤的历史长河奔腾不息，其中最宝贵也是最深沉持久的是大浪淘沙之后沉淀下来的先进文化，革命精神和红色精神就是其中最具有代表性先进文化。中国特色社会主义进入新时代，大别山精神仍然具有顽强的生命力。它不仅是土地革命时期，抗日战争时期形成的重要思想精神，更在如今闪耀着熠熠光辉。习近平总书记谈道："明镜所以照形，古事所以知今。"我们回顾历史，是为了总结历史经验，把握历史规律，增加开拓前进的勇气和力量。伴随着历史的发展，大别山精神原有的精神意义被人们保留下来，并且给予其符合新时代的新的历史意义。新的历史意义绝不代表着原有历史意义的消亡和逐渐走向灭绝，而是赋予大别山精神既能包含过去又能展望未来的新的意义，促使着后人未来以这种精神内涵为精神导向，向着这种方向，以符合新时代的表现手法展现出其新的历史价值。

四、岩前村乡村振兴之大别山精神研究

1.岩前村乡村振兴过程之中所体现的坚守信念

2020年我国正处于决胜全面建成小康社会、决战脱贫攻坚和乡村振兴的关键时期，可是安溪县岩前村由于缺少支柱性产业和基础设施等，岩前村的发展不如人意，岩前村的乡贤与群众干部十分希望岩前村能够紧跟时代发展的步伐，把握乡村振兴带来的红利期，实现乡村脱贫的愿望。

习近平总书记曾经寄语广大科技工作者"广大科技工作者要把论文写在祖国的大地上，把科技成果应用在实现现代化的伟大事业中。"当地的乡贤学者时刻心忧乡村发展，他们依靠坚定的理想信念，想要带领家乡人民走向乡村振兴、共同富裕的康庄大道，经过长期的理论研究和实践，他们逐渐探索出了"因地制宜，就地取材，顺势而为"的新路径。这种新路径是一种绿色的乡村振兴模式，因此把它称为党建绿色"创新创业"产业帮扶模式。

与此同时，我国乡村振兴实例过少，对于需要进行振兴的其他乡村参考意义不大，因而关于推动乡村振兴和城乡融合，一二三产业融合的范本不足，而以岩前村为例的党建绿色"创新创业"产业帮扶乡村振兴的研究就成为能够弥补当今不足的重要范本，在促进岩前村及周边村镇发展的基础上研究其发展机制，能为其他乡村提供可视化的数据和范例。

虽然乡村振兴之路道阻且长，可是群众干部和乡贤学者不畏前路荆棘满布，幸福不会从天而降，愿望也不可能随意成真，在实现乡村振兴的过程中，我们需要坚定实现共同富裕和乡村振兴的伟大理想，用无私忘我、努力拼搏的精神来践行乡村振兴的奋斗目标。

2.岩前村乡村振兴过程之中所体现的胸怀全局

对于岩前村的发展现况，乡贤学者利用 SWOT 分析表详细分析出了岩前村所具备的优势、劣势、机会和威胁，对于岩前村的发展方向和路径进行了统揽全局，追根溯源的顶层设计。不是紧抓岩前村的劣势进行无谓的苦思，而是运用发展的眼光看问题，将劣势转化为岩前村发展的优势条件。

（1）将劣势转化为优势

面对其中十分重大的劣势，即人口空心化问题非常严重，乡贤学者协助岩前村注册了"叶惠治"农产品初级品及深加工商标，设计了闽南家庭原生态食材特色大礼包袋子在袋子上介绍当地乡村坚守者（贫、病、老、妇），独辟蹊径地将当地的乡村坚守者作为宣传的对象，在众多眼花缭乱的宣传广告中剑走偏锋，将乡村发展的劣势转化为宣传方面的突破口，形成新的宣传思路和宣传方向，充分借助国家的好政策，促进岩前村的发展。

（2）岩前村通过"绿色"方式生产高质量农副产品。

岩前村还处于原生态耕养方式，以岩前村生态循环种养殖基地为例，地里生产的各种蔬菜来养猪鸡鸭，然后通过沼气池把猪鸡鸭的粪便进行降解，沼气用来做饭发电，沼渣用来种菜。这样原生态的耕养方式不利于生产效率的提高，也不利于实现产业化的初级农产品售卖。

可是当地乡贤学者并没有改变这种原生态的耕养方式，而是选择首先将这种原生态的耕养方式作为宣传对象。他认为，由于现代社会迅速发展，人们对于美好生活的向往早已超出温饱方面的要求，因而没有必要为了提高生产效率而改变这种具有绿色生态高质量的农副产品。因而胸怀全局，从顶层设计是具有十分重要的意义，转劣势为优势才具有重要研究意义的方法。

（3）注重乡村振兴人才培育

2021年习近平总书记在福建考察时强调"应该在探索海峡两岸融合发展的新路上迈出更大的步伐"，因而岩前村乡村振兴的积极探索和发展过程之中注重积极探索海峡两岸融合发展新模式、新思路，这与习近平总书记所提出的探索两岸融合发展相吻合，是在探索乡村振兴的基础上胸怀全局考虑闽台共同发展，是探索海峡两岸融合发展的新路，体现了增进两岸同胞亲情福祉的决心和诚意。乡村振兴不是一代人的事，一个乡村的发展也不是一个地域的事，因而跨地域、跨学科培养一代又一代的致力于乡村振兴的学子，也是乡村振兴能否不断实现所必须考虑的事情。因而，围绕岩前村展开培养有志于乡村振兴的党员团员和大学生集体具有重大的历史意义。

福州大学开展相关智库建设，开展了"闽台大学生创新创业乡村振兴'三下乡'暑期社会研学实践活动筹备会暨青春特派员助力乡村振兴动员会"和"揭榜挂帅"项目启动依托福州大学四海营销协会的福州大学企业创新资助政策普及知识竞赛等，都是为乡村振兴事业培养未来的接班人。

3.岩前村乡村振兴过程之中所体现的团结一心

毛泽东说"团结一致，同心同德，任何强大的敌人，任何困难的环境，都会向我们低头。"岩前村的发展就是在党建基础上村企共同努力，才形成岩前村如今的大好局面。

岩前村在党的领导下对于岩前村所具有的现实情况进行了系统的分析，团结一心共同处理岩前村乡村振兴过程中所面对的各种问题。岩前村不仅仅只注重自身村镇的因地制宜发展，更在本村生态循环种养殖的基础上联合周边村庄的留守村民的散养黄牛肉，珍珠兔，山鸡，百香果等农副产品，从而实现了岩前村的辐射带动作用，促进了岩前村及附近地区的共同发展。此外，在福州大学党建绿色"创新创业"产业帮扶助力乡村振兴模式的助力之下，已经孵化和帮扶了4家农民经营实体，带动了岩前村的生态循环种养殖、农产品加工以及销售、景点建设以及餐饮服务发展。岩前村企业群众团结一心，心往一处想，劲往一处使，积极寻找因地制宜的发展方向，就地取材地把规划路线设置为五条旅游路线，盘活了当地及周边地区的经济，在党的领导下齐心协力共赴小康生活。

4.岩前村乡村振兴过程之中所体现的勇当前锋

浩浩汤汤发展大流的潮头，指引着一代代的乡村发展，岩前村就是这立于发展潮头的前锋村庄。岩前村发展在借鉴国家乡村振兴的政策基础上，积极寻求国家政策和自身特色相结合的发展路程。

（1）建立乡村振兴馆

面对中国乡村振兴馆不足的问题，岩前村建立了属于自己的岩前村乡村振兴馆，架起了"大众创业，万众创新"和乡村振兴之间的桥梁，馆内展示了国家相关政策汇总，知识产权管理与依法治国、科技创新资助政策普及等六部分内容，弥补了我国乡村振兴馆的不足，积极探索着城乡融合实现路径以助力乡村振兴。

（2）探索乡、企联通之路

2020年5月1日，开展"2021年植树节认种桃树巩固精准扶贫与助力乡村振兴公益活动"；10月2日开展"南方（福建）信息技术有限公司助力乡村振兴协议签署暨2021年植树节认种桃树巩固精准扶贫与助力乡村振兴公益活动现场调研"活动。岩前村通过不同形式的活动和乡贤学者的助推作用促进新的实践模式。此后，乡贤也将通过与中海创集团、阳光控股有限公司取得合作，发挥企业现有优势，积极依托目前正在开展的乡村振兴实践，促进乡村和企业融合，促进一二三产业融合发展。

（3）注重城乡融合发展

城市作为优质绿色农产品的销售地，以及岩前村旅游业的主要消费人群所在地，对探索城乡融合具有重大意义。乡村振兴和闽台融合相结合，以及乡村振兴和高校人才培养相结合都是十分新颖且具有创造力的融合，可将乡村振兴帮扶乡村打造成为大学生暑期"三下乡"社会实践研学活动和党建教育的基地，在促进乡村经济发展产业融合的基础之上，探索富有教育意义的新思路。前方虽道阻且长，可是岩前村的探索从未停止，只有荆棘林中的一步步探索，才有可能实现岩前村发展的光明前途。

五、总结

马克思主义的唯物辩证法认为，新事物的产生与发展的过程是曲折的，但是前途是光明的。岩前村在党的领导、乡贤学者的顶层设计助力，以及企业群众的共同努力之下，积极探索，不断发展。从中可以看出大别山精神在党建绿色"创新创业"产业帮扶助力乡村振兴过程之中潜移默化的影响，"坚守信念、胸怀全局、团结一心、勇当前锋"的大别山精神早已深刻注入岩前村的发展历程的细枝末节之中。

优秀的大别山精神在感召一代代投身于乡村、致力于乡村振兴的人们去探索寻求因地制宜发展乡村的办法。优秀的精神也体现在乡村振兴发展的各个里程之中。希望党建绿色"创新创业"帮扶助力岩前村的发展里程中所体现的大别山精神不仅能为其他乡村的振兴引发出思考的新途径和新方法，也能为促进党建教育和高校乡村振兴人才培养提供一定的思考方向。

6.5 各类创业竞赛商业计划书作品

各类创业竞赛商业计划书

第7章 总 结

7.1 结论

本实践专著以庆祝中国共产党建党 100 周年主题活动为主线，以百年建党"七一"重要讲话精神为灵魂，依托安溪县岩前村、闽清县竹岭村、福安市岳秀村乡村振兴实践，开展创新创业教育新文科探索，在 2021 年取得了一系列育人成果：

项目申请方面：《党建绿色"创新创业"产业帮扶助力乡村振兴实践初探——以革命老区岩前村启航》获得福州大学庆祝中国共产党成立 100 周年研究专项后期资助项目；大学生乡村振兴创新创业人才领军人才培养机制研究获得福建省教育科学"十四五"规划 2021 年度课题立项（项目号：FJJKBK21-123）；庆祝中国共产党建党 100 周年系列主题活动育人实践初探——基于岩前村乡村振兴创新创业教育新文科探索获得福州大学 2021 年党建研究课题立项。

讲座方面，先后在西安交通大学北京校友会全球交流中心 2021 年第十七期周五论坛、福州大学"乡村振兴社 会实践"主题报告会、福州职业技术学院、福建江夏学院、交通大学深圳校友会乡村振兴论坛开设了"党建绿色创新创业产业帮扶助力乡村振兴实践初探——以革命老区岩前村启航为例""助力乡村振兴创新创业'高校样本'实践初探——以革命老区安溪县参内镇岩前村启航为例""乡村振兴项目商业计划书与项目路演若干问题探讨""乡村振兴中创新创业训练与竞赛的机会与方法""共同富裕乡村振兴探索——从安溪县岩前村启航到闽清县竹岭村为核心的两个乡村振兴示范带"等多个讲座。

育人成果方面，指导的《乡村振兴中的党史精神研究——以革命老区岩前村启航为例》《岩前村乡村振兴启航南泥湾精神研究》《乡村振兴中的大别山精神研究——以革命老区岩前村启航为例》入选福州大学第二十七期大学生本科生科研训练计划，指导的《智慧助农》获得福州大学第七届"互联网＋"大学生创新创业大赛铜奖，指导的福州大学赴福建省安溪县岩前村乡村振兴党史精神调研实践队入选2021福州大学大学生志愿者暑期文化科技卫生"三下乡"社会实践省级重点队名单，指导制作的"廉政思想在乡村振兴中的应用"小视频获得福州大学"学科专业中的廉洁思想"课程思政主题微视频竞赛优秀奖，指导的"助力乡村振兴'高校样本'：岩前村巩固拓展脱贫攻坚同乡村振兴有效衔接社会创业"获得2021—2022中国宁波青年大学生创业大赛海曙区智慧生活行业赛优秀参赛选手，指导的"智汇助农——高校智力成果助农增收联结者"获得2021年iCAN全国大学生创新创业大赛江西福建赛区选拔赛优胜奖，指导的福州大学赴福建省安溪县岩前村乡村振兴党史精神调研实践队获得"请党放心 强国有我"2021年全国大学生"千校千项"奖（中国青年报）与2021年福州大学学生志愿者暑期文化科技卫生"三下乡"社会实践活动优秀团队。

社会任职方面，苏世彬先后被聘为福建省品牌文化发展研究会城乡融合发展中心专家顾问团队成员、国家林业重点龙头企业和农业产业化河南省重点龙头企业信阳市十里岗林产品开发有限公司乡村振兴项目导师、福建省享业生态集团乡村振兴项目导师、广州松田职业学院乡村振兴创新创业指导老师、《财富海西》杂志乡村振兴栏目学术顾问、群英众创空间（省级众创空间）乡村振兴项目导师、闽清县竹岭村乡村振兴学术指导顾问、福安市岳秀村乡村振兴学术指导顾问。

举办的活动先后被人民日报、人民网、中国新闻网、中国网、福建日报、学习强国、新浪网、今日头条等近20家媒体及平台报道，在2021年福建省"互联网＋"大学生创新创业大赛青年红色筑梦之旅启动仪式上，福州大学工商管理教工支部与参内修缘农场被授予联建党支部牌匾。

2022年，围绕2021年举办的庆祝中国共产党主题活动实践，取得了以下初步成果：完成《岩前村乡村振兴共同富裕思路探讨》《乡村振兴商业模式研究——以革命老区岩前村为例》《竹岭村乡村振兴社会创业SWOT分析》《竹岭村乡村振兴社会创业商业模式九要素研究》四篇学术论文，并且拟组织学生参加青年红色筑梦之旅、2021—2022学年"挑战杯"福州大学大学生创业计划竞赛、2022年福州大学青年志愿服务项目大赛、第四届"善行八闽——公益慈善项目大赛"等等。

7.2 未来实践方向

围绕安溪县岩前村、闽清县竹岭村、福安市岳秀村乡村振兴创新创业教育新文科探索的庆祝中国共产党建党100周年主题活动实践育人初探取得了初步成效，同时也存在着很多值得继续探索的实践方向：第一，如何组织学生参与青年红色筑梦之旅、2021—2022学年"挑战杯"福州大学大学生创业计划竞赛、2022年福州大学青年志愿服务项目大赛、第四届"善行八闽——公益慈善项目大赛"等，以取得更好的成绩，这些需要在实践中不断完善；第二，如何依托现有的庆祝中国共产党建党100周年主题活动开发出更多的项目让学生参与，这也是需要进一步需要探索的方向；第三，2022年是深入贯彻落实党的十九届六中全会精神的关键年份，如何在2021年庆祝中国共产党建党100周年主题活动的基础上进一步深化育人成果，从而以优异的成绩迎接党的二十大召开，也需要进一步探讨和实践。